西南丘陵山区乡村生产空间系统演化机理与调控：重庆市实证

王 成等 著

科学出版社

北 京

内 容 简 介

　　本书基于乡村生产空间系统的"要素-时间-空间"三维逻辑框架，以人地关系地域系统、空间的生产等为理论支撑，解析乡村生产空间系统的内涵，解构其构成要素及运行机制，探寻农业生产关系变革及经济体制等因素影响下的乡村生产空间系统演化历程。基于乡村生产空间系统的耗散结构系统熵变机制，明晰乡村生产空间系统演化的动力机制与演化规律，并将风险、脆弱性和适应性引入乡村生产空间系统研究以量化系统的状态，识别出系统的风险、脆弱性和适应性，同时构建耗散结构系统熵变模型和评价指标体系，定量揭示乡村生产空间系统的可持续发展能力，探究空间分异特征和影响因素并提出调控策略，以引导乡村生产空间系统健康可持续发展。

　　本书可作为高等院校乡村地理学、土地资源管理学、农村社会学等专业领域的参考书籍，也可供从事农业农村发展、城乡规划等相关部门和机构的研究人员、技术人员和管理人员阅读和参考。

审图号：渝 S（2023）093 号

图书在版编目（CIP）数据

西南丘陵山区乡村生产空间系统演化机理与调控：重庆市实证／王成等著 . —北京：科学出版社，2023. 11
ISBN 978-7-03-076989-3

Ⅰ.①西…　Ⅱ.①王…　Ⅲ.①丘陵地-山区-农业生产结构-研究-西南地区　Ⅳ.①F327.7

中国国家版本馆 CIP 数据核字（2023）第 221590 号

责任编辑：李晓娟／责任校对：樊雅琼
责任印制：徐晓晨／封面设计：无极书装

科 学 出 版 社 出版
北京东黄城根北街 16 号
邮政编码：100717
http://www.sciencep.com

北京九州迅驰传媒文化有限公司 印刷
科学出版社发行　各地新华书店经销

＊

2023 年 11 月第 一 版　开本：720×1000　1/16
2023 年 11 月第一次印刷　印张：16
字数：325 000
定价：188.00 元
（如有印装质量问题，我社负责调换）

前　言

　　乡村主体在乡村生产空间中，通过开展各种生产活动，形成复杂的社会经济关系，具有一定结构形态和功能组合机制的空间集合体即乡村生产空间系统。然而，自乡村生产活动出现以来，以人、土地等为核心的乡村生产要素之间便自然而然地发生着物质与能量交换，建立起各种客观联系，呈现出复杂多变的人地关系。由此可见，乡村生产空间系统是客观存在的，并且通过与外界环境的交互作用和内部的更新与演替持续运动，在不同的时空特征下其人地关系差异明显，是一种动态结构。系统论的观点认为，系统是由具有特定功能的若干要素以一定结构形式联结构成的、具有一定新功能的有机整体，系统各个要素之间、各个要素与整体之间、整体与环境之间存在一定的有机联系。系统由要素构成，要素之间的关联方式构成系统结构。与一个系统相关联的、对系统构成关系不再起作用的外部存在构成系统的环境。要素、结构和环境三者共同作用体现系统功能。因此，在一定的自然、社会经济条件等环境约束下，人类通过各类生产活动（农业生产活动、乡村工业生产活动、乡村服务业生产活动）按不同比例、不同方式与生产要素（土地、资金、劳动力）充分结合，构成以生产活动本底、基础设施网络和乡土情结等为基本构成因素的乡村生产空间系统，呈现出不同约束条件下的特殊人地关系。其中，生产活动本底指以资源条件支撑约束和满足人类生产活动的需求体系；基础设施网络指以农村居民点为节点，以原材料生产和产品运输的道路为线，以生产地块为面联结而成的网络体系；乡土情结则指乡村生产生活的经济、政治、社会和风俗习惯等人文环境。要素构成及其关系将伴随经济发展和时代变迁而变化，这一变化将形成不同的乡村生产空间系统结构，主要表现为：由传统农业生产要素、农耕文化要素简单叠合的二元结构；由生产投入结构、生产产出结构、产品营销结构组成的三元结构；由多元主体需求结构、资源配置结构、环境约束结构和乡村文化结构组成的四元结构。系统功能通过各个构成要素之间的结构实现，结构决定功能，功能的发挥反过来影响结构，但这一作用过程受系统内外环境改变影响巨大，即环境的任何变化都可能导致系统结构和功能的变化。因此，着眼于新时代我国社会的主要矛盾——"人民日益增长的美好生活需要和不平衡不充分的发展之间的矛盾"与乡村生产空间系统面临的现实问题，进一步明晰乡村生产空间系统的要素构成及其关系界定；乡村生产空间系统的"人"与"地"之间的相互作用机理及人地关系行为机制；多学科融贯、多方法集成，辅以长时序数据支持的方法体系等多视角、多维度剖析乡村生产空间系统，初步构建乡村生产空间系统的相关理论体系，加强对乡村人地关系地域系统的深入认识，为实现地理学服务于乡村振兴这一国家战略提供理论支撑。

目　录

前言

第一章　绪论 …………………………………………………………………… 1

　　第一节　背景与意义 ………………………………………………………… 1

　　第二节　总体架构 ………………………………………………………… 3

第二章　乡村生产空间系统概念性认知及相关进展 …………………… 18

　　第一节　关键概念辨析 …………………………………………………… 18

　　第二节　理论基础 ………………………………………………………… 21

　　第三节　相关研究进展 …………………………………………………… 27

第三章　乡村生产空间系统要素构成与运行机制 ……………………… 31

　　第一节　乡村生产空间系统要素构成及演化历程 …………………… 31

　　第二节　乡村生产空间系统运行的质性分析与量化评价 …………… 39

　　第三节　乡村生产空间系统的运行机制 ……………………………… 44

　　第四节　乡村生产空间系统运行实证：重庆市恒和村 ……………… 48

　　第五节　小结 ……………………………………………………………… 53

第四章　乡村生产空间系统有序性及其状态量化研究 ………………… 55

　　第一节　乡村生产空间系统有序性 …………………………………… 55

　　第二节　乡村生产空间系统状态量化的研究基础和方法 …………… 63

　　第三节　乡村生产空间系统有序性与量化表达实证 ………………… 69

　　第四节　小结 ……………………………………………………………… 80

第五章　乡村生产空间系统演化的逻辑认知及数理表达 ……………… 81

　　第一节　乡村生产空间系统演化逻辑认知的总体思路 ……………… 82

　　第二节　乡村生产空间系统的人地关系解析 ………………………… 82

　　第三节　乡村生产空间系统演变的三维分析 ………………………… 85

　　第四节　乡村生产空间系统演化的流驱动机理 ……………………… 87

　　第五节　乡村生产空间系统演化的数理模型 ………………………… 89

　　第六节　乡村生产空间系统演化测度实证研究：以江津区为例 …… 92

第七节　小结 ………………………………………………………………… 99

第六章　乡村生产空间系统演化的利益相关者社会网络分析 …………… 100

第一节　利益相关者分析方法 …………………………………………… 101

第二节　利益相关者的识别和分类 ……………………………………… 103

第三节　不同熵变过程下的利益相关者社会网络分析 ………………… 106

第四节　小结 ……………………………………………………………… 116

第七章　乡村生产空间演化的利益相关者的利益驱动及响应 …………… 117

第一节　乡村生产空间系统演化的利益相关者的特征 ………………… 118

第二节　乡村生产空间系统熵变过程中的利益驱动 …………………… 122

第三节　利益相关者角色响应 …………………………………………… 126

第四节　小结 ……………………………………………………………… 127

第八章　乡村生产空间系统风险评价及其空间分异格局 ………………… 129

第一节　乡村生产空间系统风险机理分析 ……………………………… 130

第二节　乡村生产空间系统风险评价 …………………………………… 131

第三节　结果与分析 ……………………………………………………… 139

第四节　重庆乡村生产空间系统风险差异化防控建议 ………………… 141

第五节　小结 ……………………………………………………………… 142

第九章　乡村生产空间系统脆弱性时空分异与差异化调控 ……………… 143

第一节　乡村生产空间系统脆弱性内涵解构 …………………………… 143

第二节　乡村生产空间体系脆弱性评价指标体系构建 ………………… 149

第三节　乡村生产空间系统脆弱性评价模型建立 ……………………… 153

第四节　乡村生产空间系统脆弱性时空演变 …………………………… 157

第五节　乡村生产空间系统脆弱性类型划分 …………………………… 182

第六节　乡村生产空间系统脆弱性差异化调控 ………………………… 188

第七节　小结 ……………………………………………………………… 191

第十章　乡村生产空间系统适应性评价及障碍因素分析 ………………… 193

第一节　乡村生产空间系统适应性框架分析 …………………………… 194

第二节　乡村生产空间系统适应性评价 ………………………………… 196

第三节　乡村生产空间系统适应性时序演化特征分析 ………………… 202

第四节　江津区乡村生产空间系统适应性障碍因素分析 ……………… 205

第五节　小结 ……………………………………………………………… 208

第十一章　乡村生产空间系统演化及其可持续发展能力研究…………………… 210

　　第一节　乡村生产空间系统"信息熵"理论………………………………… 211

　　第二节　乡村生产空间系统演化指标体系构建…………………………… 212

　　第三节　乡村生产空间系统可持续发展分析模型………………………… 216

　　第四节　结果分析…………………………………………………………… 218

　　第五节　基于熵权与指标时间序列变化的乡村生产空间系统优化

　　　　　　策略………………………………………………………………… 222

　　第六节　小结………………………………………………………………… 224

第十二章　研究结论、策略与展望………………………………………………… 225

　　第一节　研究结论…………………………………………………………… 225

　　第二节　调控策略…………………………………………………………… 227

　　第三节　研究展望…………………………………………………………… 231

参考文献………………………………………………………………………………… 233

第一章 | 绪　　论

本章首先介绍相关研究背景，即在新的发展阶段下我国的社会经济发展特征及西南丘陵山区乡村振兴的迫切需求。其次介绍本书的重点内容，包括形成机理、基本命题、演化机制和优化调控，涉及重庆市、区县、村域不同尺度的典型研究区域。再次介绍本书的研究方法和基础数据来源。最后介绍本书的研究目标、研究思路及行文脉络。

第一节　背景与意义

一、新时代的呼唤

伴随着国内外社会经济发展形势与发展格局加速变化，我国城乡关系正在从城乡二元结构向城乡一体化与城乡融合转变，城乡间各要素流动更加频繁与活跃。党的十九大报告指出中国特色社会主义进入新时代，"人民日益增长的美好生活需要和不平衡不充分的发展之间的矛盾"已成为我国社会的主要矛盾，其中"发展不平衡不充分的一些突出问题尚未解决"指明了中国在当前发展中普遍存在的分化问题，包括区域不均衡发展、城乡二元格局、贫富差距及乡村内部发展差距等，既反映出我国的生产力水平发展不均衡不充分，又折射出当前发展格局和生产状况的结构性矛盾。着力解决城乡发展不平衡已成为破解我国社会主要矛盾的关键抓手。因此，如何夯实乡村内增力推动乡村发展以克服"不充分"这一客观现状、推进城乡融合发展，成为党的十九大报告提出的"乡村振兴战略"这一宏伟蓝图首要解决的关键问题，同时为乡村可持续发展指明了方向。

乡村生产空间作为实施乡村振兴战略的主要基地之一，也是乡村生产活动的实践载体。在传统农耕社会时期，乡村生产空间构成要素单一、人地关系简单，人们以解决吃饭与生存为主要目的在耕地（或称为田地）上从事农业耕作行为，耕地空间便成为乡村生产的主要实践载体；到了改革开放时期，随着区域协调发展、城乡融合发展、农业农村现代化加速推进，以及政府主导下的"三权分置"、第二轮土地承包到期后再延长三十年等相关农村土地制度改革不断深入，我国乡村生产空间几十年乃至数世纪所形成的生产经营行为与活动受到了强烈挑战，加之多元主体间的利益竞争与合作日趋激烈，乡村生产活动已逐步演变为集生产、加工、仓储、物流、研发、服务等于一体的综合性生产经营行为，乡村生产空间由单一的耕地拓展为包括耕地、园地、设施农用地、乡村工业用地、商服用地等在内的多形式、多功能、复合化、立体化的空间形态，其人地关系愈渐复杂多变。厘清这一复杂多变的人地关系已成为新时代提升乡村发展内增力的关键。因此，本研究以吴传钧院士提出的"人地关系地域系统"（吴传钧，1991）为理论缘起，基于多学科理论交叉，如"空间的生产"理论（Lefebvre，1991）、"耗散结构"理论（颜泽贤，1987）等，提出"乡村生产空间系统"（王成和李颢颖，2017）这一新理念，解构乡村生产发展的空间载体（乡村生产空间）丰富乡村地理学的相关理论，以指导地方编制和实施乡村振兴战略规划，达到发挥地理学服务于国家战略的学科目标。

二、西南丘陵山区乡村振兴的迫切要求

西南丘陵山区作为国家精准扶贫、乡村振兴和全面建成小康社会的重点区域之一，乡村发展既受地形地貌复杂、经济条件落后、人口流动频繁、生态环境脆弱等多因素制约，又面临耕地细碎化与适度规模经营需求失调、基础设施滞后与小农生产经营并存、一二三产业深度融合仍有待提升等诸多难题，与实现乡村振兴战略的目标任务相差甚远。这一现实窘境决定西南丘陵山区乡村生产空间系统的演化机理、风险及适应性等诸多方面异于东部发达地区或平原地区，呈现出独特性与突显性。本研究选择西南丘陵山区开展研究具有重要的实践示范价值。重庆市是西南丘陵山区唯一的直辖市、统筹城乡综合配套改革试验区和农业生产全程社会化服务试点区，受国家宏观政策倾斜和地方政策大力支持，已开展大量乡村生产的实践，乡村产业由单一的农业向一二三产业融合发展转变，乡村生产方式多样化和生产关系复杂化特征显著，乡村生产空间系统内的人地关系愈渐复杂多元，为探究乡村生产空间系统的演化机理提供了重要的现实平台。同时，受自然条件、经济水平、文化差异等因素的综合影响，其所辖区县乡村发展的区域差异明显，生产空间人地作用的过程、状态复杂多样，乡村生产空间系统发展水平各异、所面临的关键问题不尽相同，对其开展研究有利于探索出系统风险、适应性的空间分异特征，进而差异化设计乡村生产空间系统的优化路径，具有很好的典型性和代表性。因此，以重庆市为研究区，既可为乡村生产空间系统理论研究提供实践载体，又可为差异化优化调控乡村生产空间系统提供理想案例，同时通过这一研究不仅有利于突破重庆市乡村生产空间发展的现实困境，也有利于进一

步发挥重庆市在西南丘陵山区乃至其他区域实现乡村振兴、优化乡村生产空间的示范效应。

本书在厘清乡村生产空间系统的内涵、要素、历史形态、运行机制的基础上，揭示乡村生产空间系统的演化机理，并对演化中的系统状态进行定量评价，初步构建乡村生产空间系统的理论研究范式，以丰富乡村地理学理论，推进乡村地理学综合化发展，同时服务于培育新型农业经营主体和服务主体、壮大新产业新业态及满足实施乡村振兴等战略需求，针对乡村转型与振兴新阶段西南丘陵山区乡村生产空间系统演化的复杂问题，在厘清乡村生产空间系统的演化规律与动力机制基础上，从系统风险和适应性角度量化现阶段乡村生产空间系统的演化状态，进而提出乡村生产空间系统优化的差异化调控策略，为其他区域乡村生产空间系统优化提供实践示范。

第二节　总体架构

一、核心内容梳理

（一）乡村生产空间系统的形成机理

在我国，不同空间尺度都存在着人和自然之间、生产和生活活动之间、自然生态系统内部关系不尽协调的矛盾，以人地和谐共生为核心思维的人地关系地域系统学术思想是协调这些矛盾并实现可持续发展的理论基石。乡村生产空间系统的自组织演化过程是人地相互作用产生的各种结果的表征，乡村多元主体与乡村地理环境之间的共生进化过程是理解乡村生产空间系统形成和发展的必要条件，是乡村生产空间系统运行发挥效率的重要前提，是实现乡村生产空间可持续发展的保障。乡村生产空间系统的承载力是有限的，作为理性经济人的乡村多元主体为获取自身发展所需的资源势必展开竞争，从而形成优胜劣汰、适者生存的竞争淘汰过程。一方面，当乡村多元主体各自所占有的资源不足时，乡村多元主体的内生需求会驱动其行为发生变化，寻求匹配性强的伙伴进行共生合作，其目的是通过合理的资源媒介的共建共享实现自身利益最大化。另一方面，一定的乡村生产空间系统所能容纳的乡村多元主体的数量相对稳定，一旦乡村多元主体出现极化现象，乡村生产空间系统平衡被打破，系统的自适应性将形成新的均衡。因此，通过测度乡村生产空间资源环境承载力，辨析乡村多元主体竞争与合作的共生作用关系，模拟乡村多元主体与乡村生产空间的正负作用过程，最终进化为人地互惠共生的乡村生产空间系统的均衡状态，这一过程将有助于揭示乡村生产空间系统的形成机理（图1-1）。

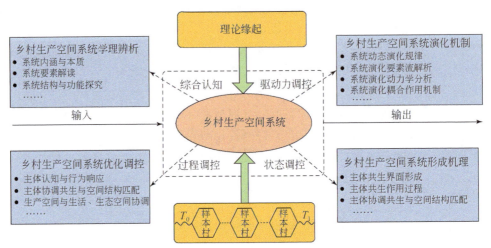

图1-1　乡村生产空间系统的研究框架

（二）乡村生产空间系统演化的基本命题

系统存在本质上是一个动态过程，一切实际系统自开始存在之时便由于其内外部联系复杂的相互作用而处于无序与有序、平衡与非平衡的相互转化的运动变化之中，这种复杂的相互作用构成系统的演化机制。乡村生产空间系统作为人地关系地域系统的重要分支之一，是人地关系在乡村地域生产空间的表征，某一历史节点乡村生产空间的人地关系状态是乡村多元主体与地理环境作用过程中大量随机现象的累积或叠加。在不同的历史阶段，系统要素不同的类型和组合形式，形成不同的人地关系。同时，乡村生产空间系统作为一个动态开放的复杂系统，系统内部各要素之间产生各种联系、发生各种作用，系统内部与外部之间也不断产生物质、信息和能量的流动，推动系统缓慢运行。系统受到外界某一因素的影响或刺激就会增强系统内部要素之间的相互作用，加快其与其他系统之间物质、能量和信息的交换速率，当达到某一阈值时系统发生突变或渐变而改变系统内的人地关系状态，进而使乡村生产空间系统的运行状态发生改变，系统得以演化。据此，针对乡村生产空间系统演化这一特性，本研究提出以下三个基本命题。

（1）乡村生产空间系统的演化是各个要素相互联系、相互作用推动的结果。

（2）乡村生产空间系统的演化是系统内部及其与外部系统之间物质、能量、信息的流动和迁移转化过程的综合反映。

（3）乡村生产空间系统的演化是一个时序过程，是不同时空状态下系统表征累积的结果。

（三）乡村生产空间系统的演化机制

在系统科学中，通常用有序、无序来描述客观事物的状态。一个远离平衡的开放系统，通过不断地与外界交换物质、信息和能量，在外界达到一定阈值时，就可能从原先的无序状态转变为一种在时空和功能上的有序状态，即耗散结构。乡村生产空间系统实质上是一个远离平衡状态的耗散结构，一旦形成就一直处在运动之中，不断受到内外环境影响，并随着时间与空间推移不断演化，总体趋势将按照"有序—新的无序—新的有序"方向演化。演化机制是影响乡村生产空间系统形成演化的各种力量或因素的构成及其相互联系、相互作用的方式和原理，这种方式和原理在乡村生产空间发展中起决定性作用。在乡村生产空间系统中，乡村多元主体对政策认知及其行为响应结果各异，乡村生产空间上的活动结果会出现多种可能，而且由于乡村生产空间的自然禀赋与环境承载能力的不同、历史积淀的差异，不同时刻的乡村生产空间系统显现结果的可能性复杂多样，因此某时刻乡村生产空间的人地关系状态，可以被认为是人地相互作用过程中的大量随机现象的结果之一，而这种结果几乎难以恢复到初始状态。因此，辨别不同时刻人地关系状态可以厘清乡村生产空间系统演化过程，基于乡村生产空间系统中的主导要素变化和要素层次变化，探究系统内各要素间及其与周围环境的物质、信息、能量流的基本特征，阐释乡村生产空间系统演化力的作用方向与强度，揭示乡村生产空间系统的演化机制，对合理构筑和不断优化生产空间格局、实现生产空间资源优化配置和系统可持续发展具有重要的指导作用。

（四）乡村生产空间系统的优化调控

乡村生产空间系统始终处于不断进化与不断退化的循环之中，当系统远离平衡状态时，系统内部诸要素的随机涨落必然打破系统原有的稳定结构，推动系统朝某一方向运动，形成新的整体性特征。而这一乡村生产空间系统的重塑过程，一方面可通过厘清乡村生产空间系统内多元主体的认知能力和行为响应过程，调控乡村生产空间系统的内部要素和结构，消除系统内各要素间的消极关系，建立各要素间积极的关系，促进乡村生产空间系统的人地关系优化。另一方面乡村生产空间系统是一个开放的巨系统，将其置入乡村空间这一大系统中，协调与均衡生活空间子系统和生态空间子系统，从子系统优化到系统优化制定宏观调控策略，解决当前乡村空间发展的现实需求问题，促进乡村空间可持续发展。

二、案例区选择

（一）宏观尺度——重庆市

重庆市（28°10′N～32°13′N，105°11′E～110°11′E）地处中国内陆西南部、青藏高原与长江中下游平原的过渡地带，东西宽475.61km，南北长447.93km，总面积8.24万km²，是中国面积最大的直辖市（图1-2）。重庆市山高谷深，沟壑纵横，地势总体上由南北向长江河谷逐级降低，西北部和中部以丘陵、低山为主，东南部沿大巴山和武陵山两座大山脉，属于川东平行岭谷地区，地貌以丘陵、山地为主，其中山地占76%，丘陵占22%，河谷平坝区仅占2%，有"山

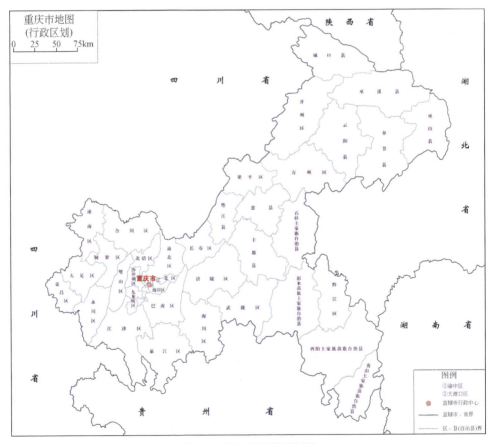

图1-2　重庆市行政区划图

城"之称。重庆市属亚热带季风性湿润气候，年均气温在 18℃ 左右，冬季平均气温在 6~8℃，夏季平均气温在 27~29℃，冬暖春早、夏热秋凉、无霜期长、雨热同季，年日照时数为 900~1600h，为全国年日照最少的地区之一，常年年均降水量为 1000~1350mm，春夏之交夜雨尤甚，素有"巴山夜雨"之说；相对湿度为 70%~80%，属于我国的高度湿润区；多云雾，少霜雪，立体气候显著，气候资源丰富；受地形和气候的双重影响，年平均雾日是 104 天，素有"雾都"（雾重庆）之称。重庆市辖区内主要矿产资源有天然气、煤、铁、盐矿等；江河纵横，水网密布，主要的河流有长江、嘉陵江、乌江、涪江、綦江、大宁河等，其中长江干流自西向东横贯全境，流程长达 691km，横穿巫山三个背斜，形成著名的瞿塘峡、巫峡、西陵峡（该峡位于湖北省境内），即举世闻名的长江三峡。

重庆市共辖 38 个区县（26 区、8 县、4 自治县），其中渝中区的城镇化率已达到 100%。重庆市作为巴渝文化的发祥地，有文字记载的历史达 3000 多年，是中国重要的历史文化名城。自 1997 年重庆市直辖以来，重庆市依托辖区内丰富的资源和国家发展政策的倾斜，打造国家重要中心城市、长江上游地区经济中心、国家重要现代制造业基地、西南地区综合交通枢纽和内陆开放高地，发展成绩显著；作为"一带一路"和长江经济带的重要联结点，在国家区域发展和对外开放格局中具有独特而重要的作用。截至 2016 年底，全市社会经济发展实现了持续稳定增长，发展质量效益同步提升，总体呈稳中有进、稳中向好的良好态势：全市常住人口达 3016.55 万人，其中农村人口为 1178.14 万人，城乡收入差异较大，呈现出典型的"大城市、大农村、大山区、大库区"的地域背景特征。全市生产总值达 15 717.27 亿元，较 2015 年增长 10.20%，其中第一产业、第二产业、第三产业的贡献率分别为 7.32%、44.98%、47.70%，较 2015 年分别增长–0.12 个百分点、–0.80 个百分点、0.92 个百分点，第三产业发展迅速，经济结构加快转型升级，深化供给侧结构性改革。全市接受教育人口合计 53.54 万人，较 2015 年受教育人口总数增加 0.81%，其中接受普通高等教育和小学教育的人口数分别增加 3.59% 和 1.92%，说明高等教育和基础教育的普及率不断提升，人才结构不断优化。人均公园绿地面积达 16.10m²，较 2015 年下降 2.67%，污水处理厂集中处理率为 93.67%，较 2015 年增加 1.42 个百分点；在医疗卫生方面，每万人拥有医院、卫生院床位数和每万人拥有卫生技术人员分别为 48.75 个和 49 人，较 2015 年分别增长 13.43% 和 6.52%，基本养老保险和医疗保险的普及率逐年提升。在交通发展方面，建成"一枢纽九干线"的铁路网络，港口年吞吐量达到 1.7 亿 t，同时以长江黄金水道、"渝新欧"国际铁路等为支撑的开放网络全面形成，水陆空全方位并行发展。长江上游生态屏障建设与保护并举，长江、嘉陵江等流域的水质改善，城区空气质量优良天数占比为 82%，森林覆盖率达45%，生态环境也有所改善。

近年来，重庆市践行大城市带大农村的乡村发展战略，乡村建设取得了一定成果。截至2016年底，农作物播种面积为360万hm^2，农业结构中农、林、牧、渔、服务业总产值为1968.28亿元，占比分别为58.52%、3.73%、31.88%、4.33%、1.54%，总产值较上年分别增长118.08亿元、13亿元、84.55亿元、10.39亿元、4.10亿元，农、林、牧、渔、服务业等产业业态全面发展，乡村产业结构不断优化；城镇常住居民人均可支配收入为2.96万元，农村常住居民人均可支配收入为1.15万元，两者较2015年分别增长8.70%、9.93%，农村常住居民人均可支配收入仅占城镇常住居民人均可支配收入的39%，城乡收入差距较大。农村常住居民人均住房建筑面积为53.74m^2，是城镇常住居民人均住房建筑面积的1.58倍，但较2015年的52.17m^2增加1.57m^2，农村建设用地限制化、"空废化"等现象得到一定的控制，挖掘了部分农村内部建设用地潜力。在重庆市"十二五"期间，特别是党的十八大以来，企业、农户等乡村多元主体积极扶持和发展"互联网+"现代农业，农产品疾病预警系统、网络销售平台、自动化办公系统以及自上而下的信息化水平不断提升，农业农村经济、农业农村一体化、农业现代化、农村生态文明等在不同程度上都有所提升；在国家乡村振兴战略的指导下，通过提振生态农业、强推基础设施、全面深化改革、厚植绿色本底等举措，重庆市乡村发展迎来新的机遇和挑战。

（二）中观尺度——江津区、龙市镇

1. 江津区

江津区（28°28′N~29°28′N，105°49′E~106°36′E）位于重庆市西南部，东临綦江、巴南，西依永川、四川合江，南靠贵州习水，北连璧山、九龙坡、大渡口。全区土地面积为3200km^2，共辖5个街道25个镇；地势南高北低，地貌以丘陵为主（占78.2%）；属亚热带季风性湿润气候，常年平均气温为18.4℃，年平均日照时数为1141h，年平均降水量为1001.2mm；自然资源丰富，富硒资源充足（90%以上土壤中硒含量达到中硒以上水平）。2012年以来，江津区将富硒产业认定为发展区内农业产业的"第一品牌"和"第一抓手"，形成集粮油、蔬菜、禽畜、花椒、茶叶、水果、水产、中药八大富硒绿色产业，建成多个富硒特色产业示范场，拥有十几个富硒特色农业品牌，获评"中国富硒美食之乡""中国生态硒城"的美称。截至2017年末，江津区常住人口为1.497×10^6人，乡村人口为7.81×10^5人，全区实现农林牧渔业总产值为1.258×10^{10}元，其中富硒农业产值为5.5×10^9元，农业商品率达77.34%，乡镇企业总产值为2.4468×10^{10}元，乡村旅游接待人数达9.856×10^6人、实现综合收入3.75×10^9元，农村常住居民人均可支配收入为 16 695 元，率先实现了乡村一二三产业融合发展，特色效益农业位于重庆市领先水平。但随着乡村一二三产业深度融合的推进，乡村振兴战略进一步落实与深入，乡村生产空间系统面临着青壮年技术人才缺乏、资金以及土地等资源要素支撑疲软，配套基础设施受限、公共服务建设不成熟，农药化肥施用量、养殖污染排放密度持续增加，乡村生产空间系统生态功能持续退化等诸多现实窘境，为开展乡村生产空间系统适应评价提供了重要的现实平台，其研究结果对西部地区践行乡村振兴战略，实现乡村可持续发展具有重要示范作用。

2. 龙市镇

龙市镇位于重庆市合川区东北部，距离合川区 32km，合武公路从南至北穿腹而过，紧靠双龙湖风景旅游区以及涞滩古镇，东望香龙镇，西邻肖家镇，北接四川省岳池县赛龙镇。全镇共辖行政村 28 个、社区 2 个，土地总面积为 1.21 万 hm² （其中，农用地面积为 9561.24hm²），属浅丘绿色农业大镇（图 1-3）。2012 年以来，龙市镇先后成功创建成为"重庆市卫生镇""市级优质粮油现代农业示范园区""重庆市乡镇商贸综合服务中心""重庆市农村产业融合发展试点示范镇"。镇域内农业生产条件较好、地域特色鲜明、农副产品资源丰富，品牌竞争

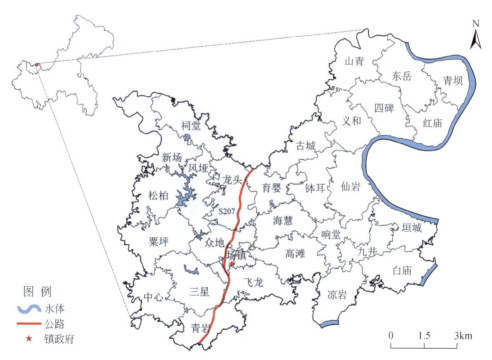

图 1-3　重庆市合川区龙市镇区位示意图

力较强，产业发展初具规模。其中，中心血橙被认证为无公害产品、青草坝萝卜卷制作工艺被收录进"重庆市非物质文化遗产"、龙市友军观光园建设成为全国首个私人辣椒博物馆。近年来，龙市镇围绕着特色果蔬、优质粮油、生态养殖三大主导产业，加快农业示范基地建设，加大财政支农力度，推进一二三产业融合发展，大力培育新型农业经营主体，为农业农村发展注入新活力。龙市镇社会各项事业发展迅猛、城乡面貌变化显著、综合实力提升较快。与此同时，由于土地、劳动力等生产要素有限，受乡村劳动力职业化程度低、土壤质量下降、耕地面积锐减等因素影响，龙市镇乡村生产空间系统运行面临产业多业态化、主体多元化、环境治理亟须制度化等突出问题，对开展相关研究具有很好的典型性。

（三）微观尺度——恒和村

恒和村位于重庆市江津区白沙镇西部，属于浅丘地貌，全年气候温和，雨量充沛，土质肥沃，该村距白沙镇城区 1.5km，距江津主城区 22.5km，106 省道和成渝环线高速公路穿境而过，交通便利（图 1-4）。江津区近年来农业发展态势良好，2016 年将农作物良种补贴、粮食直补和农资综合补贴合并为"农业支持保护补贴"，用于支持生产大户进行适度规模化经营和农户的耕地保护；健全新型职业农民教育培训、认定管理、政策扶持"三位一体"培育制度，加快土地流转制度改革，使规模经营率达到 43% 以上，为恒和村农业生产发展奠定良好的基础。恒和村包含 9 个村民小组，共有农户 3162 户，总人口为 7506 人，劳动

图 1-4　重庆市恒和村区位图

力人口为 4330 人，其中农业劳动力为 1350 人，长期外出务工人员为 2624 人。恒和村耕地面积为 10 870 亩①，农户经营耕地面积 10 亩以上的有 89 户，适度规模经营耕地 6956 亩，其中 78% 用于蔬菜、果树等经济作物种植；承包耕地流转面积 6956 亩，其中转包 1280 亩，转让 2045 亩，出租 2956 亩；转入合作社 2250 亩，转入农户 3231 亩。恒和村是重庆市首批新农村建设示范村，全村引进了恒和果业、臻威、渝津等农业业主；分别于 2007 年、2011 年成立恒和柑橘专业合作社和凯强柑橘种植股份合作社，其以种植高标准优质晚熟柑橘等经济作物为主，合作社实行"六统"（统一种植区域，统一土地折资入股，统一建园标准，统一生产、技术、培训，统一采购、采收，统一销售）、"两分"（分社核算、按股分红）的经营机制，入社农户 1100 户；企业与农业合作社的入驻与发展对农户行为转变具有较强的引导作用。2011 年开始以农业生产为主的农户在自家承包地的基础上，通过转包一定数量的土地进行适度规模化经营，逐渐发展为生产大户。恒和村农户以柑橘、花椒、油菜等经济作物和水稻、玉米等大田作物种植为主，拥有柑橘种植面积 4276 亩，油菜种植面积为 1000 亩，农机械数量为 10 台，农户人均年收入为 13 275 元。

三、研究方法和数据获取

（一）研究方法

本研究从人地相互作用视角入手，基于地理学经典人地关系理论、空间理论，借鉴社会学"空间的生产"理论、物理学"耗散结构"理论、信息学"信息熵"理论、信息学"全息信息模型"、经济学"风险管理理论"、生物学"适应理论"等理论思想，并结合 GIS 空间分析等多学科方法，以西南丘陵山区代表性城市重庆市为研究区，开展理论与实践、定性与定量、计量统计与空间分析相结合的研究，具有较强的学科交叉性。具体运用过程如下：①运用"参与式农户调研"、焦点小组讨论和半结构化访谈相结合的形式，结合我国农业农村发展历史、社会经济发展特征和区域特征，深入实际以获取反映农业经营主体基本特征的一手数据，并梳理社会经济统计年报、地方年鉴、乡村规划等资料，反演乡村生产空间系统历史形态，解析其要素与运行机制；②借助热力学"耗散结构"理论揭示乡村生产空间系统的演化动力机制，并运用信息学"信息熵"理论、可持续发展理论和"压力–状态–响应"（PSR）模型详解重庆市乡村生产空间系

---

① 1 亩 ≈ 666. 7m²。

统的演化及可持续发展能力规律及动力机制；③基于经济学"风险管理理论"、生物学"适应理论"、信息学"全息信息模型"等方法，从风险与适应性双角度量化乡村生产空间系统演化状态及其空间分异，并基于实证分析结果合理构筑重庆市乡村生产空间的差异化调控策略，为其他区域乡村生产空间系统优化提供实践示范。

（二）数据获取

1. 实地调研获取一手数据

研究团队长期追踪西南丘陵山区特殊人地关系相互作用，从县域、镇域、村域等不同尺度入手，选取重庆市多个典型行政单元，从农户基本特征、经营主体现状、农业生产空间现状、土地利用情况、农村居民点现状、社区管护情况等方面进行了长时序、多样化的驻村调研，并在大量感性认知的基础上建立了人地数据库，为乡村生产空间系统演化研究奠定了认知基础和数据源。

（1）合川区钱塘镇大柱村、凤寺村。研究团队针对西南丘陵山区生态脆弱、经济落后的实际，自2013年起对重庆市合川区钱塘镇大柱村和凤寺村进行了详细的调研活动，着重了解了土地整治与生态安全问题，为探究西南丘陵山区村域生态环境优化、村镇景观与土地整治等关键技术的研究奠定了基础。

（2）綦江区永城镇中华村。研究团队针对生态环境保护、村镇景观与土地整治、生产与生活空间合理布局等问题，自2014年起对綦江区永城镇中华村进行了调研，从土地利用现状、农业生产空间、居民点现状和生态文明状况等方面展开调研活动，重点了解了企业/大户与传统农户收入、土地流转与产业布局状况、土地撂荒与坡耕地利用以及青壮年和技术劳动力不足等问题。

（3）沙坪坝区凤凰镇胡南坝村。研究团队针对都市多功能农业开发，自2017年起展开沙坪坝区多镇街的村域调研，其中重点关注凤凰镇胡南坝村花卉苗木观赏种植产业。据此，研究团队深入调查了城市经济，尤其是城市近郊休闲旅游对城市周边地区的牵引与辐射作用，以及满足新时代人民需求的乡村生产空间产业发展取向。

（4）南川区兴隆镇金花村。研究团队针对政府重点扶持的农业开发区域特征，自2017年展开对南川区兴隆镇金花村的详细调研，重点关注村域有机农业、生态农业和观光体验农业相结合的规模集约高效型农业综合开发模式，农旅结合型农业新业态，以及基础设施配套建设与乡村生产空间优化的关系。

（5）江津区现代农业园区。研究团队针对"产业发展破界"（行政界线）的农业园区建设模式，自2015年起对江津区现代农业园区展开跟踪调研，重点关注了以先锋镇（麻柳村、保坪村）、慈云镇（小园村、凉河村）、龙华镇（朱羊寺村、新店村、燕坝村）及白沙镇（恒和村、芳阴村）为核心的，集信息技术融合、生物技术引进、田园观光休闲、民宿民俗体验为一体的立体农业开发模式。与此同时，根据历年调研的经验，研究团队于 2018 年 1～10 月陆续针对上述调研区进行复调，重点就乡村生产空间特征、新型经营农业主体经营情况等方面开展了围绕乡村生产空间系统的调研工作，为厘清乡村生产空间系统的内涵、要素、结构及功能等学理属性，揭示乡村生产空间系统演化机理及制定乡村生产空间系统优化策略等提供坚实的数据基础和实地调研经验。

2. 社会经济数据获取

遥感影像数据研究团队利用 BIGEMAP 设备可方便获取多时期的高空间分辨率遥感影像数据，为研究提供了可靠的数据源。具体包括以下几个数据源。

1）社会经济及土地利用数据

研究团队历年来共计完成 80 余项地方实践项目，主要涉及重庆市多个区县的土地利用总体规划修编、村级土地利用规划、城市周边永久基本农田划定、土地整治规划等工作，已经积累了可以直接使用的多期遥感影像数据、土地利用矢量数据、统计年鉴及农村经济报表等丰富的一手资料。问卷调查数据则是通过采用入户访谈调研的方式获取，调查对象包括传统农户、专业大户、家庭农场、农民合作社及农业企业等多元农业经营主体，访谈内容涉及乡村多元经营主体的基本特征、农业经营状况、发展诉求、收入情况、从业情况等内容。访谈结束后，采用 GPS 定位获取的多元农业经营主体及地块的地理坐标为标识码进行编号，通过 GIS 和 RS 建立空间数据和属性数据相链接的"主体–土地"数据库。①问卷设计与调查。对 7 个村传统农户、专业大户、家庭农场、农民合作社、农业企业等农业经营主体进行了问卷调查，并与研究区乡镇和村级领导进行座谈得到相关数据。调查中，"面"的了解主要是从镇政府和镇国土资源所入手掌握全镇农村生产生活经营的主要情况；"点"的调查主要是通过与相关村委会领导进行座谈，了解全村的概况和农村经营的情况，再对传统农户、专业大户、家庭农场、农民合作社、农业企业等农业经营主体进行调查，其方式主要采用半结构式访谈，即包括开放式和封闭式两种方式。通过与各农业经营主体进行面对面的座谈，了解与问卷提纲相关的农业经营主体生产经营信息。其具体操作过程以重庆市江津区先锋镇麻柳村调研为例，包括问卷设计、问卷测试、问卷修改、调研培训和实地调研五个步骤。最后通过室内整理得出结果（表 1-1）。②数据库建设。首先，采用 2015 年 1∶2000 实测地形图、1∶2000 土地利用现状图、遥感影像图，通过坐标转换统一转成 1980 西安坐标系，在 ArcGIS 10.2 平台上进行配准和叠加，并运用其空间分析功能在遥感影像图中切割出样本村的行政区域，突出农村居民点、道路等；其次，运用手持式 GPS 定位仪准确定位获取各农业经营主体居住地及各类经营用地的地理坐标并作标识码；再次，运用 ArcGIS 10.2 平台建立数据库存储各地类的空间属性，然后添加字段分别录入每个标识的地块图斑对应的农户及农业经营主体编号及该主体类型、基本特征、农业经营状况、发展诉求、收入情况、从业情况、生计资产、家庭特征、农村居民点用地规模、内部结构及建筑外观等属性数据；最后，新建点层，在每个农户或农业经营主体所经营土地（包括自家承包地及转租、转包地等的状况）的重心位置标记该地块的权属情况，最终建立"主体-土地"数据库。

表 1-1　抽样调查问卷主要内容和相关指标均值（部分）

调查内容	参考指标
一	户数
家庭总人口	家庭户籍人口数（人）
家庭年龄构成	60 岁以上人口数（人）
	16~60 岁人数（人）
	16 岁以下人数（人）
家庭成员文化程度	家庭受教育年限总数（年）
家庭收入组成	种植收入（元）
	养殖收入（元）
	本区县打工收入（元）
	外出务工收入（元）
家庭承包地面积	耕地面积（hm^2）
	园地面积（hm^2）
	林地面积（hm^2）
生产经营情况	经营规模（hm^2）
	经营成本情况（万元）
	年收益情况（万元）
	技术利用情况
村小组情况	村小组基本情况
	土地利用情况
	村生产情况（万元）

2）"主体-土地"数据库

研究团队基于县域、镇域、村域长时序、多尺度调研，通过实地走访及参与式农户、半结构化访谈、焦点小组讨论等采访方式调查获取典型样本村长时段的农户和新型农业经营主体生计、居住与生产特征等属性数据，建成了 14 个区县

26个村的长时序"主体-土地"数据库（图1-5），实现了属性数据与空间数据的链接，并形成一套切实有效的调研方式，为本研究乡村多元主体生产行为属性数据的获取及整理积累了丰富的经验。

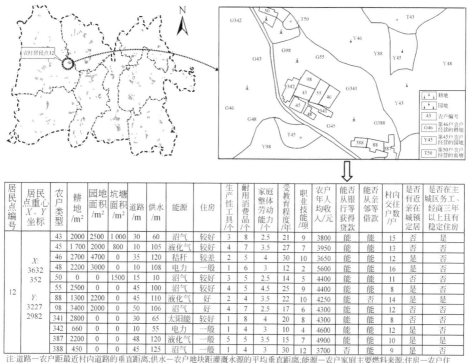

居民点编号	居民点重心 X、Y坐标	农户类型	耕地/m²	园地面积/m²	坑塘面积/m²	道路/m	供水/m	能源	住房	生产性工具/个	耐用消费品/个	家庭整体劳动能力	受教育程度/年	职业技能/项	农户人均收入/元	能否从银行等获得贷款	能否从亲邻等借款	村内交往户数/户	是否近亲在城镇定居	是否在主城区务工、经商三年以上且有稳定住房
12	X: 3632 352 Y: 3227 2982																			
			2000	2500	1 000	30	60	沼气	较好	3	8	2.5	21	9	3800	能	能	15	否	是
			1 700	2000	800	10	105	液化气	较好	4	7	3.5	27	7	3950	能	能	13	否	否
			2700	4700	0	35	120	秸秆	较差	2	5	4	30	10	3650	能	能	12	是	否
			2200	3000	0	10	108	电力	一般	1	6	3	12	2	5600	能	能	16	是	否
			0	0	1500	15	10	沼气	较好	3	5	2.5	14	5	4400	能	能	11	否	否
			2500	0	0	45	100	沼气	较好	4	5	4.5	25	9	4400	能	能	8	否	否
			1300	2200	0	45	110	液化气	好	4	3	3.5	22	7	4250	否	能	14	是	是
			3400	2000	0	50	106	沼气	好		7	2.5	17	6	4300	能	能	12	否	否
			2800	0	0	30	65	太阳能	较好	1	8	4	20	8	4300	能	能	8	否	否
			660	0	0	10	55	电力	一般	1	4	3	10	4	4600	能	能	12	是	否
			0	0	0	48	120	液化气	一般	5	5	3.5	15	7	4900	能	能	9	是	是
			450	0	0	45	125	沼气	一般	1	4	3	30	12	3700	否	能	6	是	否

注：道路—农户距最近村内道路的垂直距离；供水—农户地块距灌溉水源的平均垂直距离；能源—农户家庭主要燃料来源；住房—农户住房质量好坏程度；生产性工具—抽水机、收割机、打米机、三轮车、经营性店面中农户家庭拥有生产性工具的项数；耐用消费品—摩托车、手机、座机、空调、电冰箱、洗衣机、电视机、热水器、组合家具中农户家庭拥有耐用消费品的项数；家庭整体劳动能力—农户家庭成员所拥有劳动能力的总和；受教育程度—农户家庭成员受教育年限总和；职业技能—农户家庭成员的职业技能值的总和。

图1-5 "主体-土地"数据库（重庆市沙坪坝区白林村）

四、章节分布

本书基于乡村生产空间系统的"要素-时间-空间"三维逻辑框架，以系统论、人地关系地域系统、空间的生产为理论支撑，解析乡村生产空间系统的内涵，探寻农业生产关系变革及经济体制等因素影响下的乡村生产空间系统演化历程，进而解构乡村生产空间系统的要素及运行机制；引入耗散结构理论，解析乡村生产空间系统的耗散结构特征，继而探究乡村生产空间系统的耗散结构系统熵变机制以明晰乡村生产空间系统演化的动力机制；构建耗散结构系统熵变模型和评价指标体系，定量揭示乡村生产空间系统的演变规律；将系统风险、适应性引入乡村生产空间系统研究以量化系统的状态，进而识别系统的风险和适应性，探究风险与适应性的空间分异特征和影响因素；分别针对乡村生产空间系统的可持续发展能力、风险和适应性提出调控策略，以引导乡村生产空间系统健康可持续发展。本书文脉与思想架构见图1-6。

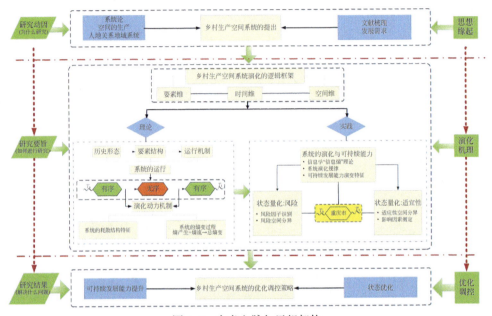

图1-6 本书文脉与思想架构

因此，将本书分为五部分，总共12章内容。

第一部分（包括第一、第二章）明晰本书的时代背景与现实意义、乡村生产空间系统的概念性认知与相关研究进展。第一章从新时代的呼唤时代背景入手，阐明西南山区乡村振兴的迫切需求；从全书的核心内容梳理、案例区选择和关键技术等方面梳理全书的整体架构。第二章系统辨析地理学与空间、行为空间与空间行为、乡村生产空间系统、乡村生产空间系统演化等乡村生产空间系统关键概念，并借助"空间的生产"理论、人地关系地域系统理论、乡村地域系统理论等启发本书研究思路的基础理论，结合国内外相关研究进展，为后续对乡村生产空间系统的深入分析和探讨夯实根基。

第二部分（包括第三～第五章）阐述乡村生产空间系统要素构成、运行机制、有序性及其状态量化表达以及演化的逻辑认知及数理表达。第三章深入探析基础概念认知与基本研究域、系统各要素之间相互作用相互影响的耦合作用关系及其运行机制，架构出乡村生产空间系统的基本轮廓，为之后乡村生产空间系统质性与量化研究奠定坚实理论基础。第四章揭示乡村生产空间系统是一个具有耗散结构属性的巨系统，同时具备综合性与开放性、非线性与不确定性、远离平衡态与涨落性。通过建立熵模型，进一步量化乡村生产空间系统状态，验证重庆38区县乡村生产空间系统的有序性问题。第五章则从乡村生产空间系统演化的逻辑认知入手，构建要素-时间维、流-要素维、时间-流维的三维视角，并借助理化模型定量分析乡村生产空间系统熵变演化特征。

第三部分（包括第六、第七章）为乡村生产空间系统演化的利益相关者社会网络分析、利益驱动及响应机制探析。第六章在乡村生产空间系统熵变的背景之上分析乡村生产空间系统可持续发展能力，并进一步论证熵变与可持续发展能力的协同演化机制。第七章从利益相关者对乡村生产空间系统演化的动因分析入手，构建利益相关者社会网络，并对利益相关者进行识别和分类，建构出基于支持熵、压力熵、氧化熵、还原熵分析不同熵变过程的利益相关者社会网络结构。

第四部分（包括第八～第十一章）通过构建一系列评价指标体系定量化分析重庆市乡村生产空间系统的风险水平、脆弱性、适应性与可持续发展状况。第八章对重庆市乡村生产空间系统风险评价机理进行分析，通过风险评价模型构建，进一步挖掘乡村生产空间系统风险源压力水平、风险载体状态水平、风险控制机制响应水平，从空间分异格局视角展示各区县综合风险水平，因地施策提出风险差异化防控建议。此外，第八章进一步阐述利益相关者的多元类型与多重矛盾，从而揭示利益相关者之间的利益协调与利益联结的机制缺乏，创新性论证熵变过程中的利益驱动与利益相关者的角色响应。第九章从乡村生产空间系统脆弱性内涵结构入手，阐述系统脆弱性学理界定、要素识别、特征辨析、数理评价；同时将脆弱性解构为暴露性、敏感性、适应能力分别进行时空演变分异分析，以此识别主导因素和划分脆弱性类型，进行差异化调控。第十章具体分析乡村生产空间系统适应性状况及障碍因素，通过适应性与障碍因子双重模型分析，揭示乡村生产空间系统易损性、稳定性、响应性和适应性的时序演化特征，并划分重庆市各区县适应性障碍因子障碍度。第十一章在乡村生产空间系统熵变的背景下分析乡村空间生产系统可持续发展能力，并进一步论证熵变与可持续发展能力的协同演化机制。

第五部分（包括第十二章）是本书的结束部分，简要介绍相关主要研究结论，提出相应的策略与建议，并对未来研究方向做出展望。

第二章 乡村生产空间系统概念性认知及相关进展

本章从乡村生产空间系统的思想缘起着手，对地理学与空间、行为空间与空间行为进行概念辨析，以"空间的生产"理论和人地关系地域系统理论为基础理论指导，运用文献综述法对国内外文献进行整理分析评述，对我国乡村发展具有一定的借鉴意义。立足我国乡村实际本底条件与发展背景，本书提出乡村生产空间系统基本问题阈概念，具体包括学理辨析、演化机制、形成机理和优化调控，同时对未来我国乡村生产空间系统研究需重点关注的内容进行展望，为乡村生产空间可持续发展由基础研究走向实践应用提供理论基石。

第一节 关键概念辨析

一、地理学与空间

地理学是一门研究地球表层自然要素和人文要素相互作用与关系及其时空规律的科学（郑度和陈述彭，2001）。空间作为地理学的核心概念，地理空间本身并不是空无一物的，而是被各种各样的物质、能量或者实物充盈的。同时，地理空间又是一个框架，各种事实和事件则被认为坐落于这个框架中，人们在讨论空间、描述空间以及分析空间这个事实，意味着人们从概念上而不是从事实上把空间从实体中剥离和分割开来，其整个理论与实践源于事实和事件的空间概念化及某种想象发生或预见的空间效应（大卫·哈维，1994）。地理学各分支学科虽然对地理空间的理解各具特色（孙中伟等，2014），但总体上经历了由单一走向多维、从客观实体到观念感知的过程。一是人文社会科学思想的渗透，地理空间已逐步由实体领域发展到观念领域，地理学者倾向于地理空间本质和空间感知的研究；二是经济地理空间模型的丰富和地理信息科学的发展，地理学者对空间的认知从物质世界拓展到虚拟世界，孕育出信息空间和网络空间，空间哲学与空间思维（张晓祥，2014）。因此，在论及乡村生产空间及其特征时，可以把乡村生产空间概念的生成看作一个连续系统，基于地理学对地理空间的独特视角和理论、方法，针对我国当前乡村生产空间可持续发展面临的关键问题，从概念上而不是从事实上分析形成这样一个系统即乡村生产空间系统，有助于探讨乡村生产空间要素流的转换机制。

二、行为空间与空间行为

人与环境的互动关系实质为影响空间形成的各种人类活动（柴彦威和沈洁，2006）。行为空间作为行为地理学研究的核心问题，探讨人类区别于动物的有意识的行为选择过程，包括人类活动地理投影形成的行为空间以及表明特定空间人类行为规律的空间行为（张文奎，1990）。空间行为是与利用场所有关的人类知觉、选择、行为（王兴中等，2008），人们对地理环境发生感应后要做出判断，即做出选择，然后决定处事和行为（陈传康，1985）。空间行为是行为主体在利用场所制约下的选择结果，同时由于行为主体的主观能动性，人类行为对利用场所同样有着塑造与再塑造的作用（柴彦威，2014）。简言之，行为空间表明人类活动地理投影形成的行为结果，空间行为表明特定空间人类行为规律。这些思想能诠释乡村生产空间系统中利益相关者的行为选择与行为实践，为总结乡村生产空间系统的多元行为主体的微观行为选择和空间行为规律提供思想源泉。

三、乡村生产空间系统

乡村生产空间系统作为一个有机整体，是"人"与"地"两方面的要素按照一定规律相互交织在一起，交错构成的复杂开放的巨系统，在空间上具有一定的地域范围。乡村生产空间系统是以地球表层的生产空间为基础的人地关系地域系统。人地关系是否协调或是否矛盾，不取决于地而取决于人，乡村生产空间系统是通过系统内各要素间物质、能量、信息流动相互联系、相互作用，形成一定的结构与功能机制，且系统具备一定的整体效应。然而，当前经济高速发展使我国的自然环境结构正在发生巨大变化，人地关系向广度和深度发展的新时代特征下，系统中任何一个要素的变化，都会引起其他要素相应变化，系统内部要素间非线性运动将被打破，乡村生产空间系统呈现出复杂多样的内部结构，系统原有的结构和功能机制将逐步被破坏，从而呈现新的整体功能性。因此，借鉴人地关系的经典解释，剖析乡村生产空间系统的复杂要素构成及其相互关系，进而探究乡村生产空间系统的结构与功能。从学理层面上搞清乡村生产空间系统的内涵本质及相关原理，是研究和应用乡村生产空间系统的基础和前提。

四、乡村生产空间系统演化

　　基于乡村生产空间系统演化的基本命题，从要素维、时间维和空间维三个维度对乡村生产空间系统的演化进行学理辨析，从要素维度上解构乡村生产空间系统的要素与运行机制，从时间维度上梳理我国乡村生产空间系统的历史形态与运行过程，从空间维度上分析乡村生产空间系统的空间组织与结构，进而构建其逻辑框架（图 2-1）。

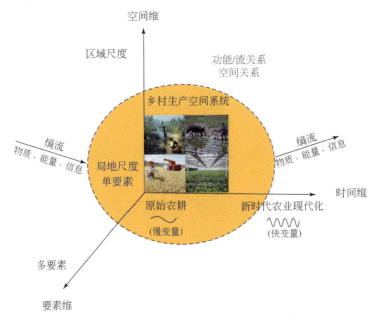

图 2-1　乡村生产空间系统演化的逻辑框架

　　（1）要素维。乡村生产空间系统是由一系列要素（各具某些属性），以一种特定方式联系在一起。各种联系（要素的某种流）在要素与要素、系统与要素、系统与环境之间建立，这种联系不仅支配着系统的运转，而且在恰当的地方支配着系统的演化（龚小庆，2005）。乡村生产空间系统要素不仅包括基础设施、人才、资金等在内的显性要素，还包括技术、服务、组织在内的隐性要素。

　　（2）时间维。在不同的历史发展阶段，各要素本身的动态变化属性使乡村生产空间系统的要素组成、要素间的联系方式呈现出持续变化的特点，乡村多元主体与环境的相互作用过程同样存在差异，呈现出不同的人地关系状态，并表现出时段性的累加，对乡村生产空间系统运行状态产生较大影响，甚至推动系统的演化。

（3）空间维。在乡村生产空间系统运行过程中，系统与外部环境进行物质循环、能量流动和信息传递（熵流），主动不断地从外部环境中吸取"负熵"，使局地尺度内部和外部环境的经济、社会、生态等产生联系，也正是这种联系使区域与区域之间共同构成一个规模更大且构造繁杂的区域尺度空间，当区域尺度空间内各个局地尺度的乡村生产空间系统运行都达到某一临界值发生状态的变化而演化时，通过量变的积累推动整个区域尺度乡村生产空间系统的演化。

第二节 理论基础

一、"空间的生产"理论

"空间的生产"理论于1974年由法国哲学家和社会学家 Henri Lefebvre 撰写的《空间的生产》一书中首先提出，其核心为"任何空间都是社会的产物"，其观点驳斥了康德的二元论，把社会从空间中分离出来，寻求精神空间和现实空间的调和。通过对逻辑-数学空间的极端形式化抽象和社会空间的实践感官领域的阐述，Henri Lefebvre 提出了超越传统的图解和举例方法而产生空间的概念。Henri Lefebvre 详细阐述了空间遵循的4种规则：①物质（自然）空间正在消失；②每一个社会、任何一种生产方式都会生产出一个属于自己的空间；③人们要把对空间事物本身的关注转移到对空间生产过程的关注，因为对空间的认识就是对空间的解码过程，是对空间生产过程的复制和展示；④从一种生产方式过渡到另一种生产方式，必然伴随着新空间的生产，这种过渡过程具有至高无上的理论意义。基于空间规则的第三点，Henri Lefebvre 区分了空间实践（spatial practice）、空间的表征（representations of space）和表征空间（spaces of representation）（路程，2014），对这三重辩证进行了阐述，建构了以城市空间是（资本主义生产和消费活动的）产物和生产过程为核心观点的"空间的生产"理论（叶超等，2011）。①空间实践通常关注的是功能形式意义上的空间，包括社会生产与再生产以及日常生活，即人类空间性的社会实践。空间实践是可感知的物理意义上的空间活动，它保证经济生产和社会生产的顺利进行，空间实践涉及的是一种物体和事物的空间，也是一种人在其中移动和行为的空间。②空间的表征是一种概念化的空间，在科学家、规划者、社会工程师等的知识和意识形态支配之下，这些人都会认定这是一种居住的空间，一种通过设想而认知的空间，他们通过构想来辨识生活和感知。空间的表征更加趋向于是一种指令系统，因此是一种智力设计，是一种可以通过此方式进行统治和支配的工具。③表征空间又称为再现性空间，是一种居民和使用者的空间，也是艺术家和那些只想从事描述的少数作家和哲学家的空间。这是一种被支配的、被占领和消极体验的空间，但想象力试图改变和占有它。它与物理的空间重叠，在象征上利用其客体，并且在经验中寻求变换和不断适应的空间。

　　空间的生产和其他生产一样，都是一种生产方式，包含两个层面：一是"空间生产力"，即各劳动主体通过社会和自然空间发生物质交换关系；二是"空间生产关系"，即以自然空间或者社会空间为中介的主体经济利益关系。"空间生产力"不是指空间内部的生产，而是指空间本身的生产，它是通过物理空间中对物质资料的重构或者重置创造出符合现实需要的空间产品的过程。随着历史阶段的发展，"空间中的生产"开始转向"空间的生产"。"空间的生产"更加突出物质产品的空间属性和空间的意义，但不代表"空间的生产"完全不关注物质的生产，"空间中的生产"是"空间的生产"本身含义的一部分，这是因为"空间的生产"首先是物质生产，一方面，空间的生产必须通过物质资料的分配、重置、重构来实现，这离不开物质资料；另一方面，生产的结果并不是单纯的空间而首先是一种物质，并不存在物质资料生产之外的单纯的空间的生产。Henri Lefebvre 将迄今为止的空间化历史过程划分为六个阶段：绝对空间——自然状态；神圣空间——埃及式的神庙与暴君统治的国家；历史空间——政治国家、希腊式的城邦、罗马帝国；抽象空间——资本主义，财产的政治经济空间；矛盾空间——当代资本主义全球化与地方化对立的意义空间；差异空间——重估差异性与生活经验的未来空间（潘可礼，2015）。其中，差异空间是 Henri Lefebvre 提出的一种新的政治构思，是其"空间的生产"理论分析的最终目的。Henri Lefebvre 认为社会主义空间将会是一个差异的空间，社会主义空间是被重构为自下而上的支配方式的一种空间，工人阶级和农民阶级拥有对此空间的支配权与管理权。相较于资本主义空间，它的取用优先于支配，使用优先于交换，需要优先于命令。而要实现差异空间，首先起决定性作用的是社会运动，需要工人和农民联合起来进行革命。这是因为他们是扣连到事物的生产与物质性工作以及使用空间的人。其次是普遍自我管理的实现，即通过自下而上的方式重新建构空间。最后是将使用价值作为重新定义空间的一种函数，社会空间的改造将被重新定义为：空间的生产不把运输和交换手段看作优先生产的条件，而是优先生产具有使用价值的空间。空间革命的朝向将由压制私有财产的形式开始。

　　"空间的生产"理论对空间重要性的重新认识对马克思主义城市社会学和人文地理学产生了深远的影响，打破了实证主义的区位理论无法解释应对的各种社会经济问题，而后期以 David Harvey 为代表的新马克思主义学派和以 Edward Soja 为代表的后现代主义学派等学者将 Henri Lefebvre 的思想继承发展，使马克思主义哲学的空间思想逐渐在世界范围内得到传播,包括将"空间的生产"理论应用于城市空间生产过程控制下的资本解构(Harvey,1996),对资本主义发展不平衡的过程进行理论分析,对社会关系和空间结构的批判性分析,以及许多其他社会学、地理学、城市研究和文化学科的成就(Corbridge et al.,1994;Bawaka et al.,2015;Ahlers 2020)。尤其是Halfacree基于英国乡村的空间性,讨论了结合"空间"三分法的新型乡村空间思维模式的主要要素,探讨了"空间的生产"理论在乡村研究中的适用性(Halfacree,2006,2007)。作为人类社会经济活动的主要空间,乡村生产空间发展与重构是社会经济发展和乡村生产功能更新的必然过程,也是乡村区域人地关系演化的重要表现形式。在当前乡村生产空间非自然性缩减、农村青壮年劳动力流失、新型农业经营主体和服务主体等多元主体涌现的新形势下,乡村生产空间的演化发展更加复杂,其演变速度和强度不断加快,仅仅依靠传统的实证方法无法完全理解农村文化、农村社会结构等社会关系因素的影响,如何在一个全面系统的框架下解读乡村生产空间十分必要。Henri Lefebvre的"空间的生产"及其发展理论为中国乡村空间结构变化中不确定的多维空间提供了一个综合框架;借鉴"空间的生产"理论对乡村空间进行解读,有助于全面系统地破解新形势下中国乡村生产空间可持续发展面临的难题,着力解决城乡发展不平衡、农村发展不充分等突出问题,弥补全面建成小康社会的乡村短板。

二、人地关系地域系统理论

人地关系是一种普遍存在的客观关系,其作为地理学古老而又年轻的话题,是地理学基础理论研究的本质所在(李扬和汤青,2018)。人地关系即地球表层人与自然的相互影响和互馈作用,概括地说,人地关系包括人对自然的依赖性和人的能动地位。人地关系伴随人类社会而产生,自人类起源以来即存在,但人类对人地关系的认识、思考和研究经历了一个漫长的历史过程。国外学者对于人地关系的研究过程中曾产生许多不同的人地观,由最初的天命论到地理环境决定论、可能论(或然论)、适应论,然后到生态论、协调论等(赵荣等,2006),直到20世纪中期,面对人口剧增、资源匮乏、环境恶化、生态失调等日益严重的全球性问题,人类才开始谋求人和自然之间的和谐与协调关系,可持续发展理论形成并成为当前人地关系理论的最高形式(樊杰,2008)。中国人地关系的萌芽始于"天人合一""天人相关"等思想,但受到社会历史环境的限制,人地关系的研究发展相对缓慢(孙峰华等,2014),直至中华人民共和国成立,社会稳定和经济复兴为地理学的发展提供了有利条件,诸多地理学者对人地关系展开深入探索，如李旭旦（1983）认为人地关系是协调的关系，李振泉（1999）认为人地关系的发展应在系统、协调、适应、共生的框架下抽象和升华。

我国地理学家吴传钧院士也致力于人地关系研究和人文地理学的复兴，并于1979年底在广州召开的中国地理学会第四届代表大会上作了"地理学的昨天、今天与明天"的学术报告，对地理环境、人地关系的内涵进行了阐述，并提出了地理学研究的特殊领域是"研究人地关系的地域系统"（陆大道和郭来喜，1998）。从1983年起，钱学森院士不断倡议要为中长期计划需要运用系统科学的理论综合研究地球表层中人类社会与自然界组成的开放复杂的巨系统，同时强调系统论及其在各门科学中的应用，认为要通过"从定性到定量的综合集成方法"研究人地关系的巨系统及其结构与功能，并强调这是地理学重要的基础研究。吴传钧院士非常赞同钱学森院士的观点，并进一步将系统论思想引入地理学研究中，首次创造性地提出"人地关系地域系统"这一科学术语，并提出"人地关系地域系统是地理学的研究核心"，这一思想标志着人地关系的研究开始进入科学化和系统化的研究阶段。吴传钧认为"人"和"地"两方面的要素按照一定的规律相互交织在一起，交错构成的复杂开放的巨系统内部具有一定的结构和功能机制，在空间上具有一定的地域范围，便构成了一个人地关系地域系统，也就是说，"人地关系地域系统是以地球表层一定地域为基础的人地关系系统，即人与地在特定的地域相互联系、相互作用而成的一种动态结构"，这一论断使地理学对人地关系的研究具体落实到地域。经过30多年深入研究，人地关系地域系统学术思想经历了从系统架构形成阶段到系统研究完善阶段（陆大道，2002），研究渗透到区域经济、社会、人口、资源、生态、环境、规划等各个领域，其研究成果被广泛应用于解决国家经济社会发展问题，进行区域人地关系优化调控。进入21世纪，全球人口、资源、经济和环境问题日益突出，人地关系地域系统理论作为地理学核心理论的地位进一步提升（方创琳等，2011；李小云等，2016），对指导生态文明建设（龙花楼等，2014）、主体功能区划（樊杰，2015）、可持续发展（陆大道和樊杰，2012）、"五个统筹"（戈大专等，2016）等新形势下国家和区域经济社会的发展具有重要的作用。从概念的提出发展到现阶段，人地关系地域系统的研究经历了由初级向高级转变的过程，一方面，通过研究人地关系的本质属性、基本特征、演化规律、作用机理等（杨青山和梅林，2001；曾菊新等，2016），形成了人地系统优化论（方创琳，2003）、人地关系协同论（李后强和艾南山，1996）、人地协调共生论（潘玉君，1997）、人地危机冲突论（王爱民和缪磊磊，2000）等相关理论；另一方面，应用新方法新手段（Ash et al.，2016），采用多学科交叉融合、多方法（"3S"技术方法、数学模拟方法等）集成（乔家君，2005），构建相对完善的人地关系地域系统研究方法体系（方创琳，2004）。

三、乡村地域系统理论

近年来，我国地理学者在吴传钧院士的人地关系地域系统思想的指导下进一步深入开展相关研究，并将其系统论的思想及对人地关系的见解引入乡村地理学的研究中，在继承人地关系地域系统理论思想的基础上逐渐衍生形成新的理论和学派，其中乡村地域系统和乡村空间系统就是依据该理论延伸而来并渐成体系，为乡村地域人地关系的研究提供了重要的理论指导和方法借鉴，并成为研究乡村发展问题的基本依据和理论基础。2020 年学者刘彦随在地理科学第 40 卷第 8 期上发表了题为"现代人地关系与人地系统科学"的文章，重新梳理了吴传钧院士人地关系思想理论，进一步指出了人地关系地域系统对区域可持续发展的重要基础理论指导作用，强调了乡村地域系统是人地关系地域系统的重要类型之一，其具体包括农业系统、村庄系统、乡域系统和城镇系统四个子系统，以及各个子系统分别对应着作土关系、人居关系、居业关系与产城关系四种关系，强调了乡村地域系统具有要素系统性、空间组织性和结构层级性。

乡村地域系统是人地关系地域系统在乡村地域的延伸，是乡村地理学研究的重要领域。王声跃和王龚（2015）以乡村人地关系为核心、以乡村人地关系地域系统的构成、空间结构和发展演变为主线，对乡村地域系统的概念进行界定，并剖析了其特征、要素、结构和功能。他们认为，乡村地域系统是由乡村区域的各种地理要素在一定空间范围内相互联系、相互作用而构成的具有特定结构和功能的综合实体，包括乡村地理环境和人类活动两个子系统，其中，地理环境系统包括自然环境系统（由自然资源的供给系统和自然条件的保障系统构成）和人文环境系统（由物质生产系统和人口生产系统构成），自然环境系统和人文环境系统共同构成统一的环境系统，而人类的一切活动，不论是物质生产活动、精神生产活动，还是人类自身的生产（人口再生产）活动，都会对这个系统施加影响，其也受到自然规律和社会规律的双重制约（图 2-2）。毕安平（2014）认为乡村地域系统是由人口、资源、环境、经济、社会组成的区域复合系统，并从乡村地域系统的视角研究农村空心化问题。龙花楼、刘彦随、张小林等认为乡村地域系统是在一定乡村地域范围内，由自然禀赋、区位条件、经济基础、人力资源、文化习俗等各要素交互作用构成的具有一定结构和功能的开放系统（刘彦随等，2011），自然资源、生态环境、经济发展和社会发展等子系统构成乡村地域系统的内核系统（吴传钧，1991），区域发展政策、工业化和城镇化发展水平等构成其外缘系统（张富刚和刘彦随，2008），乡村地域内核系统与外缘系统之间不断地进行物质流、能量流和信息流的交换。基于对乡村地域系统的理解，进一步开展乡村重构、城乡融合、乡村振兴等方面的研究（龙花楼和屠爽爽，2018；刘彦随，2018）。

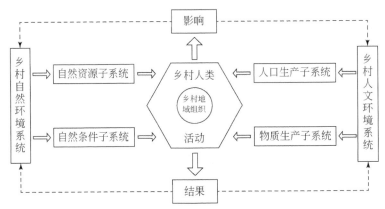

图 2-2　乡村地域系统的结构与作用机制

　　乡村空间系统是由乡村地域系统衍生出来的，不仅仅局限于特定的物质空间地域，是一种具有特定性质的时空系统，与区域空间、城市空间之间存在着相互关联运动。以张小林等为代表的诸多学者以人地关系地域系统为理论基础，尝试构建了由"物质空间–社会空间–文化空间"组成的乡村空间系统，以期为全面认识日益复杂的乡村地域系统提供理论指导，进一步拓展乡村地域系统的内涵和外延。最初的研究（张小林，1998，1999）认为乡村空间系统由经济、社会、聚落三大空间结构组成，其中乡村经济空间是指以聚落为中心的经济活动、经济联系的地域范围及其组织形式；乡村社会空间是指乡村居民社会活动、社会交往的地域结构；乡村聚落空间则是指乡村聚落的规模、职能及空间分布结构。本研究将空间作为社会、经济结构和过程的载体，而未将其作为社会、经济活动的一部分，仍是停留在物质的范畴。随着研究的深入，国内学者不仅局限于物质空间地域，更多关注乡村社会–文化空间的研究，从物质空间、社会空间和文化空间三个层面对乡村空间系统进行更完整的剖析（图 2-3），乡村物质空间通过乡村的土地利用、生态环境、建筑景观等物质要素来承载，是具象的空间；乡村社会空间产生于人的广义社会行为，涵盖了社会、经济、政治等，体现在乡村组织治理、生产实践、日常生活的方方面面；乡村文化空间则是人的主观精神空间及各种乡村表征，主要由制度政策、价值观念、乡村意象等反映（冯雷，2017；李红波和张小林，2012）。

　　随着"新四化"的全面快速推进，以及农业供给侧结构性改革等一系列内外环境刺激，我国乡村正处于由传统农业向现代农业的快速转型期，乡村生产空

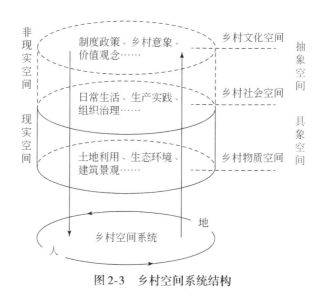

图 2-3　乡村空间系统结构

间正经历以家庭为单元的土地细碎化经营向多种形式的适度规模化经营转变，乡村人地关系在短时期内发生显著变化，特别是在人地相互作用剧烈的乡村生产空间尤为明显（刘彦随等，2011；刘玉和刘彦随，2012）。运用人地关系地域系统理论和方法体系，借鉴乡村地域系统和乡村空间系统研究成果和范式，从不同尺度和维度加强对乡村生产空间人地作用的广度与深度研究（王成等，2011，2014），将有利于促进我国乡村生产空间的可持续发展。

第三节　相关研究进展

一、国外研究进展

国外乡村生产空间研究与国家或地区工业化、城市化进程息息相关。工业革命前，乡村地理学尚未从农业地理中分离，乡村生产空间的早期探索多集中在农业领域。早在 19 世纪，法国维达尔学派率先从人地关系视角探索农业生产和地理环境之间的关系，德国地理学家杜能提出的农业区位论成为指导农业生产空间布局的理论。但随着工业革命的推进，乡村生产空间研究进展缓慢。两次工业革命推动生产力变革和西方各国的快速城市化与工业化进程，乡村经济结构也随之改变，地理学者逐步由农业地理学转向乡村地理学，在农业区划及农区分异规律、乡村商品农业、现代农业及工业等方面取得了丰硕成果并促进城乡协调与乡村经济发展（郭焕成，1988，1989）。

20世纪50年代，发达国家进入工业化中后期，郊区化和逆城市化引起人口、资源向乡村回流。同时，出于对第二次世界大战后国家粮食安全考虑，国家或地区对乡村生产的政策支持力度加大（Holmes，2006），在生产主义理念的主导下，学者对商业化和商品化进行了重点研究，旨在探讨农业生产空间配置（Wilson，2001）。到了80年代，对农业生产的过分强调引发了生产过剩、土地退化和生态退化等问题，可持续农业成为世界农业发展的主题，基于后生产主义和乡村多功能性理念，乡村生产空间的研究转向农村经营多样化、乡村文化景观的保护和城郊通勤区域、乡村旅游、工业及边缘地区的开发等领域（Marsden，2013）。同时，伴随90年代乡村空间社会、文化转向研究的深入，学者引入社会学空间本体理论探讨"乡村性"的内涵和外延（Woods，2010），以三层次构建剖析乡村空间（Halfacree，2007；Galani-Moutafi，2013），对乡村空间进行本体性思辨，并辅以定量研究方法，进一步推动了乡村空间研究的发展（Karplus and Meir，2013）。21世纪以来，全球化和区域化趋势显著，乡村生产空间范围拓展、主体更加多元化（Woods，2005；Cloke，2014），一部分学者就逆城市化（Halfacree，2012）、乡村劳动力流动（Gupta，2016；Rogaly，2009）、乡村企业（Finke and Bosworth，2016）和乡村休闲旅游消费（Halfacree，2014）、农业观光旅游（王静和胡爱君，2015）等对乡村生产空间的影响展开辩证研究；另一部分学者尝试探讨乡村生产空间与乡村景观、社会关系的相互作用（Daly，2015；Marsden，2016），研究乡村生产空间的转型与重组（Mitchell，2013；Nakamura，2016），丰富了乡村生产空间的研究范畴。

二、国内研究进展

自20世纪30年代起，以李旭旦、吴传钧为代表的地理学研究先驱就从乡村聚落和土地利用角度对乡村生产空间进行了探索，但受制于中国两千多年来的小农经济物质基础，直到70年代，地理学者对乡村生产空间的研究都集中在农业生产范畴，注重于农业生产发展和布局方面的研究（郭焕成和冯万德，1993）。直至1978年，家庭联产承包责任制的推行揭开改革开放序幕，实现了农村生产力的长足发展，至今其仍然在不断演化和完善，因此，我国乡村生产空间研究与改革开放的战略部署密切相关。改革开放初期，农村家庭联产承包责任制的推行解放了我国农村生产力，一部分农业地理工作者开始转向乡村地理研究（张小林，1997），在产业结构调整（黄贤金等，2002）、发展乡镇企业和生态农业（曾菊新，1990）、劳动力转移（郭焕成和徐勇，1990）等方面建立相关理论并予以实证；另一部分学者从人地关系视角探讨乡村工业化发展战略（苗长虹和李小建，1994）、农业生产力（吴承明，1989）和粮食问题（温铁军，1995），为稳定推进农村改革、缓解乡村人多地少矛盾、促进社会稳定等提供了理论支持（李秀彬，2009；孔祥斌等，2010）。

随着农村改革的深入，在国际可持续农业发展战略的影响下（刘彦随等，2011），区域农业持续发展（黄贤金，1992；刘彦随和吴传钧，2001；房艳刚等，2009）、农业产业化（蔡海龙，2013）、耕地保护（李秀彬，1999；黄贤金等，2001；谈明洪等，2004；方斌和王波，2011）和新农村建设（李伯华等，2008；房艳刚和刘继生，2009）等的理论与实证研究取得新进展，如乔家君等强调区域的人地相互作用并提出了农户自主发展能力、农区自主发展能力等概念（乔家君，2008）；李小建等（2009）修正了"杜能圈"理论，提出了建设具有中国特色"农区地理学"的理论构想；李伯华等（2014a）则提出了基于农户空间行为变迁的自组织演化路径；随着现代旅游业向传统农业的延伸，乡村旅游在国内兴起，学者针对这一时期的乡村旅游发展新态势（郭焕成和韩非，2010），重点研究了乡村旅游发展的驱动机制、影响效应、利益相关者和地理空间结构（杨军，2006；李伯华等，2014b）。党的十八大以来，在"四化"推进和新方法的引入下，地理学者针对乡村生产空间呈现出的基础设施空废化、人口老弱化、土地粗放化和经营业态多元化等新形势、新特征（李裕瑞等，2014），在新型农业经营体系构建（陈晓华，2014）、农业经营方式（方斌等，2012）、产业融合（孔祥智，2016）、专业村发展（乔家君和张羽佳，2014）、"三生"空间优化（朱媛媛等，2015）、空间转型重构（龙花楼，2013；Long et al.，2016；Wang et al.，2016）等方面取得了显著成果，为乡村生产空间研究奠定了坚实的基础。

三、研究评述

乡村生产空间相关研究在国内外地理学者的共同努力下取得了丰硕成果，由于国内截然不同的经济社会发展历程决定了乡村生产空间的研究重点与国外研究有所差别。国外乡村生产空间研究紧跟国家工业化和城市化发展脉络，近年来才更加重视社会和文化因素对乡村生产空间发展的影响，个体的感知、行为和态度，乡村空间的发展和公众的利益与需求成为乡村生产空间关注的重点。同时，融入政治经济学、社会学、心理学、行为学以及历史学、人类学等众多学科的方法和理论，拓展研究的深度与广度。然而，发达国家百年间经历的生产力进步，在中国仅用改革开放后40年完成，国内学者从尺度、内容与方法上开展大量相关研究，宏观尺度表现为对乡村转型和重构的研究、乡村治理、乡村人居环境的制度设计；微观尺度表现为对土地利用、农户行为、劳动力转移等问题的研究；研究内容上由单纯的农业生产空间逐步扩展到乡村工业、商业服务业、旅游业等诸多方面；研究方法上逐步由定性为主转变为定性与定量相结合。但总体而言，当前对乡村生产空间的研究主要侧重于国家、社会经济发达地区的实证应用，集中探讨乡村农业、工业或旅游业等单一类型空间布局、格局演化及驱动机制、农户意愿分析及行为选择等诸多方面，对乡村生产空间的系统研究尚少，特别是在社会经济欠发达、地块细碎、生态环境脆弱和人地相互作用剧烈的典型区域，亟须借鉴西方国家对乡村生产空间研究的多学科理论融合，从理论上指导乡村空间现实发展的需求，促进乡村生产空间可持续发展由基础研究走向实践应用。

第三章 乡村生产空间系统要素构成与运行机制

明确系统构成要素及运行机制对深入研究系统具有重要意义，因此在乡村生产空间体系概念认知及相关研究进展梳理的基础上，本章进一步以系统论为指导，从学理上对乡村生产空间系统的要素构成进行辨析，围绕农村生产关系变革划分了乡村生产空间系统的演化历程，并对乡村生产空间系统的运行机制进行阐释。研究发现，乡村生产空间系统主要由基础要素（资源环境和基础设施）、核心要素（多元经营主体和乡村文化）、驱动要素（资本、技术、信息和市场）和管理要素（制度和政策）四种要素构成；依据乡村生产关系变革、经济体制变迁、城乡关系转变等规律，将中华人民共和国成立后乡村生产空间系统的演化历程划分为土地改革运动时期、农业互助合作运动时期、人民公社化运动时期和家庭联产承包责任制时期四个时期，不同时期乡村生产空间系统的要素构成、要素间的联系方式不同，乡村生产空间系统特征表现各异；乡村生产空间系统通过支撑与约束机制、竞争与合作机制以及调控与反馈机制推动自身运行发展。

第一节 乡村生产空间系统要素构成及演化历程

一、乡村生产空间系统要素解构

系统论的观点认为，系统是由若干要素以一定结构形式联结构成的具有某种功能的有机整体，系统与要素、要素与要素、系统与环境之间存在不可分割的联系。因此，剖析系统的要素构成，是科学认识系统的关键所在。从各要素在乡村生产活动中所处的地位和功能出发，可将乡村生产空间系统的要素划分为基础要素、核心要素、驱动要素和管理要素四种类型（图 3-1）。

（一）基础要素

基础要素是乡村生产空间系统运行的物质基础或必备条件，构成乡村生产活动的基底，对乡村生产生活方式起着约束性作用，主要包括资源环境和基础设施。

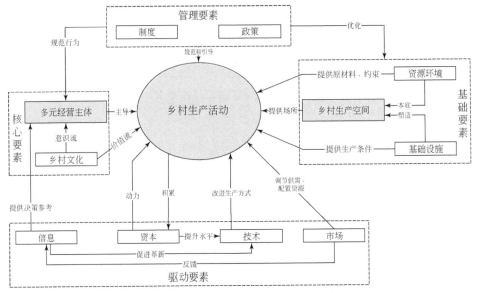

图 3-1 乡村生产空间系统要素构成示意图

1. 资源环境

自原始社会开始，人类便在地上空间进行各种利用自然、改造自然的活动，而利用和改造的对象正是各类自然资源。乡村自然资源是指乡村范围内一切能够为人类所用、与乡村生产活动相关的自然物质要素，包括土地、土壤覆盖层、水资源、矿物岩石、地球热能以及生态系统中的动植物等，它们构成乡村生产空间系统的物质基础。同时，在自然资源的基础上，叠加气候、水文、生态环境、地质地貌、土壤生物条件、地理区位等因素，并将其视为一个整体，就构成了乡村生产空间系统的环境基础。资源环境是乡村生产活动的本底，一定区域内乡村资源环境在数量上和种类上的有限性以及分布上的地域性构成了该区域乡村生产空间系统特有的资源环境约束。

2. 基础设施

现代乡村生产活动离不开道路系统、农田水利、电力供给等基础设施的支撑，它们不仅可以通过影响生产要素投入结构促进农业增产、降低生产成本，更是乡村生产空间系统维持生产功能、可持续发展的必备条件（朱晶和晋乐，2016）。例如，道路系统对乡村生产空间系统的产业分布、经济地域的形成和发展具有重要作用，它是人、地、钱等要素相互联系、发挥作用的纽带，对系统内部人地相互作用的程度、规模、效率以及系统内部的要素流动、组合、分布产生重要影响。农田水利设施建设是农业生产有序进行的必要条件，也是保证乡村生产空间系统生产效率和生产质量的关键。电力供给对乡村生产空间系统来说是不可或缺的，农业机械运行、灌溉排水设施运作、产品生产与加工、农民日常生活等均离不开电力支撑，同时电力供给也在引领现代农业快速发展、壮大新产业新业态、推行绿色生产方式等方面发挥着巨大的作用。

（二）核心要素

核心要素是对乡村生产空间系统运行起主导作用，决定着乡村生产空间系统发展状态和演变方向的因素，主要包括多元经营主体和乡村文化。

1. 多元经营主体

从本质上说，一切乡村生产活动均是人的主观能动性活动。因此，人即构成乡村生产空间系统的核心要素。但从广义上讲，随着农业生产经营活动的多元化，对乡村生产活动起主导作用的主体不限于单个的自然人，而是拓展为包括农户、专业大户、家庭农场、合作社、农业企业等在内的多元经营主体（宋洪远和赵海，2015）。不同农业生产经营主体在生产方式、组织方式、经营方式、技术应用与推广方式、投资方式等方面存在较大差异，从而衍生出不同的乡村生产模式，使得乡村生产空间系统的资源配置方式、发展形态、功能表征呈现多元化。农业生产经营主体是从事农业经营活动的经济组织，其组织效率事关农业发展的全局，而农户是从事个体农业经营的经济组织，是农业生产的基本单位（郭庆海，2013）。在现代乡村生产中，农业企业、农民专业合作社等新型农业经营主体较传统农户具有更强的投资能力、更高的技术水平以及更先进的经营理念，在他们的引导下，乡村生产的自主性和积极性得到释放，先进生产技术得以广泛应用，要素配置不断优化，全要素生产率持续提升，从而使乡村生产空间系统步入了崭新的发展时期（王国刚等，2017）。新时代下，新型农业经营主体已经成为推进现代化乡村建设与发展的新载体，多元农业生产经营主体融合共存必然会成为未来乡村生产空间系统发展的主导趋势。

2. 乡村文化

一定乡村范围内的多元经营主体，以乡村资源环境和聚居社区为基础，围绕特定的生产方式、生活方式，形成地域特色鲜明的道德情感、社会心理、风俗习惯、行为方式等，经过长期的积累与沉淀逐渐固化，便衍生出乡村文化（丁成际，2014；韩鹏云，2015）。乡村文化一旦形成，便通过作用于乡村经营主体的价值认知和意识形态，通过文化认同对乡村生产活动产生作用（赵旭东和孙笑非，2017）。乡村文化伴随乡村生产活动的始终，其本身既是条件也是结果。在现代乡村生产活动中，文化已经成为极为重要的价值元素，文化景观的塑造与文化产业的挖掘正逐渐成为乡村生产空间系统新的价值增长点。可以说，基于地方本底条件形成的差异化乡村文化，不仅构成乡村生产空间系统的人文底蕴，更是乡村生产空间系统发展的隐性资源。

（三）驱动要素

驱动要素是推动乡村生产空间系统发展的动力，它不仅可以通过影响要素的投入形式、投入强度、投入产出效率等对乡村生产活动产生影响，也可以促使系统不断地把外来能源转化为系统本身可利用的能源，进而对乡村生产空间系统的运行起推动或抑制作用，主要包括资本、技术、信息和市场。

1. 资本

资本是促进传统农业向现代农业、知识农业转变发展不可或缺的要素之一，现代乡村生产所依赖的技术进步、大规模的私人生产投资以及公共投资都离不开资本注入的支持。资本既作为重要的生产要素参与乡村生产，亦是生产成果的最终体现形式；从某种层面上讲，乡村生产的最终目的也是实现资本的积累（周小斌和李秉龙，2003）。乡村产业发展基础薄弱、涉及面广，因而对资本投入的需求量较大，但由于乡村大多数产业生产周期长、风险大，乡村产业发展的资本供给不足。因此，政府坚持存量改革，推动农村信用合作社全面改制，要求商业银行进一步增加涉农贷款；同时，探索增量改革，大力发展小额贷款公司、农户资金互助社、村镇银行等新型农村金融机构，以期打通或拓宽资本使其进入并参与乡村生产的渠道。乡村生产空间系统的发展离不开资本的保障，"金融助农"已成为我国乡村产业创新升级发展的必由之路（王劲屹，2018）。

2. 技术

技术则是提高生产效率、提高产品质量、降低生产成本必不可少的要素，在现代农业发展过程中，科学技术的创新从根本上决定着乡村产业发展的速度和质量（王雅鹏等，2015）。在市场经济环境下，农业产品的最终指向为市场上的消费者，消费者通过差异化的需求对产品进行选择，从而形成产品竞争。产品竞争的实质是科技竞争，高科技产品具有相对较高的市场价值，极具竞争力。也正因为如此，农业科技创新已经成为推动乡村生产空间系统向前发展的有力杠杆和基本动力，旨在引领人们新的乡村消费观念、推动开发新的涉农产业、持续提升产业技术水平、推进农业产业结构调整。现阶段我国乡村生产面临生产效率低、产品质量低、农民收益低的"三低"问题，解决这些问题必须依靠科技创新，只有通过科技创新改变生产环节的科技生产手段和程度，提升产品质量、提高生产效率、降低生产成本，才能最终实现产业振兴与农民富裕，从而促进乡村生产空间系统可持续发展（刘玉春和修长柏，2013）。

3. 信息

信息普遍存在于乡村生产空间系统的时空内，针对其空间状态，信息广泛分布于人类社会、人的思维活动过程以及自然界中；针对时间，信息现象是永远存在的，它超越了人类社会自身发展过程。信息作为乡村生产空间系统中重要的驱动要素，它的主要功能是消除不确定性，而这些不确定性对系统的发展具有特殊的意义。特别是步入现代农业发展阶段以来，农业信息化已成为抢占现代农业制高点的重要引擎。通过运用大数据、物联网、人工智能和云计算等新一代信息技术，对乡村要素进行重新配置与优化，实现对畜禽养殖、大田种植、农产品物流和设施园艺等农业行业的数字化设计、智能化控制、在线化处理、精准化运行、无人化作业和科学化管理，这不仅是实现大区域范围内乡村资源整体优化配置的重要途径，更是促进乡村生产空间系统生产力革新、技术进步、经营方式创新的重要平台。

4. 市场

我国实行社会主义市场经济，市场这只"看不见的手"在资源配置中起着决定性作用，对乡村生产空间系统的运行起着重要的引导与促进作用，使乡村生产空间系统成为处于市场经济大环境之下的开放性系统。在市场经济体制下，最重要的供求调节杠杆是价格，市场通过价格的信号作用，调节与农业相关的商品（服务）生产供应与需求，通过价格的不断波动，使与农业相关的商品（服务）供给量与需求量逐渐趋于平衡（许明月和李瑞雪，2015）。市场对空间经济运动日益增强的吸纳力量，成为乡村内部和乡村之间以及乡村和城市之间经济活动的联系纽带，市场需求通过引导乡村生产空间系统内要素遵循最大利益原则进行流动、组合，从而实现乡村生产空间各种资源的配置与利用。

（四）管理要素

为了使乡村生产活动满足人类的各种社会需要并达到多方利益的均衡，管理者会运用一系列管理措施或手段对乡村生产活动进行干预，这些措施或手段便构成了管理要素。管理要素贯穿于乡村生产空间系统发展的全过程，对系统发展的水平、规模、速度和程度起着重要作用，主要包括制度和政策。

1. 制度

制度是乡村生产空间系统运行必须遵循的行为规范，它构成乡村生产空间系统的运行轨道，乡村生产活动的一切行为必须处于制度轨道之上，不能脱离或逾越，如土地供应制度、用途管制制度、基本农田保护制度等。

2. 政策

政策是管理者为实现一定目的而制定的具体措施，一般来说，政策不得逾越制度的框架，并为制度服务，如用地保障政策、财政支农政策、产业促进政策等。政策一般与具体要素或生产过程相联系，可以直接影响要素投入的质量与数量、要素作用强度、生产效率以及成本效益等，进而对乡村生产空间系统产生间接影响。

二、乡村生产空间系统的演化历程

中国农业农村发展具有典型的阶段性特征（汪宗田等，2011），农村土地所有制经历了农民所有到集体所有的变革，农业生产的经营方式经历了"小农—集体—小农"的变化，城乡关系经历了"开放—二元—统筹—融合"的过程，但究其根本，生产力与生产关系的矛盾才是推动农业农村社会经济发展的最终决定力量（王敬尧和魏来，2016），也是驱动乡村生产空间系统发展变化的本源。回顾中华人民共和国成立后我国的农村发展历史，农村生产关系变革大致经历了土地改革运动、农业合作化运动、人民公社化运动和家庭联产承包责任制四个时期（杜敬，1982）。因此以此为主线，结合农业农村制度变迁、工农城乡关系演变、农业农村发展政策转变、农业生产组织形式及生产方式的变化等，对我国乡村生产空间系统的演化历程进行梳理（表3-1）。

表3-1　乡村生产空间系统的演化历程

发展时期	发展阶段	土地制度	经济体制	城乡关系	农业经营主体	农村产业结构	农业政策导向
土地改革运动时期（1949～1952年）	—	农民所有、农民经营	计划经济	城乡互助互惠，商品、资金和劳动力等生产要素可以自由流动	农户	以种植业为主的单一产业结构形态	耕者有其田、农业自给自足
农业合作化运动时期（1953～1957年）	—	集体所有、集体经营	计划经济	限制农村劳动力、资本、土地等生产要素向城市流动，城乡二元结构初步形成	农业合作社	以种植业为主的单一产业结构形态	统购统销，为工业化提供资本积累
人民公社化运动时期（1958～1977年）	—	集体所有、集体经营	计划经济	城乡分割的二元户籍制度确立，城乡二元结构固化，城乡差距趋高	人民公社	以种植业为主的单一产业结构形态	一大二公，进一步为工业化奠定基础

续表

发展时期	发展阶段	土地制度	经济体制	城乡关系	农业经营主体	农村产业结构	农业政策导向
家庭联产承包责任制时期（1978年至今）	第一阶段（1978～1991年）	集体所有、农户自主经营	计划、市场双轨制	城乡二元关系缓和，城乡要素、产品流通逐渐频繁	农户、乡镇企业	农、林、牧、副、渔并举，农村第二、第三产业开始涌现	高产，农业市场化
	第二阶段（1992～2002年）	集体所有、农户自主经营为主	市场经济	城乡发展不对等，城市化迅速推进，乡村发展滞后	农户为主，沿海少数地区开始出现专业大户、家庭农场等新型经营主体	第一产业为主，第二、第三产业快速发展	高产、优质、高效
	第三阶段（2003～2011年）	集体所有、多元经营	市场经济	城乡统筹发展	农户、专业大户、家庭农场、农业合作社、农业企业等多元经营主体并存	一二三产业同步	保护农业生产、支持农民增收、减轻农民负担，促进农业农村全面发展
	第四阶段（2012年至今）	集体所有、多元经营	市场经济	城乡融合发展	多元分化加速、新型农业经营体系开始萌芽	一二三产业融合	乡村全面振兴，农业强、农村美、农民富

（一）土地改革运动时期（1949～1952年）

由于封建地主土地所有制严重阻碍生产力的发展，1949～1952年中华人民共和国成立初期，我国经历了第一次土地改革（杜敬，1982）。这次土地改革首次实现了在全国范围内按人平均分配土地，极大地调动了广大农民的生产积极性，解放和发展了农业生产力，粮食作物和棉花、油菜等经济作物的产量迅速提高，为国家工业化的发展开辟了道路（陶艳梅，2011）。同期，政府鼓励城乡之间商品、资金和劳动力等生产要素自由流动，形成了互助、互惠的城乡关系。这一时期的乡村生产带有典型的"小农经济色彩"，农业生产以家庭作为基本单位分散进行，完全或主要依靠自身劳动，以满足自身消费需求（许庆，2008）。但由于产业结构比较单一，乡村生产空间系统中人地相互作用的强度不高，一家一户分散经营的农业生产模式缺乏充足的生产工具、资金、技术等支持，无法解决灌溉排水和机械化生产等问题，乡村生产空间系统的生产能力和抵抗自然灾害的能力较差。

（二）农业合作化运动时期（1953～1957 年）

1953 年，在苏联援助下我国开始实施重工业优先发展的"一五"计划，但是落后的农业不能满足工业化快速发展的要求，同时农村出现大量进城"盲流"（陈俭，2016）。为解决这些矛盾，农村开始了农业合作化运动（侯利敏，2000）。同期，国家对农村人口流动采取"计划入城"的政策，严格限制农村劳动力、资本、土地等生产要素以及农产品向城市流动，城乡二元结构开始形成（邹一南，2018）。通过社会主义改造，以合作化或集体化的生产取代了以家庭为基本生产单位的小农生产，农业生产的经营方式得到变革，农业合作社成为乡村生产活动的主体（许庆，2008）。此外，在集体条件下，大规模农田基本建设、田间林网建设和水利灌溉建设等农村基本设施建设得以强化，农业技术和农业机械也得到推广发展（叶扬兵，2008），乡村生产空间系统的生产力水平大幅提升。但对于农户而言，当时所有的社会活动、生活行为以及文化意识都被限定在集体范围内，无法产生现代思想文化意识，为后来的"大跃进"和人民公社化运动奠定了思想基础（周军，2011）。

（三）人民公社化运动时期（1958～1977 年）

在农业合作化成果的激励下，国家于 1958 年发动了人民公社化运动。人民公社为提高生产资料公有化程度，片面强调"一大二公"，超越了当时的生产力发展水平，并且在严格执行国家计划的人民公社下，农民没有经营自主权，也不能支配自己的剩余产品，完全同生产资料割裂开来。同时，劳动产品按照工分平均分配，在缺乏激励机制的制度环境下，农民出工不出力的"搭便车"现象普遍发生（陈俭，2016）。为阻止农民向条件较好的城市流动，1958 年颁布《中华人民共和国户口条例》，确立了城乡分割的二元户籍制度，城乡差距被人为拉大。在城乡二元分割制度下，工农产品不能平等交换，农民被固定在农村和土地上从事农业生产，农村多地发展工业也被限制在"三就地"而不能面向全国大市场（李佳，2012）。人民公社的推广使得我国乡村经济的传统多样性被迅速消解，经济结构单一，运作机制高度计划化，形成注入式乡村文化建设，乡村生产空间系统的多元性被瓦解（许庆，2008）。

（四）家庭联产承包责任制时期（1978年至今）

从1978年开始，家庭联产承包责任制逐渐取代人民公社，农业生产的经营活动从人民公社下的集体化大生产恢复成小农生产，农户再次成为乡村生产经营活动的主体（许庆，2008）。随后，市场机制开始引入农业和农村经济发展中。随着市场化程度的不断提高，农户兼业化和非农化行为日益常态化，新型农业经营主体不断涌现，乡村生产空间系统逐步形成以龙头企业为主导，专业合作组织、传统农户和专业户并存的新型农业经营模式（刘彦随，2007）。同时，随着城乡关系转变，农村开始出现大量劳动力转移，农户生计来源日趋多样，传统的农户破碎化经营、乡镇企业的小作坊经营与大市场需求之间的矛盾日益尖锐，在高强度、粗放式的利用模式下，乡村生产空间系统出现了严重的资源、环境、生态问题，农业绿色发展逐渐成为共识（刘彦随等，2002；褚保金和莫媛，2011）。随着"四化"同步推进、"五位一体"统筹布局、农业供给侧结构性改革深化以及"互联网+"等技术的引领，乡村生产空间系统内生产力水平及科技水平进一步提升，乡村生态建设、环境保护和综合整治工作进一步加强，乡村文化的消费功能、休闲功能、审美功能得以延伸和强化（邓春等，2017）。2017年，党的十九大进一步提出实施乡村振兴战略，并对乡村振兴战略的三个阶段目标任务作了重要布局，开启了农业与农村发展的新局面。随着乡村振兴战略及农业现代化的推进，乡村生产空间系统经营主体将步入加速分化期，逐渐形成完善的新型农业经营体系，农村产业逐渐朝一二三产业深度融合发展，城乡关系也逐步由城乡统筹转向城乡融合，乡村生产空间系统发展面临着前所未有的机遇与挑战。

第二节 乡村生产空间系统运行的质性分析与量化评价

一、乡村生产空间系统运行的质性分析：农户行为与系统响应

农户行为广义上泛指农户在农村经济活动和生活中进行的一切选择决策，涉及自然、社会、经济等多个领域的范畴，包括生活行为、消费行为、生产行为、

就业行为、交往行为等（朱晓雨等，2014）；狭义的农户行为包括农户的经营行为、生产投入行为与从业行为。不同的农户行为结果将加快乡村生产空间系统从均衡到不均衡再到均衡的循环进程，并在农户不同行为结果作用下形成不同的乡村生产空间系统状态。因此，乡村生产空间系统的运行实质上是农户行为作用的外在表现，农户行为转变是乡村生产空间系统量变或者从量变到质变的重要驱动力，为诠释乡村生产空间系统的运行机制提供了平台（图3-2）。

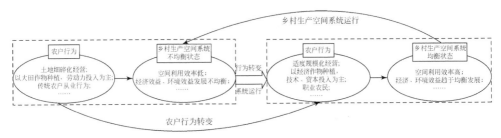

图 3-2　农户行为视角下的乡村生产空间系统运行的质性框架

（一）农户行为转变

农户土地经营行为由土地细碎化向适度规模转变。伴随"三权分置"等支农惠农政策的贯彻落实，土地流转增速增量，家庭农场、农业企业、合作社和生产大户等新型主体的适度规模化经营已成为当前乡村生产空间的新格局（文长存等，2017）。传统小农户一方面将土地等要素通过流转、转租等方式向种粮大户和种田能手集聚，自身则逐渐从农业生产中脱离出来；另一方面入股合作社，依托农业合作社进行适度规模化农业生产。土地资源的流转及入社减少了因劳动力缺失、农业效益低等原因造成的土地资源的撂荒和浪费现象，以家庭联产承包为主的土地细碎化经营格局被打破，土地经营逐渐向适度规模化转变，生产空间资源有效利用率逐步提高。

农户生产投入行为由传统的大田作物种植、劳动力投入转向多元化经济作物种植和技术、资本投入。当前，我国农业已突破了传统的自给自足小农经济时代，正向市场化、商品化的现代化农业推进（高珊等，2014）。农户作为"有限理性经济人"（王艳妮等，2016），受市场等多因素影响和自身对利益最大化的追求，种植大田作物大多为了满足农户自身的口粮需求，更多转向大规模的蔬菜、水果、花卉等效益更高的经济作物种植以满足农户消费需求，实现收入持续增长（刘洪彬等，2013），农业种植向以经济作物种植为主、大田作物种植为辅的多元化种植行为转变。在投入方面，单纯地增强劳动力投入以增加产量的方式逐渐退出，更加注重生产技术、农业机械、地膜等投入（杨钢桥等，2010），机械代替了传统人耕和牛耕（曹卫华和杨敏丽，2015）。随着现代工程技术、生物技术和信息管理技术等在农业领域的综合应用，有机肥、测土配方施肥、水肥一体化等逐渐代替传统化肥成为当前农业生产的主流施肥方式，生物防治病虫害逐渐代替化学农药，农业生产中逐渐加强对农户生产技术的指导和培训，信息技术的发展促进了农业生产中"产供销"一体化网络的构建，新型农业业态逐渐呈现。

农户从业行为由传统农户向职业农民转变。当前，农业已成为农户一种自主的职业选择，一方面，部分以农业生产为主的农户向兼业化、专业化的农业生产经营转变（王静，2012），另一方面，农业现代化带来了农业比较效益的提升，农村老龄化日趋严重，加之中国孝道文化的传承，大量青壮年劳动力返乡创业、务工；同时，由于国家政策的扶持，特别是农村信贷政策的放开放活，农民能多渠道享有各种专业技术培训，涌现出一批懂技术的新型职业农民，为多元主体的培育和适度规模化经营创造了条件，加快了农业农村现代化的推行，改变着乡村生产空间系统的运行进程。

（二）乡村生产空间系统的运行响应

农户行为转变作用下乡村生产空间系统的响应过程体现为空间利用效率显著提升、经济效益与环境效益趋于协同发展，乡村生产空间系统逐渐由不均衡状态向均衡状态演变。乡村生产空间系统空间利用效率的提升主要是其对农户土地经营行为与生产投入行为转变的响应结果。一方面，农户土地经营行为的适度规模化转变推动了部分闲置和撂荒土地的流转，减少了细碎化经营造成的土地闲置和抛荒等资源浪费现象，土地资源利用率提升（戚焦耳等，2015）；另一方面，农业生产中农业机械、生产技术的投入提高了农业生产效率，单位土地劳动力投入减少，生产空间利用效率显著提高。乡村生产空间经济效益和环境效益提升是其对农户从业行为和生产投入行为转变的响应结果。一方面，多元化经济作物的种植在实现农户增收的同时也拓宽了农业生产渠道，改变了大田作物种植单纯农产品出售的农业发展模式，带来农业生产经营方式的多样化发展，促进农业与旅游等服务业的产业融合，为乡村生产空间系统带来更多发展机遇，促进农业的产业化、商品化、市场化发展及经济效益的提升（闫磊等，2016）；部分农户从事专业化的农业生产催生了专业大户和职业农民，并成为乡村农业有活力的生产主体，其掌握先进的生产技术、具有较强的管理能力，是加快农业农村现代化发展的重要推动力，改变传统农户从业行为导致的乡村空心化、老龄化现象，促进乡村生产空间系统利用效率与经济效益的显著提升。另一方面，测土配方施肥、水肥一体化、生物防治病虫害等技术的应用代替传统化肥、农药的使用，避免了农业生产要素的过量投入带来的环境问题，改变了乡村生产空间系统环境效益与经济效益发展不均衡的状态，乡村生产空间系统生态环境显著改善。

二、乡村生产空间系统运行的量化评价：模糊综合评价模型构建

农户行为取决于农户的土地利用意识及农户对生产空间环境的感知，农户的土地利用意识和环境感知受到土地政策和制度的影响，农户对政策的响应程度具有不确定性；利用模糊数学的隶属度原理将定性评价转变为定量评价，通过建立模糊综合评价模型可为量化农户行为对乡村生产空间系统运行的影响提供支撑。

（一）指标体系的构建和说明

由于农户年龄、受教育程度、学习能力等自身条件差异，加之对政策的理解程度不同，其土地经营行为、生产投入行为和从业行为复杂多样，表现为不同的行为结果，在这一系列行为结果的综合作用下，乡村生产空间系统的运行进程将逐渐被打破，因此，本研究在对不同农户行为作用下乡村生产空间系统运行响应的质性解构基础上，借鉴李伯华、孔祥斌、侯俊东等学者从农户行为构建指标体系研究系统运行的相关研究成果（孔祥斌等，2010；侯俊东等，2012；李伯华等，2013），选取乡村生产空间利用效率、经济效益和环境效益来表征乡村生产空间系统对农户行为的响应，并从农户的土地经营行为、生产投入行为和从业行为三个方面入手，综合调研过程中对指标信息获取的科学性、全面性、可操作性及当前乡村发展面临的特殊性等实际，构建了一个由目标层、准则层和指标层组成的3级模糊综合评价指标体系。其中，土地经营规模、是否有扩大经营规模的意愿、耕地配置情况等指标为农户经营行为指标；种植作物种类、农户人均农作时长、农机械投入成本、是否有技术指导或技术培训、农业生产中肥料使用类型、病虫害处理方式、地膜处理方式等指标为生产投入指标；家庭农业劳动力所占比例、农户年均农业纯收入、农户务工年总收入、家庭经济水平等指标为农户从业行为指标（表3-2）。

表3-2　农户行为对乡村生产空间系统运行的影响度评价指标体系及赋值说明

目标层（A）	准则层（B）	指标层（C）	指标赋值说明
乡村生产空间系统运行	B₁空间利用效率	C₁土地经营规模	10亩以上＝5，5～10亩（含）＝4，3～5亩（含）＝3，1～3亩（含）＝2，1亩及以下＝1
		C₂是否有扩大经营规模的意愿	是＝2，否＝1

续表

目标层 (A)	准则层 (B)	指标层 (C)	指标赋值说明
乡村生产空间系统运行	B₁空间利用效率	C₃耕地配置情况	全部耕种 =5,部分耕种、部分转出 =4,全部转出或部分转出、部分撂荒 =3,部分耕种、部分撂荒 =2,全部撂荒 =1
		C₄农机械投入成本	高 =5,较高 =4,一般 =3,较低 =2,无投入 =1
		C₅是否有技术指导或技术培训	是 =2,否 =1
		C₆家庭农业劳动力所占比例	高 =5,较高 =4,一般 =3,较低 =2,低 =1
		C₇农户人均农作时长	10~12 个月 =5,7~9 个月 =4,半年 =3,3~5 个月 =2,0~2 个月 =1
	B₂经济效益	C₈种植作物种类	经济作物 =5,经济作物为主、大田作物为辅 =4,大田作物为主、经济作物为辅 =3,大田作物 =2,不种植农作物 =1
		C₉农户年均农业纯收入	高 =5,较高 =4,一般 =3,较低 =2,低 =1
		C₁₀农户务工年总收入	高 =5,较高 =4,一般 =3,较低 =2,低 =1
		C₁₁家庭经济水平	上等水平 =5,中等偏上 =4,中等 =3,中等偏下 =2,低水平 =1
	B₃环境效益	C₁₂农业生产中肥料使用类型	堆肥 =4,畜禽粪便 =3,化肥 =2,不施肥 =1
		C₁₃农业生产中病虫害处理方式	生物技术防治 =4,人工处理 =3,喷洒农药 =2,其他方式 =1
		C₁₄农业生产中地膜处理方式	回收利用 =3,焚烧 =2,随意丢弃 =1

（二）确定指标权重

模糊综合评价法中最关键的一步是指标权重的确定,运用熵值法确定指标权重可以避免各评价指标人文因素的影响,使评价结果更加客观、科学（杨锦秀和赵小鸽,2010）,其过程如下。

（1）对原始数据进行标准化处理，得到矩阵 $R = (r_{ij})_{m \times n}$，$m$ 为评价对象个数，n 为评价指标个数；

（2）第 j 个指标的熵值：

$$e_j = -k \sum_{i=1}^{m} p_{ij} \ln p_{ij} \tag{3-1}$$

式中，$p_{ij} = r_{ij} / \sum_{i=1}^{m} r_{ij}$；$k = \dfrac{1}{\ln m}$；

（3）第 j 个指标的权重：

$$w_j = g_j / \sum_{j=1}^{n} g_j \tag{3-2}$$

式中，$g_j = 1 - e_j$；$0 \leq w_j \leq 1$，$\sum_{j=1}^{n} w_j = 1$。

依次得出各个指标值的一组权向量 $W = (w_1, w_2, \cdots, w_n)$。

（三）评价方法

根据综合评价矩阵 R 和指标权向量 W，运用模糊数学理论建立综合评价模型（邢权兴等，2014）：

$$B = W \times R^{\mathrm{T}} \tag{3-3}$$

依照从低级向高级逐层评价的原则，得出不同农户行为对乡村生产空间系统运行响应结果的影响值。

第三节　乡村生产空间系统的运行机制

通过回顾乡村生产空间系统的演化历程可以发现，不同时期乡村生产空间系统虽表现出一定的差异化特征，但始终围绕从事生产活动的主体、生产空间和生产经营活动这三个方面运行与发展，只是主体、空间和活动的具体表现形式和相互作用方式有所差别。不同时期的乡村生产活动表现出不同的效率、功能和价值，但均离不开以土地为核心的生产空间的支撑和乡村资源要素的投入；不同时期的乡村多元主体在类型、规模、组织方式方面存在区别，但均是生产方式变革、经营方式调整的主导者、执行者和参与者；不同时期乡村生产空间的形态、结构有所差异，但均是乡村生产活动和生产关系发生和变化的载体。而无论是生产方式变革、经营方式调整还是组织方式演变，都离不开某一阶段的土地制度、经济体制和农业政策的影响。通过总结不同时期乡村生产空间系统的主要特征及运行规律可以得出，乡村生产空间系统中各要素相互联系、相互作用，主要通过支撑与约束机制、竞争与合作机制、调控与反馈机制来推动系统运行。

一、支撑与约束机制

乡村生产空间系统植根于乡村地域范围之内，其运行离不开乡村资源的支撑与保障（图3-3）。一方面，土地、劳动力、资本、技术等以要素形式参与生产过程，为乡村生产提供基本的原材料和动力；另一方面，乡村基础设施，如生产道路、灌溉排水设施、电力设施等构成乡村生产活动有序进行的重要保障。乡村资源作为支撑的同时，也必然会带来约束。例如，水热充足、土壤肥沃的平原地区比丘陵山地更适合发展种植业，而丘陵山地受气候条件、土壤条件、地形地貌等约束，其耕地利用条件较差，农业比较效益低，也由此促进了农村劳动力的转移与农村土地利用的转型。又如，耕地的利用强度必须保持在一定阈值范围之内，超过这个阈值一定程度或一定时间，便会导致耕地质量下降、土壤结构破坏等，甚至对整个系统的健康运行产生影响。约束机制决定了乡村生产空间系统的结构及运行必须处在一个有序的平衡状态之内，否则系统运行便具有不可持续性，甚至走向消亡。

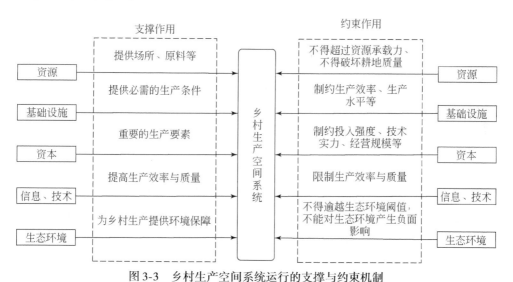

图3-3 乡村生产空间系统运行的支撑与约束机制

二、竞争与合作机制

竞争源于资源、技术、市场等要素的有限性，乡村生产空间系统内的竞争（图3-4）主要体现在对土地等资源的占有及争夺，对劳动力、资本、技术、信息等要素的占有与争夺，对价格的争夺，对客户市场的占有与争夺等。这些竞争关系之间不是割裂的，而是相互联系、彼此共生的，如对资源占有优势的经营主体往往能够较快占据更大规模的市场、积累更多的资本和先进的技术，而后，其往往也会拥有争夺更多要素资源的能力。在市场经济体制下，竞争机制在乡村生产空间系统资源配置等方面起着决定性的作用，贯穿于乡村生产空间系统的生产、分配、要素交换、消费等全部过程。

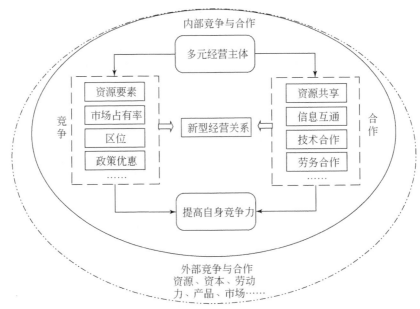

图 3-4 乡村生产空间系统运行的竞争与合作机制

但在快速变化的市场中，没有一个农业经营主体能够在短时间内具备获取所有资源的能力，通过合作实现资源整合是必由之路。从历史上来看，无论是农业合作化运动时期的农民合作社，还是家庭联产承包责任制确立后逐步形成的新型合作，都是合作的外在表现形式。事实证明，仅有竞争没有合作难以推动乡村生产空间系统向前发展，家庭联产承包责任制初期建立的小农经营方式导致的农业规模不经济、资本投入不足、技术进步滞缓、农产品市场竞争无序、农业比较效益低就是一个很好的例证。也正是如此，进入 21 世纪以来，国家出台了许多相关政策，积极推动农业实行合作经营，取得了很好的经济效益与社会效益。实践证明，只有构建新型农业合作经营体制，才能在社会主义制度下实行农业经营规模化与农业现代化，推动乡村生产空间系统更好发展。

三、调控与反馈机制

乡村生产空间系统是一个开放系统，具有不稳定性，因而在外界干扰下（如农业市场价格波动、农产品供需错位、突发性灾害事件等）很容易偏离平衡状态，进入无序状态。这时，系统便会通过自身或外界的调节与反馈，使系统回归平衡有序的状态。乡村生产空间系统调控过程可分为自发调控和人为调控（图3-5）。自发调控是指乡村生产空间系统在市场机制下通过价值规律作用，影响供求关系进而达到系统平衡。人为调控是指当市场失灵时，管理者或经营者通过资金、政策等手段控制系统能量或物质流动速度、强度、方向，从而改变系统运行状态。但无论是哪种调控，都不是无止境的，而是会通过某些指标来判断调控的时间与结果的，这些指标及其变化就是乡村生产空间系统的反馈。

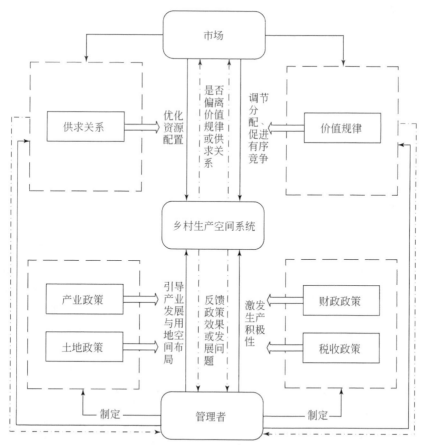

图 3-5　乡村生产空间系统运行的调控与反馈机制

反馈机制指乡村生产空间系统失去平衡后或出现漾动后，系统自动通过某种特定的符号来反映出这种状况，提示进行系统调节或干预的过程。乡村生产空间系统运行提示符号分为两个层面：一个层面是深层次作用符号，即价值规律作用；另一个层面是表象作用符号，即价值规律或其他外界因素（自然灾害、人类活动等）所导致的系统结构、运行效率与状态等的变化。以农产品供求失衡为例，乡村生产空间系统的反馈过程为：农产品市场恶性变化（恶性社会事件）—需求减少—农业生产利润下降—农产品供给数量减少—系统自发调控或外来力量调控（刺激需求、补贴供给）—恢复供给—需求增多—系统平衡。

第四节　乡村生产空间系统运行实证：重庆市恒和村

一、数据收集与整理

（一）数据收集与整理

重庆市恒和村乡村生产空间系统运行实证的数据包括空间数据和属性数据两部分，其中空间数据来源于 2010 年恒和村实测地形图（比例尺为 1∶2000）、2015 年遥感影像图（分辨率为 0.6m）和 2015 年土地利用现状图（数据来源：重庆市国土资源和房屋勘测规划院）；属性数据中社会经济数据来源于恒和村 2015 年农村经济报表，基于参与式农户调查（王成等，2014），农户数据来源于课题组于 2016 年 7 月和 11 月对重庆市恒和村进行的调查，调查以农村居民点图斑为单元，调查图斑 268 个。调查过程分三步走：首先，设计问卷。走访镇人民政府、镇国土资源所、恒和村村民委员会，设计初步问卷，主要包括农户家庭特征、农户土地经营行为、农户生产投入行为、农户从业行为、经济发展情况 5 个大项 60 个小项。其次，调查培训。借助遥感影像图，按照社界将研究区划分为四部分，每个小组负责一部分，在调查前对小组成员进行培训，初步建立统一的标准和口径。最后，实地入户调查。通过 GPS 定位获取每个农村居民点的地理坐标，运用参与性乡村评估（PRA）法访问农户，获取对应图斑农户的属性数据。调研共发放问卷 268 份，收回有效问卷 250 份，有效回收率为 93.28%。运用 SPSS 20.0 软件对问卷原始数据进行信效度检验，Cronbach's alpha 系数（科隆巴赫 α 系数）为 0.814>0.800，KMO 值为 0.818>0.800，Bartlett 球形检验的显著性水平 sig<0.001，说明问卷设计合理、数据具有较高的有效度。运用 ArcGIS 10.2

软件的数据存储和数据编辑功能，以 GPS 获取的农村居民点地理坐标建立数据库（Geodatabase），存储农户空间数据，然后对应录入农户家庭特征、经营行为、生产投入行为和从业行为等属性数据，建立"农户–土地"数据库（王成等，2011）。

（二）农户分化及特征

结合研究区农户的实际情况以及调研成果，以农户行为差异为依据，将恒和村农户划分为传统农户、生产大户和合作社农户三种类型。传统农户是指农业生产经营方式以自给自足的小农经济为主或以从事非农工作为主的农户；生产大户是指以农业规模化生产经营为主，实现农产品的市场化、商品化的农户；合作社农户是指加入农业合作社，进行统一规模化生产经营的农户，其结果见表 3-3。

表 3-3　农户类型划分及其行为特征

农户类型	样本量/户	经营行为	生产行为	投入行为	从业行为
传统农户	142	土地闲置、撂荒或转包转租，剩余口粮田细碎化经营	以大田作物种植为主	农业生产中劳动力、土地、资本、技术等要素投入少	从事非农生产为主且兼业化行为普遍
生产大户	44	土地转入，适度规模化经营	大面积经济作物和大田作物种植	农业生产中劳动力投入强度大，生产技术、农机械等资本投入高	专业化的农业生产，逐渐向职业农民转变
合作社农户	64	土地折资入股，适度规模化经营	以经济作物种植为主	以土地或劳动力加入合作社，合作社进行统一的技术、资本等要素投入	从事农业生产为主，有兼业化行为

二、结果与分析

根据恒和村调研实况，按照表 3-2 中各指标的赋值情况对原始数据进行等级划分和标准化处理，运用 EXCEL 2013 结合熵值法［式（3-2）］算出各指标权重（表 3-4）。根据模糊综合评价法原理，利用 MATLAB 2016 计算三类不同农户行为对系统运行影响的模糊综合评价值：$B = W \times R^{\mathrm{T}} = (2.0245, 3.2282, 3.0237)$。为进一步分析不同农户行为对乡村生产空间系统运行响应结果的影响，以传统农户、生产大户、合作社农户数据为基础，按照准则层进行模糊综合评价（表3-5）。

表3-4　农户行为对乡村生产空间系统影响的指标权重

目标层 （A）	准则层 （B）	指标层 （C）	指标权重 （w_j）	传统农户	生产大户	合作社农户
		C_1	0.0944	1.6429	3.6364	2.5625
		C_2	0.0341	1.1122	1.8182	1.3125
		C_3	0.0261	3.7347	4.7273	4.6875
	B_1 0.0680	C_4	0.0563	1.1020	1.6364	1.0000
		C_5	0.0208	1.0102	1.0000	1.6875
		C_6	0.0805	2.3776	3.2727	2.9375
		C_7	0.0968	3.1020	4.8182	3.8750
		C_8	0.0850	2.0306	3.4545	4.0625
	B_2 0.8184	C_9	0.1024	1.7347	4.2727	3.6250
		C_{10}	0.0817	2.9184	2.2727	3.0000
		C_{11}	0.0717	2.7857	2.8182	3.1875
		C_{12}	0.0872	1.8061	2.9091	3.1875
	B_3 0.0596	C_{13}	0.1283	1.3265	3.4545	3.1875
		C_{14}	0.0347	1.2449	1.1818	1.0000

表3-5　不同类型农户行为对乡村生产空间系统运行的影响

响应状态	传统农户	生产大户	合作社农户
空间利用效率	0.8652	1.3714	1.1120
经济效益	0.7884	1.1189	1.1902
环境效益	0.3709	0.7379	0.7216
综合评价结果	2.0245	3.2282	3.0238

根据综合评价结果，不同农户行为对乡村生产空间系统运行的影响度具有显著差异，生产大户行为对乡村生产空间系统运行的影响度（3.2282）最大，其次是合作社农户（3.0238），因此合理引导生产大户和合作社农户的经营行为、生产投入行为以及从业行为是促进系统发展运行的重要手段。另外，不同农户行为对乡村生产空间系统运行响应结果的作用不同。

1. 生产大户行为是提升乡村生产空间系统利用效率的主要因素

生产大户行为是推动乡村生产空间系统运行的主要行为因素，其通过提高空间利用效率推动乡村生产空间系统从不均衡向均衡状态运行。由表3-5可知，相较于传统农户与合作社农户，生产大户行为对系统空间利用效率的影响值最大，且其对空间利用效率的影响值高于对经济效益和环境效益的影响值。究其原因：生产大户由部分纯农业生产农户或以农业生产为主的兼业化农户通过实现专业化、市场化和商品化的农业现代化生产发展而来，其以大规模的柑橘、花椒、柠檬等经济作物种植以及水稻等大田作物种植为主，是推动农业产业化发展的重要驱动力，也是专业大户、职业农民等新型农业经营主体产生和发展的前提。一方面，生产大户通过转包其他农户的土地，扩大生产规模，是最早实现适度规模化生产的乡村生产主体，适度规模化经营有利于机械化作业，生产效率大大提升。恒和村虽受西南丘陵山区地形条件的限制，农机械使用水平相对较低，但调研数据显示，恒和村生产大户经营规模在10亩以上的占比18%，经营规模和农机投入水平普遍高于其他类型主体。另一方面，恒和村生产大户多数有进一步扩大经营规模的意愿，其农业生产中对土地经营规模的需求促进了土地资源在乡村生产空间的流转，很大程度上避免了因传统农户就业转移导致的系统内部土地资源的闲置和弃耕等资源浪费现象，生产大户分布较多的展村社、汤家坪社、罗大塘社和平安社的土地撂荒率最低也可说明生产大户对乡村生产空间资源有效利用的促进作用。此外，由于经营规模大，生产大户劳动力除自家人口外，农忙时还需雇佣本地劳动力，雇佣劳动力每天可获得80~120元的收入，较高的劳动报酬解决了部分乡村剩余劳动力，也吸引青壮年劳动力返乡务农，促进劳动力等资本的空间集聚和资源的有效配置。

2. 合作社农户行为对乡村生产空间系统经济效益的影响尤为突出

合作社农户行为对乡村生产空间系统经济效益的提升具有显著影响，通过影响其经济效益推动系统运行发展。由表3-5可知，相较于传统农户与生产大户，合作社农户对经济效益的贡献度最大，且其对经济效益的影响高于其他方面。究其原因：多种形式农业合作社的发展为合作社农户农业生产提供保障，恒和村农业合作社包括股份合作社和专业合作社，主要分布于罗大塘社、桷子塝社和展村社。一方面合作社农户统一土地折资入股，将土地资源转变为生产资本，社员每股50元，每亩投资股300元，土地经营权按照水田每亩400元、旱地每亩300元折资入股，年底以分社核算、按股分红的方式获得土地股份收入，土地资源在空间上的集聚有利于资源的合理配置，从而发挥其最大的经济效能，恒和村农业合作社通过统一规模化经营，以种植柑橘、柠檬等经济作物为主，年产量高达1000t，收益超过300万元。另一方面，农户以自身劳动力加入合作社进行专业化的农业生产，实现职业化农业就业，促使合作社农户逐渐向职业农民转变，合作社农户已非传统意义上的农民，不但掌握农业生产的相关知识和技术，还依托合作社平台被培养成为具有一定管理和销售能力的人才，同时合作社农户积极寻求与其他乡村主体之间的合作，通过产品贸易公司等企业承担农产品的生产、包装、运输和销售等业务，经过多年运营已经拥有固定的销售地点和销售对象，避免农产品的滞销，实现了生产、加工、销售一条龙经营模式，提高了农产品附加值，增加农业经济效益；目前合作社加快基础设施建设，打造集休闲、观光、娱乐于一体的农业特色园区，其成为带动恒和村经济发展的重要支柱，而作为农业合作社生产主体的合作社农户，其对乡村生产空间系统经济的贡献作用不容忽视。

3. 传统农户行为对乡村生产空间系统运行的推动作用最小

随着乡村传统农业向现代农业转型发展，传统农户落后的生产经营方式及其兼业行为使其在推动乡村生产空间系统运行过程中所发挥的作用越来越小，传统农户行为对乡村生产空间系统的空间利用效率、经济效益和环境效益的影响值在三类农户中均是最小的。究其原因：恒和村传统农户劳动力的非农转移现象最为显著，兼业行为更加普遍，且逐渐由以农业生产为主的兼业行为向以非农为主的兼业行为转变，并有逐渐脱离土地实现非农化就业的趋势。一方面，106省道和高速公路辐射全村80%的面积，从羊狮田社穿过汤家坪社、竹林井社、平安社、楼子塝社，一直延伸至行祠庙社，便利的交通使得空间距离进一步减小，传统农户就业空间不断扩张。另一方面，恒河果业、臻葳农业等龙头企业的入驻加速了传统农户土地的流转，全村64%的传统农户有土地转出行为，土地流转使得劳动力得以从农业生产中解放出来从事非农活动。传统农户较高的非农就业率和土地转出率使得其农业生产活动强度降低，家庭农业劳动力所占比例不断下降，农户土地经营面积不断减少，因地形、区位等因素未流转土地也大多成为口粮田进行细碎化生产或大面积闲置、抛荒，因此传统农户的生产经营行为一定程度上降低了乡村生产空间系统的空间利用效率；再加上传统农户农业生产仍然是以种植大田作物为主的满足自给自足的小农生产模式，其对乡村生产空间系统经济效益的影响值最低；同时传统农户农业投入成本低，缺乏先进生产技术的投入，化肥、农药、地膜等的过量投入及不合理使用对环境产生较大的负面影响。

4. 三种不同类型农户的行为对乡村生产空间系统环境效益的影响值均处于低水平

恒和村生产大户、合作社农户与传统农户生产投入行为中用先进生物技术、工程技术代替化肥、农药还不普及，较低的技术投入和不合理的化学制品的使用导致恒和村乡村生产空间系统环境效益不高。由表3-5可知，三种类型农户行为对乡村生产空间环境效益影响值均低于1，对环境效益影响值大小为生产大户>合作社农户>传统农户。究其原因：江津区"农业支持保护补贴"很大一部分用于支持生产大户的农业经营活动，并实行教育培训、认定管理、政策扶持"三位一体"的生产大户培育制度，促进生产大户自身素质的提高，其专业化的农业生产中技术投入相对较高；合作社农户依托农业合作社，提供统一的技术指导、培训和统一的生产要素投入，对于农药、化肥等使用量会进行合理控制，因此生产大户和合作社农户行为对乡村生产空间系统环境状况的改善具有一定的促进作用。但由于其生产规模较大，人工处理病虫害并不现实，生物防治技术并未广泛推行，农业生产中还是更多地采用喷洒农药的方式处理病虫害，造成一定的环境污染；有机肥虽已广泛使用，但测土配方施肥、水肥一体化等技术未得到全面的推广普及，过量施用化肥仍会产生环境问题；农户农业生产中地膜使用率极高，但对于废弃地膜的合理处理或回收利用率总体不高；再加上传统农户农业生产投入成本低，缺乏技术投入和技术指导，更容易产生化肥、农药、地膜等滥用的现象。因此农户行为对乡村生产空间系统环境改善的影响值仍处于较低水平，尽管生产大户和合作社农户生产投入行为一定程度上能促进环境效益的缓慢提高，但目前恒和村乡村生产空间系统经济效益和环境效益仍发展不均衡。

第五节 小 结

本章以系统科学方法为指导，对乡村生产空间系统的要素构成进行学理辨析；以农村生产关系为主线，对中国乡村生产空间系统的演化历程进行探讨。在此基础上，构建了乡村生产空间系统运行的质性结构和量化评价模型，并以重庆市恒和村为研究对象对乡村生产空间系统运行进行实证。最后，基于理论研究基础与实证结果提出乡村生产空间系统的运行机制。主要得出以下结论。

（1）乡村生产空间系统是一个由多种要素构成的有机整体，从要素功能出发，其构成要素主要包括基础要素、核心要素、驱动要素和管理要素四种类型。其中，基础要素构成乡村生产活动的基底，主要包括资源环境和基础设施；核心要素对乡村生产空间系统的运行起主导作用，主要包括以人为核心的多元经营主体与乡村文化；驱动要素是系统运行发展的动力，主要包括资本、技术、信息和市场；管理要素是渗透在乡村生产活动之中，间接影响系统要素的配置与流动而不直接参与乡村生产过程的因素，主要包括制度和政策。

（2）以农村生产关系变革为主线，中国乡村生产空间系统的演化历程可以划分为土地改革运动时期、农业合作化运动时期、人民公社化运动时期和家庭联产承包责任制时期四个时期。受经济体制、城乡关系、农业政策等导向的影响，不同时期乡村生产空间系统特征存在显著的差异性，其中家庭联产承包责任制时期是乡村生产空间系统发展较为迅猛的时期，这一时期乡村生产空间系统逐渐呈现出主体多元化、结构复杂化、功能多样化、产业规模化和要素活跃化的发展态势。

（3）乡村生产空间系统中各要素相互联系、相互作用，通过支撑与约束机制、竞争与合作机制以及调控与反馈机制来推动系统运行。系统有序运行是各机制相互协同的结果，系统良好运行需要充分尊重乡村资源利用的可持续性，不能逾越生态环境可承载的底线，同时充分发挥市场与管理的引导及调控作用，促进系统要素功能充分发挥，以优化乡村生产空间系统资源配置、激发系统生产活力、提升系统运行效率与效益。

第四章 乡村生产空间系统有序性及其状态量化研究

本章首先从理论上对乡村生产空间系统有序性进行研究，即根据耗散结构系统熵理论与方法，运用关联熵反映系统内部结构的有序性、运用运行熵反映系统整体运行的有序性，从乡村生产空间系统的主体（多元主体）、客体（地）和环境三要素入手构建指标体系评价乡村生产空间系统有序性，研究结果既拓展了耗散结构系统熵理论的应用领域，又为量化乡村生产空间系统运行状态的有序性提供了技术手段与方法。其次，从乡村生产活动无序度和乡村生产空间承载力两个维度构建乡村生产空间系统状态量化指标体系，建立乡村生产空间系统熵模型测度系统熵值，进而探析乡村生产空间系统状态并划分状态类型，其结果既为乡村生产空间系统状态研究提供量化方法，又夯实了乡村生产空间系统的理论基础。

第一节 乡村生产空间系统有序性

一、乡村生产空间系统有序性研究的背景及意义

乡村生产空间系统是在乡村生产空间中，多元主体通过开展各种生产活动、建立复杂的社会经济关系所形成的具有一定结构形态和功能组合机制的空间集合体。无论构成这个有机空间集合体的地域范围有多大，时序有多长，其基本要素或子系统既是乡村生产空间活动的历史产物，也是乡村生产空间系统再运行的基础部件。一方面乡村生产空间系统不断地与外部环境进行物质循环、能量流动和信息转换，另一方面乡村生产空间系统内部各基本要素或者子系统间以某种方式相互联系、相互促进、相互制约。乡村生产空间系统演化基于其内外作用而呈现出不同状态，在一定时空条件下，表现为协同有序的发展、杂乱无序的混沌或者二者并存。目前我国乡村发展正处于转型关键期，特别是党的十九大针对乡村发展设计的乡村振兴战略的践行，大量政策与制度用以支撑乡村生产有效实践，内部多元主体入驻，先进技术和管理模式引进，农业生产理念更新，这一内外环境

刺激将迅速打破乡村生产空间系统的发展轨迹。准确诠释乡村生产空间系统运行处于何种阶段，有助于引导乡村生产空间系统从无序走向有序，从低级有序走向高级有序。尽管当前对乡村生产空间系统的研究还处于概念性认知阶段（王成和李颢颖，2017），但对于各类系统由无序变为有序状态的途径研究已取得丰硕成果，可为乡村生产空间系统有序性的研究提供理论依据。耗散结构系统的状态及其变化通过体系状态函数熵来表达，该研究方法也是描述系统有序性程度最为成熟的方法，已被广泛运用于管理系统、产业系统等各领域。李志强和刘春梅（2009）借用熵及耗散结构理论分析企业家创新行为系统的熵变过程，为研究系统所处状态及其不同演化阶段的有序化程度提供定量分析依据，为企业创新管理决策提供指导依据；杨山等（2011）通过运用耗散结构理论与熵变方法研究港城系统从不稳定无序状态向稳定有序的自组织结构进行演化的过程和规律；王正明等（2012）基于耗散结构系统熵模型对我国产业系统有序状态进行评价与测定，为制定产业规划和发展政策提供思路。熵和耗散结构理论已成为研究系统由无序状态变为有序状态的重要理论源，运用熵和耗散结构理论，建立耗散结构系统熵模型，通过实证分析乡村生产空间系统的关联熵和运行熵，探索系统由无序状态变为有序状态的路径，为合理引导乡村生产空间系统可持续发展的决策制定提供理论参考。

二、乡村生产空间体系的耗散结构特征

（一）耗散结构理念

一个开放系统从平衡态到近平衡态再到远离平衡态的演化过程中，当达到远离平衡态的非线性区时，一旦系统某个参量的变化达到一定阈值，通过涨落，系统可能发生突变，即非平衡相变，由原来无序的混乱状态转变到一种时间、空间或功能有序的新状态。这种有序状态需要不断地与外界交换物质和能量才能维持，并保持一定的稳定性，不因外界的微小扰动而消失。比利时物理学家伊利亚·普利高津把这种在远离平衡的非线性区形成的新的稳定的有序结构称为耗散结构（颜泽贤，1987）。乡村生产空间系统作为一个开放系统，其演化就是在一定时空条件下，呈现出从平衡态到近平衡态再到远离平衡态的演化，具有耗散结构特征。

（二）乡村生产空间系统的综合性和开放性

乡村生产空间系统的综合性主要反映在生产要素的多功能性、系统主体的多

元性，即在一定生产空间地域范围内，具有多功能性的要素、多元性的系统主体在相互联系和作用时会表现出新的特殊功能机制。系统的开放性则主要反映在系统内部以及系统与环境之间输入输出关系的多样性上，一方面以外部市场需求为导向，国家惠农政策为扶持，农村金融体系为支撑，高新技术与先进设备为手段，通过与外部环境进行物质循环、能量流动和信息转换，主动地、连续地从环境中吸取"负熵"，即用外部环境的有序性做原料制造自身的秩序之流。另一方面利用农田生产区、经果林培育产区、蔬菜种植区等土地资源，结合乡村民居、乡村宗祠建筑及其他民间建筑等非物质文化资源，整合乡村资源发展乡村现代农业，通过输出产品与服务以促进系统内部有序发展。这种客观存在的"流动"表明开放性是乡村生产空间系统的固有特性。因此，只有综合协调乡村生产空间系统内外要素或子系统间及外部环境间的关系，才能获取最佳的整体效应。

（三）乡村生产空间系统的非线性和不确定性

在乡村生产空间系统的运行中，要素与要素、要素与系统、系统与环境之间相互联系、相互协调和相互制约，共同作用使之构成一个非线性的人地关系地域系统。在这个系统中，乡村多元主体，不仅包括承包农户、专业大户、家庭农场和农业企业等经营主体（宋洪远和赵海，2015），还包括政府、合作社等服务主体，通过利用土地、种苗、能源等生产资料和乡村劳动力，以农业生产、销售信息为媒介，相互联系、相互影响推动乡村生产运行与社会经济发展。受人地关系及城乡互动的影响，乡村生产空间系统同时包含已知信息和未知信息，系统受到的外界干扰（如人类干扰、自然灾害干扰、市场波动干扰等）又具有随机性、非对称性和瞬时性，其是一个典型的灰色系统，具有充分的不确定性。这种不确定性具体表现在多元主体的行为决策与行为结果的不确定性、相关政策和制度的不确定性，以及未知因素的不可预测性等。乡村生产空间系统各要素之间既存在着正反馈的倍增效应，也存在着负反馈的饱和效应，表现出一种并非简单因果线性依赖关系的非线性特征，其具有不确定性和难预知性。

（四）乡村生产空间系统的远离平衡态特性与涨落性

乡村生产空间系统内部的各种流动无时无刻不在进行。从时间角度看，乡村生产空间系统内自然资源、生产主体、机械设备等要素发展速度不平衡，形成动态的要素流；从空间角度看，乡村产业空间布局集聚程度存在着经济势差，形成动态的经济流。通过系统内部的各种流动，其运行状态随时间不断变化，即乡村生产空间系统呈现出远离平衡态特性，而系统只有远离平衡态才可能形成新的稳定有序的耗散结构，即非平衡是有序之源（李一，1990）。总体上，在一段时间内，乡村生产空间系统可达到宏观稳定平衡，但观其微观则会发现生产资料、劳动力、资金等不断地在乡村多元主体间流动，产品的数量、质量也在不断波动，这种涨落现象称为系统的微涨落。然而，在一段极短的时间内，某种新型经营主体突兀而起，其集聚规模和程度迅速增大变强，对资源的利用方式急剧转变，将导致乡村生产空间系统的结构发生颠覆性变化，这种涨落现象称为系统的巨涨落。微涨落不会对系统产生较大影响，而巨涨落则会改变系统结构及其发展路径并推动系统演化，任何一种稳定有序的状态都可以看作某种无序状态失去稳定性而使某种涨落放大的结果（畅建霞等，2002）。

三、耗散结构熵变与系统有序性

序参量是在耗散系统结构中，支配着其他参量变化，进而主导系统整体演化过程的参量，它决定着系统的演化方向（畅建霞等，2002）。"协同论"的相关研究表明，系统的有序程度取决于系统中各序参量的协同程度（郭治安和沈小峰，1991）。这种协同主要表现在各序参量自身状态的合理性与各序参量配合运行的有效性，其分别反映出系统结构的有序性与系统运行的有序性。因此，针对乡村生产空间系统，其有序性便可从系统结构与系统运行两个方面来进行测度。针对系统结构，各序参量对系统演化发展的作用方式与程度不完全相同，但均存在最优状态（目标值）与观测状态（实际值），目标值与实际值的吻合程度和相似程度反映其自身状态的合理性。依据灰色系统理论（刘思峰，2004；张家其等，2014），这种吻合程度和相似程度可以用灰色关联系数来反映，系数越大，表明目标值与实际值的吻合程度和相似程度越高，序参量运行的合理性也就越高。但由于乡村生产空间系统运行是被较多的序参量影响的，各序参量共同作用的结果反映在系统功能实现及运行演化之中，整个系统结构的有序性难以由单个序参量全面反映。因此，需要综合量化处理各序参量的关联系数，综合量化的结果为关联熵。关联熵可以从整体上反映系统变化的规律及系统内部结构的状况，关联熵越小，系统内部结构的稳定性越好，有序性就越高（姜纪沂等，2009）。对于系统运行，其有序性受到系统内部各要素相互作用以及外部环境干扰的双重影响。当系统内部各要素相互作用的强度或方式改变，或者系统受到的外部环境干扰达到了一定程度，系统便会出现控制失灵、功能紊乱、效率下降的现象，由有序运行状态转变为无序运行状态。依据信息熵原理，表征该种状态的参量便是运行熵。运行熵通过测度系统运行相较于稳态的偏离程度来反映系统运行的状况，运行熵越小，偏离程度越小，系统运行效率越高，有序性就越高（王正明等，2012）。因此，测度系统有序性的重点在于计算得到系统的关联熵和运行熵，用以分别反映系统结构的有序性和系统整体运行的有序性，只有当系统结构和系统整体运行状态同时有序时，系统的运行才是有序的。

四、乡村生产空间系统有序性评价模型构建

（一）乡村生产空间系统关联熵测度模型

依据灰色系统理论，识别各序参量的目标值与实际值是计算系统关联熵的前提。目标值即各序参量的理想值或最优值；实际值即各具体年份的观测值，一般可通过监测数据或统计数据获取，反映各序参量的现实情况。最优值的考量因各序参量对系统的作用方式不同而存在差异。对系统有正向作用的序参量，其最优值越大越好；对系统有负向作用的序参量，其最优值越小越好；某些序参量需要控制在一定阈值范围，才能保证系统的有序运行。因此，在实际运用中，依据各指标对系统的作用方向不同而确定不同指标的目标值。对于正向指标，其目标值确定为各年份的最大观测值；对于负向指标，其目标值确定为各年份的最小观测值；对于中性指标，依据其合理阈值确定目标值。

依据灰色关联分析法，设第 i 年对最优年份关于第 j 项指标的关联系数是 δ_{ij}，则

$$\delta_{ij} = \frac{\Delta\min + \rho\Delta\max}{|y_j^* - y_{ij}| + \rho\Delta\max} \tag{4-1}$$

式中，$i=1,2,\cdots,m$；$j=1,2,\cdots,n$；y_j^* 为虚拟理想评价对象的指标数值向量组；$\Delta\min = \min|y_j^* - y_j|$；$\Delta\max = \max|y_j^* - y_j|$；$\rho$（$0<\rho<1$）为分辨系数，通常取 $\rho = 0.5$。

依据灰色关联熵的定义和灰色关联系数分布映射，灰色关联熵 S_i 可表示为

$$S_i = -\sum_{j=1}^{n} P_{ij} \times \ln P_{ij} \tag{4-2}$$

式中，$i=1,2,\cdots,m$；$j=1,2,\cdots,n$；P_{ij} 为第 i 年第 j 项指标关联系数的比例，$P_{ij} = \delta_{ij}/\sum_{j=1}^{n} \delta_{ij}$。

（二）乡村生产空间系统运行熵测度模型

利用熵权法，针对乡村生产空间系统中序参量的不确定性，运用各项指标的信息熵计算出其权重，进而对系统的运行质量进行分析。若某项指标的数值变异程度越大，那么信息熵越小，则该指标提供的信息量越大，对应的权重也越大；

相反，某项指标的数值变异程度越小，那么信息熵越大，则该指标提供的信息量越小，对应的权重也越小。

依据信息熵的定义，第 j 项指标的信息熵可表示为

$$e_j = -k \sum_{i=1}^{m} (P'_{ij} \times \ln P'_{ij}) \tag{4-3}$$

式中，$i=1, 2, \cdots, m$；$j=1, 2, \cdots, n$；$k=1/\ln m$，k 为与年份数有关的常数，目的是使 $0 \leqslant e_j \leqslant 1$；$P'_{ij} = Z_{ij} / \sum_{i=1}^{m} Z_{ij}$，其为第 j 项指标值第 i 年的比例。

信息熵的冗余度 $d_j = 1 - e_j$，d_j 越大，则表示指标越重要，此时第 j 项指标的熵权表示为

$$w_j = \frac{d_j}{\sum_{j=1}^{n} d_j} \tag{4-4}$$

系统的运行熵表示为

$$R_i = \sum_{j=1}^{n} |w_j(y_j^* - y_{ij})|^{\frac{1}{p}} \tag{4-5}$$

式中，$i=1, 2, \cdots, m$；$j=1, 2, \cdots, n$；通常情况下，取 $p=1$（海明距离）。

（三）乡村生产空间系统有序性评价指标体系构建

为准确量化出乡村生产空间系统运行演化的结果，借助李裕瑞等提出的"种、养、加、旅"四业协调发展（李裕瑞等，2013）和日本六次产业化理论（丹皮尔，1975）的相关研究成果，以 2008～2015 年重庆市合川区龙市镇土地利用变更调查数据库、农村经济信息统计报表为主要数据源，辅以日常调研积累的相关数据整理成果，遵循"生产要素投入提供系统经济增长的驱动力，产出效率作为衡量系统是否有效运行的重要标志（魏宏森，2013），开放的环境作为支撑系统有序运行的必要条件（沈小峰等，1987）"的原则，从系统的主体（多元主体）、客体（地）和环境入手来构建指标体系。具体的指标形成过程为：首先，依据全面性、科学性、可操作性、合理性和可获取性的原则，运用理论分析法来构建一般性指标体系；其次，通过匿名邮件咨询相关领域专家（匿名发送邮件 10 封至相关领域专家，收回邮件 8 封，即有效邮件 8 封，有效率为 80.00%），进一步对一般指标体系进行修正；最后，运用主成分分析法、相关分析对指标体系的主成分和独立性进行测度，选取对系统产生极大影响力的因素作为序参量，涉及投入、产出和环境三方面共 14 项指标（表 4-1）。

表 4-1　乡村生产空间系统有序性评价指标体系

目标层	评价指数	评价指标	指标解释及 计算方法（单位）	指标性质
乡村生产空间系 统有序性	投入指数	乡村范围内实有劳动力比例 X_{i1}	乡村实有劳动力/乡村总人口（%）	+
		农业机械总动力 X_{i2}	反映乡村生产空间的科技投入情况（万 kW）	+
		农作物播种面积 X_{i3}	反映土地投入情况（hm²）	+
		单位耕地面积化肥农药投用量 X_{i4}	反映乡村生产空间面临的压力状况（kg/hm²）	－
		农业综合开发项目资金投入 X_{i5}	反映资本投入情况（万元）	+
	产出指数	人均粮食产量 X_{i6}	粮食总产量/乡村总人口（kg/人）	+
		耕地产出率 X_{i7}	反映耕地地均水平的产出效率（万元/hm²）	+
		人均农林牧渔服务业总产值 X_{i8}	农林牧渔服务业总产值/乡村总人口（元/人）	+
		农业商品率 X_{i9}	反映农业生产发展水平以及商品性生产发展程度（%）	+
	环境指数	城镇工矿用地面积 X_{i10}	反映城镇空间对乡村生产空间的挤占程度（hm²）	－
		森林覆盖率 X_{i11}	林地总面积/区域土地总面积（%）	+
		人均耕地面积 X_{i12}	反映耕地面临的人口承载压力（hm²）	+
		综合土地利用动态度 X_{i13}	反映一定范围内土地利用变化剧烈程度（%）	－
		耕地图斑蔓延度 X_{i14}	反映外界环境影响下耕地利用的空间形态（%）	+

1. 投入指数

投入是指人类以乡村生产空间为载体，投入从事生产经营活动所需的各类社会资源，主要涉及土地、资本、劳动力等。选取乡村范围内实有劳动力比例、农业机械总动力、农作物播种面积、单位耕地面积化肥农药投用量和农业综合开发项目资金投入 5 项指标。其中，乡村范围内实有劳动力比例用以反映劳动力投入情况，农作物播种面积用以反映土地投入情况，农业综合开发项目资金投入用以反映资本投入情况。同时，鉴于农业生产的特殊性，选取单位耕地面积化肥农药投用量来反映乡村生产空间面临的压力状况。此外，伴随农业现代化水平的不断提升，科技投入也成为重要的要素投入之一，因此，选取农业机械总动力来反映乡村生产空间的科技投入情况。

2. 产出指数

产出是多元主体在乡村生产空间中从事生产经营活动所获取的各种回报，产出效率的高低是衡量乡村生产空间系统有序性大小的重要标志。受统计数据来源的限制，选取人均粮食产量、耕地产出率、人均农林牧渔服务业总产值和农业商品率 4 项指标。其中，人均粮食产量和人均农林牧渔服务业总产值用以反映人均水平的产出效率，耕地产出率用以反映地均水平的产出效率，农业商品率用以反映农业生产发展水平以及商品性生产发展程度。

3. 环境指数

乡村生产空间系统是由诸多地理要素构成的，本身是一个地理要素集合体，外界相关地理要素也必然会对其发展演变产生影响。按照地理要素分类，这些要素可分为自然地理要素和人文地理要素。其中，自然地理要素主要包括地形地貌、水文植被、气候等，取决于区域自然地理格局；人文地理要素主要包括人口、资源、工业化、城市化等，取决于人类意识以及社会经济发展水平。基于此，选取城镇工矿用地面积、森林覆盖率、人均耕地面积、综合土地利用动态度和耕地图斑蔓延度 5 项指标。其中，城镇工矿用地面积用以反映城镇空间对乡村生产空间的挤占程度，人均耕地面积用以反映耕地面临的人口承载压力，挤占越强、压力越大，则越容易破坏乡村生产空间系统运行的稳态。森林覆盖率用以反映乡村生产空间的植被覆盖情况，一般而言，植被越繁茂，乡村生产空间的生物多样性越高，则乡村生产空间系统维持自身稳态的能力越强。综合土地利用动态度用以反映一定范围内土地利用变化剧烈程度，该指标值越大，土地利用格局越不稳定，乡村生产空间所处土地空间的不确定性和复杂性越强，则乡村生产空间系统越无序。耕地图斑蔓延度用以反映外界环境影响下耕地利用的空间形态，该指标值越小，表示耕地越破碎、越分散，系统的利用条件越差，则越不利于乡村生产空间系统实现有序发展。在实际运用中，参考现有土地利用变化研究的计算方法（舒国滢，2013）来计算综合土地利用动态度，参考现有土地利用景观格局研究的计算方法来计算耕地图斑蔓延度。

第二节 乡村生产空间系统状态量化的研究基础和方法

一、乡村生产空间系统状态量化的研究基础

乡村生产空间系统是在乡村生产空间中，乡村多元主体进行各种社会生产活动、建立复杂的社会经济关系，形成具有一定结构形态和功能组合机制的空间集合体，是一动态结构。这一动态结构反映了乡村生产空间系统在一定时间范围内，系统要素间物质、能量、信息和人力等方面的空间扩展与移动的过程。这一系统要素集合时空耦合的动态发展过程受到内外环境影响，特别是当前我国乡村正处于急速转型期，乡村人口非农化与兼业化、乡村土地非农化与非粮化趋势加剧（龙花楼，2013），乡村生产由单一的传统农业生产向现代农业生产、乡村全域旅游发展、乡村服务业等一二三产业融合转变与拓展，合理配置乡村土地、资金、人才等资源将面临新的挑战与更高的要求。当前，国内外学者主要从解析农业相关理论（约翰·冯·杜能，1986）、粮食安全（姚成胜等，2015）、农业产业化（蔡海龙，2013）和农户意愿及行为（钟晓兰等，2013；姚增福和唐华俊，2016），剖析乡村旅游发展的驱动机制（喻忠磊等，2013）、模式探索（张树民等，2012）和空间格局（胡美娟等，2015），探讨乡村生产空间与乡村景观、社会关系的相互作用，实现乡村生产空间的转型与重组（万群等，2016）、乡村"三生"空间优化（乔家君和李小建，2006）等方面对乡村生产空间开展研究，针对乡村生产空间系统的研究仅处于概念性认知阶段，探析乡村生产空间系统状态的研究尚少。而乡村生产空间系统运行过程总是含有时间因素，含有客体状态（系统）在不同时刻的差别，乡村生产空间系统状态是在一定的时空特征下乡村生产空间系统的即时表现，既是乡村生产空间系统演化的结果，又是乡村生产空间系统演化的前提。一般而言，系统均具有一定的自我调节能力，但如果外界干扰强度过大，超出系统的承载界限，系统将会发生剧烈的变化和因素重组，自我调节能力受到限制，系统内外之间的物质、能量和信息流动将进入另一种状态，逐步由稳定状态向非稳定状态演变（冯卫红，2006）。因此，量化乡村生产空间系统状态，可借助在乡村地域内，多元主体的生产活动干扰与乡村生产空间承载力间的相互作用结果，实现对系统的无序程度或者混乱程度进行判断，即当乡村

地域内，生产活动对乡村生产空间系统的负面影响超过生产空间的承载力时，系统将朝着非稳定、无序状态发展。而熵作为统计物理和热力学中的一个物理概念，主要表征系统状态、反映系统的混乱程度（牛星，2008）。目前，熵在系统演化、可持续发展能力及社会经济状况等领域应用并取得丰硕成果。熵的计量公式主要有克劳修斯熵、玻尔兹曼熵和香农熵，其中玻尔兹曼熵着重表征系统内分子热运动无序程度或混乱程度，在宏观量（熵）与微观量（微观状态数）之间架起了一座重要桥梁，且已被运用到研究人地系统（程钰，2014）、生态旅游地域系统和土地利用系统等系统状态的研究，为研究乡村生产空间系统状态提供了理论基础和借鉴。

二、乡村生产空间系统状态量化方法

（一）乡村生产空间系统状态量化指标体系构建

乡村生产空间系统状态是系统在特定时刻呈现出的态势，即时表现（状态）为在乡村地域内，人类生产活动无序度与生产空间承载力间相互作用的结果。本节主要从乡村生产活动无序度和乡村生产空间承载力两个维度构建乡村生产空间系统状态量化指标体系。

1. 乡村生产活动无序度评价指标体系构建

从乡村土地利用主体从事生产活动的产业视角，乡村生产活动主要包括农业生产活动和非农生产活动，农业生产活动是乡村生产主体生活、生产的基本过程，非农生产活动是乡村发展的主动力。在已有研究的基础上（乔家君，2004；冯卫红，2006），依据重庆市乡村产业发展现状，遵循系统性、代表性和可操作性原则，选取农业生产活动无序度和非农生产活动无序度 2 个一级指标、12 个二级指标，构建乡村生产活动无序度评价指标体系（表4-2）。

表4-2　乡村生产活动无序度评价指标体系及权重

目标层	准则层	指标层	指标内涵	单位	性质	权重
乡村生产活动无序度	农业生产活动无序度	化肥施用强度	农用化肥施用量/农作物播种面积	t/hm^2	+	0.046
		地膜覆盖率	地膜覆盖面积/农作物播种面积	%	+	0.052
		农药施用强度	农药施用量/农作物播种面积	t/hm^2	+	0.054

目标层	准则层	指标层	指标内涵	单位	性质	权重
乡村生产活动无序度	农业生产活动无序度	劳动力投入强度	乡村农业就业人口/农作物播种面积	万人/hm²	+	0.128
		农田灌溉亩均用水量	表征农业生产活动资源损耗强度	m³	+	0.014
		复种指数	农作物播种面积/耕地面积	%	+	0.015
	非农生产活动无序度	乡村单位非农产值能耗	乡村能耗总量/乡村非农总产值	tce/万元	+	0.092
		乡村人口非农就业比例	乡村非农就业人口/乡村就业人口	%	+	0.014
		乡镇企业废水污染率	乡镇企业废水排放量/评价单元乡村地域总面积	万 t/km²	+	0.176
		乡镇企业废气污染率	乡镇企业废气排放量/评价单元乡村地域总面积	亿 m³/km²	+	0.171
		乡镇企业固体废弃物污染率	乡镇企业固体废弃物排放量/评价单元乡村地域总面积	万 t/km²	+	0.174
		村域旅游服务开发率	开展旅游服务村数/评价单元行政村总数	%	+	0.064

注：乡镇企业指农村集体经济组织或者农民投资为主，在乡镇（包括所辖村）举办的承担支援农业义务的各类企业（来源：1996 年颁布的《中华人民共和国乡镇企业法》）。

乡村农业生产活动无序度：指乡村土地利用主体进行农播、农收、农田管理和农业投资等农业生产活动时对乡村生产空间系统产生负面影响的程度。选取化肥施用强度、地膜覆盖率、农药施用强度表征农业面源污染强度，选取劳动力投入强度和复种指数表征农地使用强度，选取农田灌溉亩均用水量表征农业生产活动资源损耗强度。

乡村非农生产活动无序度：指乡村地域内乡镇企业等非农经营主体开展工业生产、服务旅游等非农生产活动对乡村生产空间系统产生负面影响的程度。选取乡村单位非农产值能耗表征乡村非农生产活动能源使用效率，选取乡村人口非农就业比例和村域旅游服务开发率表征乡村非农生产的活跃性，选取乡镇企业废水污染率、乡镇企业废气污染率和乡镇企业固体废弃物污染率表征乡村非农生产污染排放强度。

2. 乡村生产空间承载力指标体系构建

乡村生产空间承载力是指在一定时期乡村地域内生产空间承载生产活动的能力，包括自然承载力和人文承载力两部分，自然承载力是乡村生产空间承载的环境基础，人文承载力则是乡村生产空间承载的重点。根据已有研究（乔家君，2004；雷勋平和邱广华，2016；方创琳等，2017），依据重庆市乡村产业发展现状，在遵循系统性、代表性和可操作性原则的基础上，选取自然承载力和人文承载力2个一级指标、12个二级指标，构建乡村生产空间承载力评价指标体系（表4-3）。

表4-3　乡村生产空间承载力评价指标体系及权重

目标层	准则层	指标层	指标内涵	单位	性质	权重
乡村生产空间承载力	自然承载力	人均耕地面积	耕地总面积/乡村总人口	hm²/人	+	0.044
		平均耕地质量等别	反映耕地的耕作质量情况		−	0.051
		森林覆盖率	林地总面积/评价单元乡村地域总面积	%	+	0.075
		人均水资源总量	水资源总量/乡村总人口	亿 m³/万人	+	0.191
		地形起伏度	最高点海拔–最低点海拔	m	−	0.038
		大气污染率	大气污染浓度/《环境空气质量标准》（GB 3095—2012）最大值	%	−	0.042
	人文承载力	人均GDP	GDP总产值/乡村总人口	万元/人	+	0.083
		农村居民人均纯收入	反映乡村地域农村居民的平均收入水平	元	+	0.063
		人均粮食产量	粮食总产量/乡村总人口	t/人	+	0.026

目标层	准则层	指标层	指标内涵	单位	性质	权重
乡村生产空间承载力	人文承载力	农业商品率	反映农业生产的商品化程度	%	+	0.038
		村域垃圾集中处理率	垃圾集中处理的村数/评价单元行政村总数	%	+	0.194
		村域饮用水集中净化处理率	饮用水集中净化的村数/评价单元行政村总数	%	+	0.155

自然承载力：指一定时期乡村生产空间内自然资源、环境状况对乡村生产活动的支撑作用。选取人均耕地面积、平均耕地质量等别、森林覆盖率、人均水资源总量以表征乡村生产空间的资源占有数量和质量情况，选取地形起伏度和大气污染率分别表征乡村生产空间的自然地形特征和环境污染情况。

人文承载力：指一定时期乡村生产空间内社会经济发展水平对乡村生产活动的支撑作用。选取人均GDP、农村居民人均纯收入、人均粮食产量、农业商品率表征乡村生产空间的经济支撑能力，选取村域垃圾集中处理率和饮用水集中净化处理率表征乡村生产空间的社会保障能力。

（二）指标标准化与赋权

1. 指标标准化处理

各评价指标具有不同的量纲、数量级，为消除不同量纲数据对综合评价的影响，采用极差标准化法对数据进行无量纲化处理，具体方法如下。

当X_{ij}是正向指标时：

$$Z_{ij} = \frac{X_{ij} - \min X_{ij}}{\max X_{ij} - \min X_{ij}} \tag{4-6}$$

当X_{ij}是负向指标时：

$$Z_{ij} = \frac{\max X_{ij} - X_{ij}}{\max X_{ij} - \min X_{ij}} \tag{4-7}$$

式中，Z_{ij}为标准化之后的指标值；X_{ij}为指标的原始值；i为重庆市各区县评价单元；j为某分项条件的具体评价指标项。

2. 指标赋权

熵值法确定指标权重，既可以克服主观赋权法无法避免的随机性、臆断性问题，又可以有效解决多指标变量间信息的重叠问题，能够深刻反映指标信息熵的效用价值。熵值法是根据指标的变异程度，客观地计算出各指标的权重值。基于此，运用熵值法确定指标权重（W_j），其结果见表4-2和表4-3。

（三）乡村生产空间体系熵模型

乡村生产空间系统状态是乡村生产活动无序度与乡村生产空间承载力间相互作用的结果。假定乡村生产空间承载力一定，乡村生产活动越无序，系统突变的可能性越大，系统越不稳定；反之，系统越稳定。据此构建乡村生产空间系统状态函数：

$$E \propto \frac{M}{C} \tag{4-8}$$

式中，E 为乡村生产空间系统状态；M 为乡村生产活动无序度；C 为乡村生产空间承载力。

在乡村生产空间系统内，人类活动干扰随着社会经济发展需求和土地利用者的微观意愿而展开，不同的土地利用者对土地提供的产品与服务需求各异，进而呈现出不同的生产活动行为，如系统内分子热运动。而玻尔兹曼熵主要表征系统内分子热运动无序程度，即系统的状态。因而将玻尔兹曼熵引入乡村生产空间系统中以量化其状态。依据玻尔兹曼熵表达式（也称统计力学熵，即 $S = K\ln W$，式中，K 为玻尔兹曼普适常数，W 为物种总数），结合乡村生产空间系统状态函数［式（4-8）］，建立乡村生产空间系统熵模型：

$$S = k\ln \frac{M}{C} \tag{4-9}$$

式中，S 为乡村生产空间系统熵；k 为乡村生产主体与生产空间的协调系数（本书 k 取值为1）。当 $S>0$ 时，乡村生产空间系统处于不稳定状态；当 $S=0$ 时，乡村生产空间系统处于临界状态；当 $S<0$ 时，乡村生产空间系统处于稳定状态。其乡村生产活动无序度（M）和乡村生产空间承载力（C）均采用多指标综合评价方法计算，具体计算公式如下。

（1）乡村生产活动无序度 M_i：

$$M_i = \sum_{j=1}^{m} W_j Z_{ij} \tag{4-10}$$

式中，M_i 为 i 区县乡村生产活动无序度；j 为该分项无序度下对应的指标；Z_{ij} 为该分项无序度下对应某个指标的标准化值；W_j 为该指标权重。

（2）乡村生产空间承载力 C_i：

$$C_i = \sum_{j=1}^{m} G_j Y_{ij} \tag{4-11}$$

式中，C_i 为 i 区县乡村生产空间承载力；j 为该分项承载力下对应的指标；Y_{ij} 为该分项承载力下对应某个指标的标准化值；G_j为该指标权重。

第三节 乡村生产空间系统有序性与量化表达实证

一、乡村生产空间系统有序性研究实证：龙市镇

（一）数据处理与模型运算

1. 数据处理

由于各指标的量纲、数量级以及指标的正负取向均有差异，需对初始数据做无量纲化处理。本研究采用极值标准化方法对数据进行无量纲化，且为避免熵值为负数时其取对数无意义，需将数据进行平移。记X_{ij}为i年j指标的数值（i=1,2,$\cdots$,m；j=1,2,$\cdots$,n），则标准化之后的标准化值Z_{ij}如下。

当X_{ij}是正向指标时：

$$Z_{ij}=1+\frac{X_{ij}-\min(X_{1j},X_{2j},\cdots,X_{mj})}{\max(X_{1j},X_{2j},\cdots,X_{mj})-\min(X_{1j},X_{2j},\cdots,X_{mj})} \tag{4-12}$$

当X_{ij}是逆向指标时：

$$Z_{ij}=1+\frac{\max(X_{1j},X_{2j},\cdots,X_{mj})-X_{ij}}{\max(X_{1j},X_{2j},\cdots,X_{mj})-\min(X_{1j},X_{2j},\cdots,X_{mj})} \tag{4-13}$$

2. 模型运算

（1）关联熵的测算。依据式（4-12）、式（4-13）对所选取的相关指标数据进行标准化处理，并利用式（4-1）计算出龙市镇乡村生产空间系统有序性关联系数δ_{ij}（表4-4）。

表 4-4　龙市镇乡村生产空间系统有序性关联系数表

评价指标	2008 年	2009 年	2010 年	2011 年	2012 年	2013 年	2014 年	2015 年
X_{i1}	1.0000	0.9543	0.8330	0.7373	0.6489	0.4775	0.4374	0.3333
X_{i2}	0.3333	0.4000	0.4923	0.5079	0.6667	0.7111	0.9697	1.0000
X_{i3}	0.3333	0.3653	0.4350	0.4778	0.5517	0.4797	0.4926	1.0000
X_{i4}	1.0000	0.7489	0.6491	0.5068	0.4312	0.4101	0.3683	0.3333
X_{i5}	0.3333	0.3577	0.3889	0.4712	0.6355	0.8307	0.9757	1.0000
X_{i6}	0.3333	0.3662	0.4421	0.5303	0.5926	0.6877	0.7023	1.0000
X_{i7}	0.3333	0.3848	0.4364	0.4841	0.4946	0.5509	0.6524	1.0000
X_{i8}	0.3333	0.3539	0.3783	0.4335	0.5046	0.6132	0.7893	1.0000

评价指标	2008 年	2009 年	2010 年	2011 年	2012 年	2013 年	2014 年	2015 年
X_{i9}	0.3333	0.3772	0.3818	0.4809	0.5207	0.5780	0.7079	1.0000
X_{i10}	1.0000	0.7861	0.6766	0.6089	0.5700	0.5079	0.4022	0.3333
X_{i11}	0.3333	0.3832	0.4264	0.4674	0.5217	0.6405	0.7964	1.0000
X_{i12}	1.0000	0.7143	0.5556	0.5556	0.4545	0.3846	0.3333	0.3333
X_{i13}	1.0000	0.9069	0.7396	0.5641	0.4642	0.4590	0.4203	0.3333
X_{i14}	1.0000	0.7713	0.6974	0.5454	0.4448	0.4140	0.3823	0.3333

对关联系数 δ_{ij} 进行归一化处理，并利用式（4-2）计算出龙市镇 2008～2015 年乡村生产空间系统的关联熵 S_i（图 4-1）。

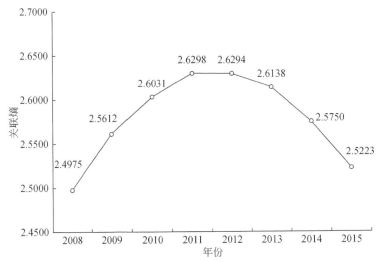

图 4-1　2008～2015 年龙市镇乡村生产空间系统的关联熵变化图

（2）运行熵的测定。依据龙市镇乡村生产空间系统指标数据标准化处理的结果，分别计算出第 i 年第 j 项指标值的比例 P_{ij}，再利用式（4-3）计算出第 j 项指标的信息熵 e_j，并通过冗余度 d_j，利用式（4-4）确定权重 w_j（表 4-5）。

表 4-5　龙市镇乡村生产空间系统各指标信息熵和权重统计表

信息熵和权重	X_{i1}	X_{i2}	X_{i3}	X_{i4}	X_{i5}	X_{i6}	X_{i7}	X_{i8}	X_{i9}	X_{i10}	X_{i11}	X_{i12}	X_{i13}	X_{i14}
e_j	0.9897	0.9893	0.9908	0.9881	0.9849	0.9890	0.9907	0.9866	0.9888	0.9906	0.9891	0.9864	0.9895	0.9885
w_j	0.0650	0.0680	0.0583	0.0751	0.0956	0.0693	0.0588	0.0850	0.0709	0.0596	0.0689	0.0861	0.0665	0.0730

利用式（4-5）计算出龙市镇 2008～2015 年乡村生产空间系统的运行熵 R_i（图4-2）。

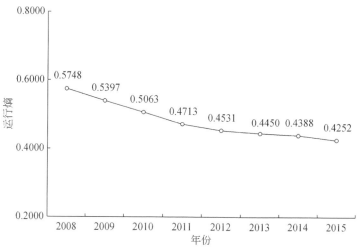

图4-2 2008～2015 年龙市镇乡村生产空间系统的运行熵变化图

（二）评价结果与分析

1. 关联熵先增后减，乡村生产空间系统内部结构有序性呈现出阶段性特征

第一阶段（2008～2011 年）：关联熵逐年增大，乡村生产空间系统结构趋于无序（图4-2）。由指标数据可知，乡村范围内实有劳动力比例、单位耕地面积化肥农药投用量、城镇工矿用地面积、人均耕地面积、综合土地利用动态度和耕地图斑蔓延度 6 项指标的关联系数逐年减小，迫使乡村生产空间系统关联熵增大，导致系统内部结构趋于混乱。结合龙市镇农业农村发展的具体情况，城市化和土地利用方式粗放是造成这种现象的主要原因。一方面，伴随城市化进程的不断加快，建设用地需求逐渐增大，城镇用地面积显著提升（城镇工矿用地面积扩张了98.18%），农用地面积急剧下降（人均耕地面积下降了14.29%），乡村生产空间非自然性压缩不断加剧；同时，农民工市民化进程的加快和农业转移劳动力的增多导致乡村劳动力逐年流失（乡村范围内实有劳动力比例下降了3.20%），乡村生产空间系统的有效劳动力供给短缺。另一方面，该阶段龙市镇的农业生产方式仍以传统农耕生产为主，土地流转进程缓慢，耕地利用强度较大（单位耕地面积化肥农药投用量持续增加，平均每年增加25kg/hm²），耕地质量也每况愈下，乡村生产空间系统发展的可持续性逐渐降低。此外，在城市化进程加快和土地利用方式粗放的双重作用下，镇域内土地利用变化速率和程度持续加剧（综合土地利用动态度增长了 1.58%），不同土地利用类型转换频繁，乡村生产空间的景观格局遭到破坏，耕地图斑分散化、破碎化日益严重（耕地图斑蔓延度指数下降了 3.88%），不利于农业现代化发展。

第二阶段（2011～2015 年）：关联熵逐年减小，乡村生产空间系统结构趋于有序（图 4-2）。由指标数据可知，农业综合开发项目资金投入、农业机械总动力、农作物播种面积、人均粮食产量、耕地产出率、人均农林牧渔服务业总产值、农业商品率和森林覆盖率 8 项指标的关联系数逐年增大，共同促使乡村生产空间系统结构有序化发展。该阶段龙市镇开始重视农业农村发展质量，加大财政支农力度（农业综合开发项目资金投入扩大了 36.59%），加强农业基础设施建设，农业现代化水平得到显著提升（农业机械总动力增加了 31 万 kW）。同时，龙市镇重点依托 6666.67hm² （10 万亩）蔬菜产业带、优质粮油产业带等农业示范基地建设，培育壮大现代新型农业经营主体（期间共发展农村合作组织 25 个、种养大户 37 个，培育区级龙头企业 5 家、市级龙头企业 1 家），极大地调动了农业生产的积极性。在多种措施的共同驱动下，龙市镇农业产出水平显著提高（农作物播种面积扩大了 234.13hm²，人均粮食产量增加了 20.80kg，耕地产出率增长近 2 倍），农业商品化进程不断加快（2015 年农业商品率达到 65.80%），农民收入持续增加，乡村生产空间综合效益显著提升。此外，龙市镇依据生态文明建设的要求，加大生态修复力度，启动实施了退耕还林、人居环境整治、废弃工矿用地复垦等一系列工程，森林覆盖率显著提升，生态系统稳定性不断增强。

2. 运行熵逐年减小，乡村生产空间系统运行逐渐趋于有序

利用熵权法确定的指标权重是表征各指标对乡村生产空间系统运行效率影响程度大小的重要参量。由表 4-5 可知，各指标对系统运行效率的影响大小存在较大差异，其权重介于 0.0583～0.0956。采用中值分段法，依据权重大小将指标的影响程度分为 5 级，用以描述龙市镇乡村生产空间系统的运行规律（表 4-6）。

表 4-6　龙市镇乡村生产空间系统运行效率影响因素分级表

影响程度	权重区间	指标信息
最大	0.0900～0.1000	X_{i5}
较大	0.0800～0.0900	X_{i8}、X_{i12}
一般	0.0700～0.0800	X_{i4}、X_{i9}、X_{i14}
较小	0.0600～0.0700	X_{i1}、X_{i2}、X_{i6}、X_{i11}、X_{i13}
最小	0.0500～0.0600	X_{i3}、X_{i7}、X_{i10}

近年来，龙市镇以"生态高效农业重镇"建设目标为引领，持续加大财政支农力度，特别是在"十二五"期间，全镇农业综合开发项目投入增长逾 60%。

通过开展以中低产田改造、高标准基本农田建设、大宗优势农产品基地建设、生态综合治理等为主的土地综合整治项目，极大地改善了农业生产基础条件，逐步实现了镇域内产业核心区机械化耕种水平、辐射圈和拓展区生产生活条件水平的不断改善。同时，全镇高度重视现代农业产业发展，遵循"基础产业+特色产业+农副工贸+农业服务"的思路，加快推进产业融合，初步建设形成以特色果蔬、优质粮油、生态养殖三大主导产业为核心的农产品生产基地，农业生产规模化与农产品商品化水平不断提升，农产品品牌效益持续增强。此外，为解决劳动力匮乏和土地撂荒等问题，龙市镇大胆尝试培育壮大新型农业经营主体，通过发展农民专业合作社和大户，完善农机社会化服务体系，探索形成"耕种收"社会化服务和"代管"模式，盘活撂荒土地约130hm²。在众多举措实施下，龙市镇乡村生产空间系统的投入产出水平不断提高，生产经营环境持续改善，生产空间运行效率逐步提升，乡村生产空间系统运行趋于有序。但不容忽视的是，在乡村生产空间系统整体运行趋于有序的情况下，龙市镇乡村生产空间仍存在一些亟待解决的问题，如耕地后备资源不足、人均耕地面积锐减、耕地压力较大，撂荒问题尚未得到根本解决，土地利用的可持续性仍有待提升；与农业生产相关的乡村旅游、休闲农业、农副产品加工业等发展不充分，产业融合深度仍有待加强；农户土地资源与农业资金尚未有效整合，农业生产组织效率欠佳，农民财产性收入提升困难等。未来，龙市镇需进一步集中力量补齐农业农村发展短板，促进乡村生产空间系统有序健康发展。

（三）实证研究结论

（1）龙市镇乡村生产空间系统内部结构有序性呈现阶段性特征。2008~2011年，受到城市化和土地利用方式粗放两方面因素的影响，龙市镇乡村生产空间非自然性压缩加剧、农业生产方式滞后，限制了农业现代化发展进程，导致乡村生产空间系统结构趋于混乱。2011~2015年，伴随财政支农力度不断增强、农业基础设施建设逐步优化、农业产出水平显著提高、生态修复力度逐渐加大，龙市镇乡村多元主体生产积极性得到有效调动、乡村生产空间综合效益显著提升，促使乡村生产空间系统结构趋于有序。

（2）龙市镇乡村生产空间系统运行呈现有序化趋势，表现出"从无序走向有序，从低级有序走向高级有序"的规律性。2008~2015年，龙市镇通过开展土地整治项目、扩大农业产生规模、培育新型农业经营主体，切实有效地改善了农业生产基础条件、推动了现代农业产业发展、完善了农机社会化服务体系，乡村生产空间的运行逐渐趋于有序。

（3）龙市镇乡村生产空间系统的内部结构及运行有待进一步优化。虽然龙市镇乡村生产空间系统的内部结构与运行均呈现出有序的趋势，但其有序水平有待进一步提高。未来，龙市镇应针对其乡村生产空间中亟待解决的问题集中力量补齐农业与农村发展短板，推动乡村生产空间集约高效发展，推进一二三产业深度融合，实现农业农村现代化，促进乡村生产空间系统有序健康发展。

二、乡村生产空间系统状态量化研究实证：重庆市

（一）数据收集与整理

以重庆市 37 个区县为研究单元（因渝中区已实现全域城镇化，故本节不将其纳入研究范畴）。数据源主要包括空间数据和属性数据两部分。其中，空间数据主要为 2015 年重庆市土地利用变更调查成果数据（数据来源于重庆市国土资源和房屋管理局）；属性数据主要包括自然资源数据、社会经济数据和生态环境数据。自然资源数据主要来源于《重庆市水资源公报 2015》和《重庆市森林资源公报 2015》；社会经济数据主要来源于中国统计出版社 2016 年出版的《中国县域统计年鉴》《重庆统计年鉴》《重庆调查年鉴》，以及重庆市各区县统计年鉴；生态环境数据主要来源于《重庆市生态环境状况公报》。结合研究目的将所获取数据进行整理与筛选，并借助 ArcGIS 10.2 软件平台，以行政区代码为标识码，建立空间数据与属性数据相链接的 Geodatabase 数据库，最终形成数据源。

（二）重庆市乡村生产空间系统状态量化分析

根据式（4-10）、式（4-11）分别计算出重庆市及各区县 2015 年乡村生产活动无序度、乡村生产空间承载力，进而依据式（4-9）得出乡村生产空间系统熵（图 4-3）；并将乡村生产空间系统熵导入 ArcGIS 10.2，绘制重庆市各区县乡村生产空间系统熵空间分布图（图 4-4）。

（1）重庆市乡村生产空间系统状态表现为各区县乡村生产空间系统状态的叠加，总体上呈稳定状态。重庆市乡村生产空间系统熵为 −0.431（图 4-3），各区县乡村生产空间系统熵与平均系统熵、重庆市乡村生产空间系统熵的方差分别为 0.249、0.232，其偏离程度大体相当；加之 86.49% 的区县乡村生产空间系统处于稳定状态，并有 64.87% 的区县乡村生产空间系统熵低于重庆市乡村生产空间系统熵（图 4-3），重庆市乡村生产空间系统稳定状态的形成是各区县乡村生产空间系统状态叠加的结果。究其原因：①重庆市乡村农业生产活动无序度为非农生产活动无序度的 1.6 倍，虽然绝大多数区县仍以传统农业为主，但因大量青壮年外出务工，农村农民老龄化现象突出，劳动力投入强度较低（1.69 万人/hm²），

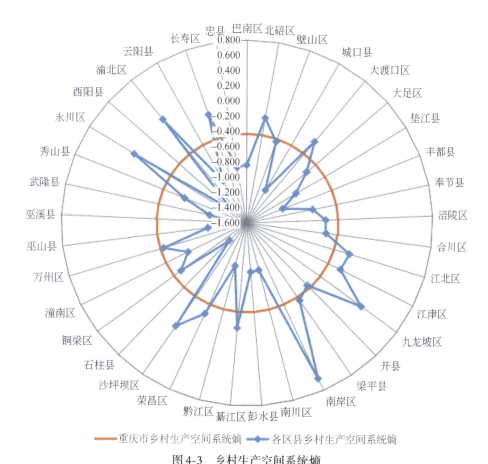

图 4-3 乡村生产空间系统熵

石柱土家族自治县简称石柱县，彭水苗族土家族自治县简称彭水县，秀山土家族苗族自治县
简称秀山县，西阳土家族苗族自治县简称西阳县

乡村生产活动干扰程度总体上降低。②2015～2020 年，测土配方施肥技术覆盖率达到 90%以上，畜禽粪便养分利用率达到 60%，农作物秸秆利用率达到 60%以上，水肥一体化技术推广面积为 200 万亩，一方面减少了化肥农药的施用量，另一方面提升了测土配方施肥技术推广覆盖率和农业废弃物资源化利用率，从源头上预防和控制人类生产活动对乡村生产空间承载力的负面影响。③截至 2015年底，重庆市林地面积为 446.61 万 hm²，森林面积为 374.07 万 hm²，全市森林覆盖率达到 45.4%，为全国平均森林覆盖率的 2 倍多，乡村生产空间自然承载力得以可持续发展。④重庆市已建成运行生活垃圾处理场（厂）54 座、处理能力达 15 611t/d，并按照"户集—村收—镇运—区县处理""户集—村收—镇运—区域处理""户集—村收—就近处理"三种模式，已完成 3100 个行政村的生活垃

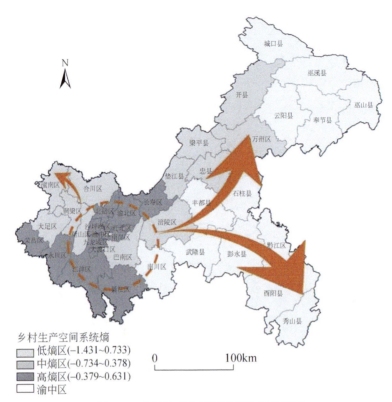

乡村生产空间系统熵
- 低熵区（−1.431~0.733）
- 中熵区（−0.734~0.378）
- 高熵区（−0.379~0.631）
- 渝中区

图 4-4　乡村生产空间系统熵空间分布图

圾收运系统建设，确保乡村生产空间不受二次污染；同时建成各类村镇供水工程50.91 万处，保障了农户饮水安全，乡村生产空间人文承载力得以改善和提高。

（2）乡村生产空间系统状态稳定性在空间上以"T"字形区域为中心向四周呈递增趋势。由图 4-4 可知，乡村生产空间系统熵高值区集中在西部的渝西片区，低值区集中在东部的渝东北和渝东南片区（渝东北片区明显高于渝东南片区），且以"T"字形为中心向四周递减；而系统的稳定状况与之相反，以"T"字形区域为中心向四周递增。分析发现：①渝西片区一方面以蔬菜生产为基础大力发展城郊农业，兴建农家乐、渔家乐、体验农场等，形成了以休闲观光、生活体验为主的服务型全域乡村旅游，导致乡村生活垃圾排放量增加，单位非农产值能耗较高，农户兼业化程度高且非农就业比例大，乡村非农生产活动无序度增强；另一方面受城市经济的强辐射和扩展作用，乡村产业呈多元化发展，乡村农业生产空间压缩、人均耕地面积低于重庆市平均水平，加之该区域乡村人口占重庆市乡村总人口的68.07%，人口稠密、人均水资源占有量不足，乡村生产空间承载力趋近甚至低于乡村生产活动无序度，乡村生产空间系统熵较大，其系统稳定性较低、部分区县处于不稳定状态。②渝东北、渝东南片区是重庆市生态涵养、生态保护的重点区域，首先乡村发展仍以家庭承包生产经营为主，传统的农耕方式占绝对优势，农业化程度较高，农业生产无序度较低；其次渝东北片区发展生态、人文和养老休闲旅游业，渝东南片区发展生态民俗文化旅游业，乡村非农生产方式以绿色、环保为主导，乡村非农生产活动无序度较低；再次渝东北、渝东南片区拥有得天独厚的自然资源优势，地广人稀，人均耕地面积较大，农业生产空间充足，乡村发展耗水量低、人均水资源丰富，空气质量优，乡村人居环境状况较好，乡村生产空间承载力高，乡村生产空间系统熵较低、其系统稳定性较高且均处于稳定状态。

（3）各区县乡村生产空间系统状态总体上表现为冲突矛盾型、临界警戒型、和谐共融型，根据熵值 S 的含义［式（4-9）］，结合乡村生产空间系统熵 S 实际值及其空间分布情况，将重庆市各区县乡村生产空间系统状态划分三种类型（图4-5），即冲突矛盾型（当 $S>0$ 时，乡村生产活动无序度大于乡村生产空间承载力，乡村生产空间系统呈现正熵流，系统处于不稳定状态）、临界警戒型（因实际测算中，$S=0$ 属于小概率事件，故将其定义为 $S \approx 0$ 时，取值区间为［-0.100，0.100］，乡村生产活动无序度趋近乡村生产空间承载力，乡村生产空间系统的正负熵值大致相抵，系统处于临界状态）和谐共融型（当 $S<0$ 时，乡村生产活动无序度小于乡村生产空间承载力，乡村生产空间系统呈现负熵流，系统处于稳定状态）。

第一，冲突矛盾型。主要包括南岸区、九龙坡区、渝北区和永川区（图4-5），其中南岸区和九龙坡区乡村生产活动无序度分别位列第1位和第2位，渝北区位列前10，且乡村非农生产活动无序度分别为乡村农业生产活动无序度的2.89倍、3.47倍和3.46倍，其 $S>0$，系统处于不稳定状态。从乡村旅游发展看，南岸区乡村旅游发展较早、规模较大、种类较多，九龙坡区坚持工业发展与乡村旅游相结合，渝北区搭建"城乡联动共建文明工程"，三区乡村产业全面发展、开发利用程度较高；加之南岸区、九龙坡区、渝北区作为重庆市的工业大区，工业企业由城市向乡村转移趋势明显，乡镇企业大量涌现，"三废"排放量大、污染严重，乡村非农生产活动严重无序；此外，三区乡村农业生产空间被严重压缩，人均耕地面积仅为重庆市水平的50%左右，森林资源破坏严重、森林覆盖率均为20%以下，远低于重庆市平均水平，乡村生产空间自然承载力较低，分别仅为乡村生产空间人文承载力的27.58%、23.34%和85.73%，乡村生产空间承载力已不能负荷当前的乡村生产活动无序度，乡村生产空间系统处于不稳定状态，系统内生产活动与资源环境严重冲突。永川区近70%是农业人口，是典型的小城区、大农区的格局，以现代农业助推乡村旅游为乡村发展策略，农

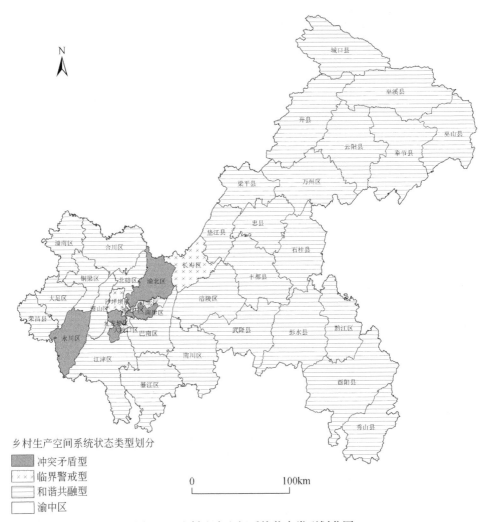

乡村生产空间系统状态类型划分

- ▨ 冲突矛盾型
- ⌗ 临界警戒型
- ▤ 和谐共融型
- ☐ 渝中区

0   100km

图 4-5 乡村生产空间系统状态类型划分图

药、化肥施用强度和地膜覆盖面积远高于全市水平，乡村旅游业全面开花，乡村农业生产活动无序度和非农生产活动无序度均较严重；永川区人均水资源量较低，仅为全市的 20.17%，村内垃圾集中处理率较低、农村饮用水集中净化程度不高，乡村生产空间承载力较低，乡村生产活动无序度已超出乡村生产空间承载力，系统已处于不稳定状态。该类型乡村生产空间系统状态不能持续较长时间，如不加以控制和改善，系统将会发生变迁，朝着更加恶化、不可持续的方向发展，直至无法开展生产活动，进而影响乡村发展。

第二，临界警戒型。包括沙坪坝区和长寿区，两区乡村生产活动无序度以非农生产活动无序度为主，非农生产活动无序度分别是农业生产活动无序度的3.73倍和2.26倍，近年来两区工业产值占GDP的39%左右，工业化程度较高，农业生产空间被非农生产空间严重侵占，乡镇企业"三废"排放量较大；沙坪坝区实行"农业+生态观光旅游"的跨界发展模式，长寿区复制园区化发展模式，全域规划布局现代农业，农药、化肥施用强度较大，地膜覆盖面积扩展，乡村旅游开发程度高，乡村生产活动无序度较大；沙坪坝区发展都市现代农业促农增收，长寿区积极促进柑橘、畜禽、蔬菜、水产四大优势特色产业发展，乡村经济发展水平改善、农业生产能力提高，农村居民收入增加、农业商品化程度高，两区大力推进农村垃圾治理工作、全力解决农村安全饮水问题，村域垃圾集中处理基本实现全覆盖、农村饮用水安全基本得到保障，进而提升了乡村生产空间承载力，在一定程度上抵消了乡村生产活动无序所产生的负面影响，乡村生产活动无序度趋近乡村生产空间承载力，乡村生产空间系统的正负熵值大致相抵。该类型乡村生产空间系统处于临界状态，系统的稳定性受到威胁，若乡村生产活动无序度持续加重，乡村生产空间承载力的提升将不能完全抵消，乡村生产活动无序度将超过乡村生产空间承载力，系统朝着非稳定状态演化，进而影响人类正常的生产活动。

第三，和谐共融型。主要包括巴南区、潼南区、巫山县、城口县、酉阳县和秀山县等31个区县，占重庆市的83.78%，渝西、渝东北和渝东南片区均有分布，其中巫溪县乡村生产空间系统熵为-1.431，为全市最低，乡村生产空间系统最稳定。该类型中乡村非农生产活动无序度大于乡村农业生产活动无序度的区县主要位于渝西片区，乡村非农生产活动无序度小于乡村农业生产活动无序度的区县主要位于渝东北、渝东南片区，乡村生产空间人文承载力、自然承载力的空间分布情况与乡村农业生产活动无序度和非农生产活动无序度大致相吻合。其中，位于渝西片区的巴南区、潼南区和铜梁区等依托其优越的区位条件大力发展城郊农业和乡村旅游，为城区提供新鲜、绿色的蔬菜等农产品和旅游休闲服务，注重乡村绿色发展、构筑乡村生态屏障，乡村生产活动无序度得到有效控制；加之该区域总体经济发展水平较高，对乡村的辐射较强，农业商品率高，农村居民收入水平、生产质量有所提高，农村垃圾实施集中处理、推动农村饮用水集中净化工作，乡村生产空间承载力较高。而位于渝东北、渝东南地区的巫山县、城口县、酉阳县和秀山县等区县距重庆市主城区较远，农村人口外流、"老龄化"现象严重，乡村劳动力缺乏，耕地大片撂荒，乡村生产活动无序度较低，且地处偏远的山区，地广人稀，各类自然资源人均占有较为丰富，资源环境破坏程度较小，乡村生产空间承载力足以容纳乡村生产活动无序度，乡村生产空间系统熵为负值，系统内生产活动与资源环境相辅相成、和谐共融，系统处于稳定状态。该类型乡村生产主体对乡村生产空间系统的干扰较小，乡村生产空间系统稳定可持续发展。

（三）实证研究结论

（1）重庆市乡村生产空间系统熵为–0.431，总体处于稳定状态，是各区县乡村生产空间系统状态叠加的结果，其中86.49%的区县乡村生产空间系统处于稳定状态，仅有13.51%的区县乡村生产空间系统处于不稳定状态。乡村生产空间系统熵高值区集中在渝西片区，低值区集中在渝东北和渝东南片区，且以"T"字形区域为中心向四周递减，而系统状态的稳定性在空间上以"T"字形区域为中心向四周递增。

（2）乡村生产空间系统状态具体划分为冲突矛盾型（南岸区、九龙坡区、渝北区和永川区）、临界警戒型（沙坪坝区和长寿区）与和谐共融型（巴南区、潼南区、巫山县和秀山县等剩余31个区县）3种类型，和谐共融型是重庆市乡村生产空间系统状态的主要类型。

第四节　小　　结

乡村生产空间系统是一个典型的耗散结构系统，其有序性是各要素间相互联结而形成的运行机制作用于系统的结果，呈现出一定的阶段性特征，可借助耗散结构系统熵模型对系统的有序性进行量化分析。以龙市镇为例测度乡村生产空间系统的有序性可知其乡村生产空间系统内部结构有序性呈现出"从混乱到有序"的阶段性特征，而系统运行有序性表现出"从无序走向有序，从低级有序走向高级有序"的规律；另外，在一定时空特征下，乡村生产空间系统状态是乡村生产空间系统的即时表现，既是乡村生产空间系统演化的结果，又是乡村生产空间系统演化的前提。因此本章也从乡村生产活动无序度与乡村生产空间承载力两个维度构建乡村生产空间系统状态量化指标体系，运用玻尔兹曼熵建立乡村生产空间系统熵模型以测算系统熵，探析了重庆市乡村生产空间系统状态，并划分状态类型，为落实产业兴旺、生态宜居、乡风文明、治理有效、生活富裕的乡村振兴战略总要求，引导乡村生产空间系统有序演化与可持续发展提供理论支撑。

第五章 | 乡村生产空间系统演化的逻辑认知及数理表达

乡村生产空间系统健康有序运行是实施乡村产业振兴和营建人与自然和谐共生的物质基础及载体，更精准地控制系统由低级有序向高级有序发展是关键。本章综合运用社会学、哲学、系统学和地理学等多学科理论，建构乡村生产空间系统演化的逻辑认知概念模型，对其演化的逻辑起点（人地关系）、逻辑顺序（时间、空间和流三维分析）以及驱动演化的流驱动机理进行质性研究，鉴定乡村生产空间系统演化的内在本质；据此基于耗散结构理论和熵变理论，构建出乡村生产空间系统演化的熵变模型并提出模型相关释义，为研究人地关系系统演化提供思路，旨在丰富和拓展乡村地理学的理论。

乡村生产空间系统是一系列各具某些属性的要素，以一种特定方式联系在一起的开放复杂的人造巨系统。在乡村生产空间系统的核心构成要素中，人起主导作用，地起支撑和约束作用，人通过对地的开发、利用和保护获取所需产品与服务（王成和李颢颖，2017）。当前，我国乡村正处于急速转型期，乡村发展正面临着城乡间要素流动由单向流动向双向流动转变（刘春芳和张志英，2018）、乡村主体由单一主体向多元主体培育（王国刚等，2017）、传统农业经营方式向现代农业经营方式转型（张英男等，2019）等多方面的机遇与挑战。乡村多元主体为满足各自的需求（受资源保护限制和资源有限性约束以及用活用好乡村资源激发内生动力）作用于地的多目标行为（袁源等，2019），将加深对乡村生产空间系统的扰动，这一强扰动将改变乡村生产空间系统的"输入–输出"，进而打破系统各要素间及其与外部环境之间的联系和交换，乡村生产空间系统原有运行轨迹将被改变，甚至可能引起系统发生突变，可见对系统的输入和系统本身的输出是理解乡村生产空间系统演化的关键。因此，诠释乡村生产空间系统内部要素之间联系性质的变动和外部力量的作用，鉴定出导致系统变动的力量，不仅能为精准地控制系统运行状态提供理论基础，更为科学有效地服务于乡村振兴的产业振兴实践，营建人与自然和谐共生的美丽乡村创造条件。

第一节　乡村生产空间系统演化逻辑
认知的总体思路

　　马克思辩证唯物主义认为，物质世界是由无数相互联系、相互依赖、相互制约、相互作用的事物和过程形成的统一整体，其动态性是绝对的，静态性是相对的（王崇锋，1991）。辩证唯物主义体现的物质世界普遍联系及其整体性的思想，也就是系统思想。一个系统就是一系列各具某些属性的要素以一种特定方式联系在一起而形成的，其中每一要素都有与系统目标相关的固定位置和功能，各要素之间联系在诸多时间节点上持续发生，系统演化则表现为诸多时间节点发生结果的累积（von Bertalanffy，1976；魏宏森和曾国屏，1995）。与此同时，在这一系列时间节点上，要素之间各种联系（要素之间的某种流）的活化作用操纵着系统，要素之间联系的性质不仅支配着系统的运转，而且在恰当的时间节点上支配着系统的演化（约翰斯顿，1999）。乡村生产空间系统作为人地关系地域系统的重要分支，是一开放的复杂的人造巨系统，是乡村多元主体在乡村生产空间中，在特定规律制约下，通过开展各种生产活动，形成一定结构形态和功能组合机制的空间集合体，是一种动态结构（王成和李颢颖，2017）。乡村生产空间系统发生的各种变化，均体现在乡村多元主体（人）、客体（地）与环境等系统内部要素之间或与其外在环境之间的物质、能量和信息的不断交换，并以流的形式（如物质流、能量流、信息流、经济流、人口流、社会流等）维系着乡村生产空间系统各要素间的关系。因此，以人作用地形成的人地关系理论作为理解乡村生产空间系统演化的逻辑起点，从时间、要素和流三个维度构建出乡村生产空间系统演化的逻辑认知概念模型（图 5-1），诠释乡村生产空间系统演化，为更精细的乡村生产空间系统控制提供理论基础。

第二节　乡村生产空间系统的人地关系解析

一、人地关系特征映射乡村生产空间系统演化轨迹

　　系统在自然界和人类社会中普遍存在（钱学森等，1990）。系统状态中，序是宏观稳定特征；而局部的混沌则是活跃的源泉，且在系统运行进程中的某一时间节点上发生，促使整体秩序走向更有效（唐恢一，2013）。乡村生产空间系统是人类参与而形成的开放复杂的人造巨系统，人地的相互作用是对其演化的经典

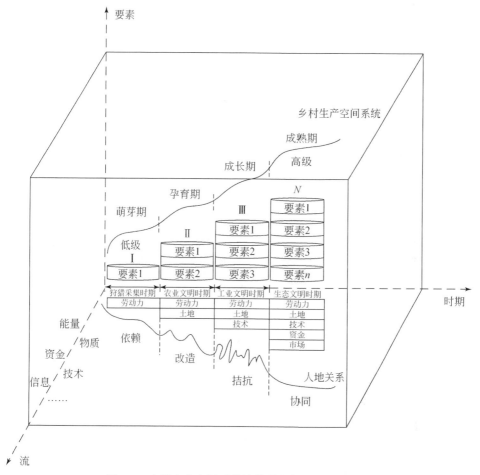

图 5-1   乡村生产空间系统演化的逻辑认知概念模型

诠释（Gunderson and Holling，2002）。中国是一个农业大国，我国乡村发展无论从狩猎采集时期、农业文明时期、工业文明时期还是到现在的生态文明时期，人、地、地理环境等要素间不间断的物质与能量交换，并通过与外界环境交互作用而形成特有的人地关系始终是贯穿于其中的核心内容（李小云等，2018）。特别在 20 世纪 90 年代初期，吴传钧院士提出"人地关系地域系统"理论（吴传钧，1991），不但为人文与经济地理学，而且为整个地理学的综合研究提供了重要的理论基石（樊杰，2018）。乡村生产空间系统作为人地关系地域系统的重要分支之一，可理解为乡村多元主体在乡村生产空间中，通过人类社会及其活动的组成要素与自然环境的组成要素相互作用和影响而形成的具有一定结构形态和功能组合机制的空间集合体，其要素、结构、功能和演化可以通过人地关系予以映射与表征，是一种动态结构。由图5-1可知，除狩猎采集时期，原始人纯粹利用自身固有劳动力获取自然馈赠的食物外，在其他人类文明发展的任何时期无不涉及"人"与"地"之间的相互作用（在特定的地理环境约束下），不管是在以水土资源为主的"铁犁牛耕"传统农作方式的农业文明时期，还是在以资源矿产为主的人力智力社会生产的工业文明时期，以及在以技术革新和信息化为主的人地和谐可持续利用发展的生态文明时期，都综合反映人类社会生产方式的变迁，以及人类对发展的无限追求是推进人地关系演变的永恒潜在机制（刘毅，2018）。乡村生产空间系统要素、结构、功能和演化反映系统对人地关系的作用，系统的行为反映人地关系对系统的影响。乡村生产空间系统的要素伴随人地关系的进化不断更新与更替，由最初单一要素（人）构成逐步演化到综合要素（人、地、资金、技术、政策等）构成，其要素多元化将促使要素之间相互联系、相互作用更加复杂多变，人地关系也因此经历了由强调自然环境约束到逐步放大人的能动性作用，再到人与自然和谐共生的特征变化，并充分反映乡村主体"人"抗争自然"地"的反思与修正（朱竑和尹铎，2017），进而产生了一系列的主体与地、地域环境之间的逐渐对立和冲突，这些对立与冲突将促使乡村生产空间系统的某些要素扭曲，重建要素之间的联系，形成乡村生产空间系统新的结构和功能，进而维系系统的运转，甚至在恰当的时间节点上支配系统的演化，即从低级向高级阶段发展的乡村生产空间系统演化轨迹。

二、人地关系演变反映乡村生产空间系统的发育

人地关系演变具有继承性，纵观我国人地关系历史，其发展经历了从萌芽到以土地为核心的一元化关系，再到以土地、水、能矿等资源为核心的无序多元化关系以及如今探寻和谐人地关系的总体历程（李小云等，2018）。在人地关系演变进程中，人是人地关系的主导者，发挥着创造和推动作用，地是被动者，发挥着支撑和约束作用。朱鹤健教授所著《地理学思维与实践》对其进行了进一步诠释，即"见地及人，以人为本，'人'与'地'的关系归根结底是'人'，对'地'是'利用'或是'保护'的关系，一切要从'人'的需求出发，脱离'人'的需求，'地'的好坏无从说起"（朱鹤健，2018；韦素琼，2019）。而人和地这两个元素是乡村生产空间系统的核心要素，人与地相互作用形成的人地关系将改变外界各种物质、能量和信息的输入以及乡村生产空间系统内部各要素间的联系，乡村生产空间系统内部要素数量及要素间的关系将伴随人地关系的改变而时刻处于变化中。人地关系演变为理解乡村生产空间系统的发育提供了价值判断和理论源。①人地关系发展依赖阶段。人依赖自然，谓之"听天由命"，人并

未完全从自然环境中分离出来，乡村生产空间系统结构与功能尚未形成，处于一个混沌且自然缓慢发展的低级阶段即萌芽期。②人地关系发展改造阶段。人通过使用工具改造地，人与地关系（开发利用、支撑约束）初见端倪，乡村生产空间系统形成较为单一的简单结构，但系统逐渐偏离原有稳定状态进入新的稳态，逐步进入演化的初级阶段即孕育期。③人地关系发展拮抗阶段。随着生产工具和生产技术的进步、人的主观能动性放大以及对自然认识的深入，人对生活物质追求的欲望无限膨胀，并利用技术不断改造和影响自然环境形成新的人地关系，这一新的人地关系将促使乡村生产空间系统某些要素发生扭曲，进而改变系统的结构与功能，系统呈现出协同有序、杂乱无序的混沌或二者并存的状态，进而在涨落中实现自身从无序走向有序发展，且局部突变，即成长期。④人地关系发展协同阶段。伴随信息化发展，特别是人对资源利用与保护认知理念的改变，人与自然和谐共生成为新时代的主题，人地关系进入一个崭新期（史培军等，2019），乡村生产空间系统的多元主体、多元生产要素在相互联系和作用中表现出新的要素、结构、功能与机制，乡村生产空间系统正逐步由低级有序向高级有序发展，即成熟期。因此在系统和有机体之间作类比是贴切的，可将乡村生产空间系统视为一个生命有机体，其发育、成长、成熟甚至衰老（突变进入新的平衡状态）深深地烙上了人地关系发展的烙印。

第三节　乡村生产空间系统演变的三维分析

一、要素–时间维

正如钱学森所指出的，系统是由相互制约的各部分组成的具有一定功能的整体（钱学森，2001）。系统的基础是要素，系统和要素不可分离，单纯强调某一方面都是片面的。系统需选择要素、控制要素并限定要素所处的时间，而要素又具有历史性，在不同时期、不同发展阶段构成系统的基础要素不尽相同，相对地位也会发生变化（魏宏森和曾国屏，1994），即在一定的时间维度下系统要素持续更替。就乡村生产空间系统而言，不仅是要素形成系统整体结构与功能，而且系统本身也将在从低级向高级的演化过程中选择适合自身发展的要素。乡村生产空间系统的主导核心要素是人，新时代单一主体的农户与多元主体共存的乡村发展主体其需求表现各异，在不同时期对系统构成要素的选择也不同，多元主体选择先进的机械化生产方式、引入现代种植技术、改变生产销售模式等，这一要素的突变将改变人对乡村生产空间系统的"输入–输出"，乡村生产空间系统微观层次（要素层）的"隐秩序"也将随之改变。同时，这一改变可能引起乡村生产空间系统宏观层次混沌甚至可能在宏观层次转化为有序，也可能在不同尺度的层次上显现不同的运动特点，即要素秩序的变化，而这一运动特点将是理解乡村生产空间系统演化的源。

二、流–要素维

构成乡村生产空间系统的各类要素在流的作用下进行交汇与互动，当人才、技术、资金、信息、物质、能量等各种流面临不同性质的界面时，其作用方式、路径和程度甚至作用规律就将发生变化，要素之间的联系流的状态、速率和复杂程度也将不断更替与深化，乡村生产空间系统的构成要素的内容、数量、规模正逐步扩展甚至扭曲（刘彦随等，2019）。就流的本质而言，地域之间经济发展的差异导致物质、信息、技术等各种要素在空间上发生物理位移，形成清晰、具有地方特色的非均衡"流面"，并使其在物质空间呈现出明显的差异化和地方化，即"流空间"（王钊等，2017）。而目前我国乡村发展正享受着城乡融合、乡村振兴等政策带来的红利与外部刺激，乡村生产主体由传统农户拓展为专业大户、家庭农场、合作社、农业企业等在内的多元经营主体（王国刚等，2017）；生产方式和技术由传统低效的手工劳作向现代精细化与数字化农业发展；人才、技术和文化等要素在城乡间的单向流动转换为双向流动，乡村生产空间系统将面临新要素加入、新界面生成甚至流空间转换，系统有可能呈现出新的有机涨落，而对这一过程的解析则是理解乡村生产空间系统演化的动力的关键。

三、时间–流维

时间是系统在运行过程中的一个参数，是不受外界影响的物质周期变化的规律（Feyerabend，1999；卫郭敏，2019）。按照物理学的解释，时间实际是从稳定到混乱的不可逆熵过程中参数变化的一种状态，意味着时间具有不可逆的特性（周理乾，2014）。而系统状态在本质上表征为功能态，其转变的动力来自"流"促进系统要素为适应新的环境、抓住新的机遇、实现新的目标而进行的努力（唐恢一，2013）。中国乡土社会的变迁、生产技术的日新月异、生产的工业化将科学知识转化为技术，这创造了各种新的环境，也毁坏了各种旧的环境，加快了整个社会的生活节奏，生成了矛盾的各种新形式（彼得·什托姆普卡，2011）。这种新的变化与更新，均改变着乡村生产空间系统的要素构成、要素间的联系方式以及系统与外界物质流、能量流和信息流的交换，乡村生产空间系统的运行将在时序上呈现出时间节点上的累积特征。同时，时间还能表现乡村生产空间系统要素流动及其变化的过去、现在和未来，从过去到现在发生的一切参数的变化均推动着系统未来的继续发展，甚至推动其演化。

第四节　乡村生产空间系统演化的流驱动机理

乡村生产空间系统作为一个复杂的开放的人造巨系统，要素之间流的运动与其地域特征要素组合在时空上相互作用和聚集包含了大量的变量及参量，相互关系极其复杂，如何有效控制，使乡村生产空间系统处于最佳状态，并朝着预定目标发展是厘清乡村生产空间系统演化机理的关键。黑箱方法作为控制论的系统处理方法，就是不打开系统本身，不揭示系统的内部结构和机制，而从输入和输出的关系来研究系统的功能特性和行为方式（Bunge，1963）。人地系统是复杂的巨系统，具有系统"黑箱性"或"灰箱性"特征（毕思文和许强，2002），因此，将乡村生产空间系统看作一个黑箱，利用黑箱方法，从输入和输出间的统计关系，通过外部描述刻画系统演化的路径，构建乡村生产空间系统演化的流驱动模型（图5-2）。

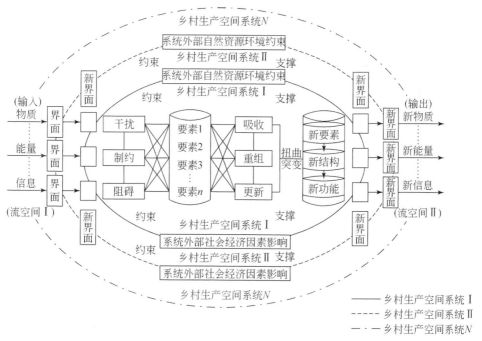

图 5-2　乡村生产空间系统演化的流驱动模型

　　一个复杂开放的系统原则上可以朝着多个方向进行演化和发展，但具体如何发展，朝向哪个方向发展，其演化的结果如何，均取决于系统所处的自然和社会环境。乡村生产空间系统无时无刻不遭受着所处地域的自然环境、社会经济环境和科技环境的支撑与约束（图 5-2）。乡村生产空间系统以及它与外界环境的关系可以归结为两方面：一方面，是乡村生产空间系统对外界的反馈作用，即系统在接收到外界环境物质、能量和信息后对外界环境的各种作用与影响，这些均可在系统输出中以一组变量来表示，即系统演化的可观察变量；另一方面，是外界环境对乡村生产空间系统的控制和约束作用，包括系统外界环境传递给系统本身的各类物质、能量和信息以及外界对系统本身所造成的各种影响，它们都将反映在系统的输入中，即系统演化的可控制变量。由此，可以假设的是乡村生产空间系统的运行和演化取决于它的输入值 $X_1, X_2, \cdots, X_n$ 和输出值 $Y_1, Y_2, \cdots, Y_n$，输入值和输出值之间必然存在一定的联系和拟合，可以简化抽象为一个函数 $Y = f(X)$，这样的一个输入–输出性状变量就构成了一个黑箱系统；当多个变量在输入系统后会随着时间 t 的推移发生变化，也就是说 Y 在 t 时刻的值为 X 在前一时刻 $t-k$ 的一个函数，即 $Y_t = f(X_{t-k})$；同时，乡村生产空间系统与外界相互作用，具有一定的空间相互作用，并有"流空间"的产生，因此在系统输入过程中，还应加入空间分量，即 $Y_{it} = f(X_{jt-k})$，Y 在地点 i 时刻 t 上的值是 X 在地点 j 时刻 $t-k$ 上的一个函数。在时间和空间的共同作用下，则有

$$Y_{it} = f\left(\sum_{p=1}^{k} X_{it-k}\right) + f\left(\sum_{j=1}^{n} \sum_{p=1}^{k} X_{jt-k}\right) \tag{5-1}$$

　　Y 在地点 i 和时刻 t 上的值是 X 在每一先前时刻 $t-k$ 的值，以及 X 在每一先前时刻和系统内每一其他地点 n 上的值的一个函数。

　　乡村生产空间系统在一定的历史发展阶段和自然环境的支撑与约束下，当系统外界物质、能量和信息通过一定界面输入系统内部后，在一定的阈值范围内并不会干扰系统的内部运行，即系统将按照原有状态继续运行；但随着自然、社会的变迁，系统外部环境发生变化，一些新的可观察和可控制的变量输入系统，当外部的这些参变量继续加大，突破存在的一个临界点，这些"力"就会在一定程度上干扰、制约、阻碍系统内部要素相互作用的方式，从而引起系统内部各组成要素、结构和功能不停地振荡和变化。与此同时，系统也会在自组织运行过程中通过吸收、重组、更新的方式，改变系统原有构成要素的相互作用方式，使系统发生扭曲和突变，产生新要素、新结构和新功能，并向外输出新的物质、能量和信息，实现从流空间 I 到流空间 II 这样的一个系统要素传递与交换过程，最终促使系统以一种新的状态朝向新的方向运行，即乡村生产空间系统 I 向乡村生产空间系统 II，甚至向更高层级的乡村生产空间系统 N 进行转化和演变。

第五节　乡村生产空间系统演化的数理模型

一、熵变分析

比利时物理化学家伊里亚·普里高津（Liya Prigogine）教授于 20 世纪 60 年代末创立了耗散结构理论（Glansdorff，1972），并指出处在远离平衡态的非线性开放系统通过不断与外界交换物质、能量和信息，在系统内部某个参量的变化达到一定阈值时则产生自组织现象，并形成新的稳定有序的系统结构，即耗散结构。在一个非平衡系统内有许多变化着的因素，它们相互联系、相互制约，并决定着系统的可能状态和可能的演变方向（沈小峰等，1987）。地理学家早已发现地理系统与热力学系统具有惊人的相似性（申维，2008），并进行了理论证实与分析（刘继生和陈涛，1997；王玉明，2011）。乡村生产空间系统既是地域性的复杂地理系统，又具有耗散结构特征。同时，熵是热力学的一个概念，是表征系统状态的物理量，1948 年，香农提出信息熵理论（Shannon and Warren，1998），给予熵新的含义，即熵作为信息含量的度量不但可反映系统的无序程度，而且能定量判断系统的演变方向（Jaynes，1957；Priqogine，1978）。熵值越高，系统的运行就越混乱，反之系统混乱程度越低。一个与外界交换能量和物质的开放系统遵循热力学第二定律的熵变原理，其熵变由两部分组成：

$$dS = d_iS + d_eS \qquad\qquad (5\text{-}2)$$

式中，d_iS 为系统内部不可逆过程所引起的熵增且 $d_iS \geq 0$；d_eS 为系统与外界物质、能量和信息交换所引起的熵流，其值可为正、负或 0。若 d_eS 为负值，且在系统外界参量控制下 $|d_eS| > d_iS$，即系统从外界吸入负熵流以抵消系统内部的熵增加，系统的总熵变 dS 便随之降低，系统有序程度不断提高。乡村生产空间系统演化即系统熵值的改变。社会经济的发展使得外界环境对系统输入的要素不断进行更替，系统内部各要素不断发生重组，进而产生的熵变，不同阶段熵产生和熵流的竞合结果，表征着乡村生产空间系统的演化方向。

（1）$dS = d_iS + d_eS < 0$。则 $|d_eS| > d_iS$，且 $|d_eS|$ 越大，dS 越小，乡村生产空间系统演化处于快速成长阶段。乡村生产空间系统不断地从外界环境吸收资金、人力与先进的生产技术等，促使系统产生负熵流，在抵消系统内部熵产生后还有盈余，乡村生产空间系统的有序性、协调性增强，系统结构趋于稳定，表现为乡村生产空间系统内要素的优化重组、抗风险能力提升、可持续发展态势逐渐增强。

（2）$dS = d_iS + d_eS = 0$。则 $|d_eS| = d_iS$，乡村生产空间系统演化处于稳定阶段。乡村生产空间系统内部的熵产生和从外界获得的负熵流基本持平，系统处于一种特殊的动态的平衡状态。

（3）$dS = d_iS + d_eS > 0$。则 $|d_eS| < d_iS$，乡村生产空间系统演化处于衰退阶段。乡村生产空间系统的总熵变增加，系统从外界获得的负熵流不足以抵消系统内部的熵产生，具体表现为乡村生态环境恶化、农民自主性危机以及乡村城镇化发展等，使得乡村生产空间系统发展趋于无序，如系统一直处于熵增的发展状态，外界负熵流已无法发挥作用，则表现为乡村性的消失，导致乡村生产空间系统逐步走向灭亡。

二、乡村生产空间系统演变的熵变模型构建

乡村生产空间系统具有生产、消费、分解与还原再生的功能。其中，生产功能即乡村生产空间系统在与外界自然环境、社会经济环境和技术环境进行互动过程中，将有价值的产品和成果输出到外界环境，即为一定地域环境的人类社会提供农副产品、工业原料以及生态旅游资源的能力，在这一过程中系统吸收最基础、能量最低的信息流，经过系统自组织输出的高品质产品与服务以满足外界需求；消费功能，则是乡村生产空间系统在不断吸收外界环境对系统的科技信息技术、生产资源和高素质劳动人才等生产要素输入进行内部生产活动的同时，系统对生产资料、生产活动等能源的使用和消耗，实质上是乡村生产空间系统的一个增熵过程；分解与还原再生功能，是指具有主观能动性的多元主体（人）为消除乡村生产空间系统所面临的风险以及在系统运行过程中对自然、社会经济环境造成不良影响的可控治理，以此来抵消系统熵产生。根据耗散结构理论、熵变理论，任何一个开放性的系统与外界环境相互作用时都会引起熵流、产生熵变，以表示该系统与外界进行物质、能量和信息交换的运行和演化过程。可将上述乡村生产空间系统熵变进行细化，构成以下模型（何焱洲和王成，2019a；Wang et al.，2019）：

$$dS = d_iS + d_eS = (\Delta_iS_2 - \Delta_iS_1) + (\Delta_eS_2 - \Delta_eS_1) \qquad (5\text{-}3)$$

式中，$\Delta_iS_2 - \Delta_iS_1$ 为乡村生产空间系统的熵产生，主要揭示系统自我代谢和恢复的再生能力；$\Delta_eS_2 - \Delta_eS_1$ 为乡村生产空间系统的熵流，表示乡村生产空间系统对生产活动的吸收和承载力；Δ_eS_1 乡村生产空间系统的生产力；Δ_eS_2 为乡村生产发展给系统带来的压力；Δ_iS_1 为维持乡村生产空间系统稳定运行所采取的保护措施；Δ_iS_2 为乡村生产空间系统内各种生产行为活动对系统的负影响，详见表5-1。

表5-1 乡村生产空间系统熵变构成、公式及含义

熵变构成	符号与公式	含义
支持熵	$\Delta_e S_1$	表征乡村生产空间系统所在的地域自然环境和社会经济环境对系统运行的支持作用
压力熵	$\Delta_e S_2$	表征乡村生产空间系统内部在运行过程中，即开展各类生产活动时对系统本身结构、功能以及资源本底所造成的压力
氧化熵	$\Delta_i S_2$	表征乡村生产空间系统中各类生产行为对所在地域自然、社会经济环境的负面影响
还原熵	$\Delta_i S_1$	表征人类对乡村生产空间系统运行所能预见的风险，如系统环境破坏、自然灾害以及市场资金链断裂、生产周期缓慢等采取相应的规避措施和保障的能力
熵流	$\Delta_e S_2 - \Delta_e S_1$	表征乡村生产空间系统内部要素运行与自然、社会经济环境的互动作用，反映乡村生产空间系统对乡村生产发展的承载力和对社会经济的影响力，表征系统的协调性
熵产生	$\Delta_i S_2 - \Delta_i S_1$	表征乡村生产空间系统内部要素运行与自然、社会经济环境的互动作用，反映乡村生产空间系统在代谢过程中所具备的还原能力，表征系统的活力
总熵变	$(\Delta_e S_2 - \Delta_e S_1) + (\Delta_i S_2 - \Delta_i S_1)$	表征乡村生产空间系统演化的总体状态，是系统的有序度和运行能力的反映。系统总熵变越低，表明系统运行越有序，系统总熵变越高，表明系统运行越混乱

依据信息熵和控制论，乡村生产空间系统的熵变可定义为

$$S = -\sum p_i \cdot \ln p_i \tag{5-4}$$

式中，S 为乡村生产空间系统的信息熵；p_i 为第 i 种选择的概率。根据细化的乡村生产空间系统的熵变，S 可根据实际需要分别求得支持熵、压力熵、氧化熵和还原熵的熵值。熵值越低，系统自组织水平就越高。当系统的各种运行要素均以相等的概率出现时，则有

$$S = -\ln \frac{1}{p_i} = -\ln G \tag{5-5}$$

当乡村生产空间系统在与外界环境交流的过程中得到足够的熵流后，得以消除系统自身运动中产生的非稳定性程度，可以理解为减少熵产生，即"负熵"（Priqogine，1978）。

模型释义：①乡村生产空间系统外界的物质、能量和信息流并不一定完全是负熵流，也可能是正熵流。②当乡村生产空间系统与外部环境的负熵流（积极要素）大于正熵流（消极要素）与熵产生（消极要素）之和时，乡村生产空间系统才能朝着健康的方向发展。③乡村多元经营主体实施相关行为（如引进先进生产机械和农业生产养殖技术、发展乡村旅游业、创新生产模式等）以抑制乡村生产空间系统正熵流产生的同时还需要控制系统运行的熵产生（如加大乡村生产空间系统的生态环保投入，持续减少生产活动对环境造成的破坏与污染；鼓励推广使用清洁能源，提高乡村废弃物循环利用效率等），综合降低正熵流和抑制熵产生才能维持乡村生产空间系统稳定，促进乡村可持续发展。

第六节 乡村生产空间系统演化测度实证研究：以江津区为例

一、乡村生产空间系统演化的熵流指标体系构建

当前，我国正处于乡村转型的关键时期，人口、土地两大乡村生产的核心要素兼业化、非农化趋势明显，《乡村振兴战略规划（2018—2022年）》的实施，农业生产要素将面临更大程度的更新与重组，利益相关者关系也将日趋复杂，改变乡村生产空间系统结构及功能，推动系统演化。针对这一特殊现实特征，结合重庆市江津区乡村生产空间系统人地相互作用复杂多样的总体特征，从支持熵、压力熵、氧化熵和还原熵4方面构建乡村生产空间系统演化指标体系，共包括36个指标（表5-2）。支持熵指标（$A_1 \sim A_{10}$）主要体现乡村生产空间系统内自然环境的生产力和乡村多元主体的生产力，可反映乡村生产空间系统的支持作用；压力熵指标（$B_1 \sim B_{10}$）主要体现乡村生产空间系统中乡村多元主体使用、释放能量物质的能力，可反映乡村生产空间系统承担的压力；氧化熵指标（$C_1 \sim C_8$）主要体现乡村生产空间系统的氧化代谢能力，表现为乡村生产过程中排放的废弃物、污染物等对环境造成的负面影响；还原熵指标（$D_1 \sim D_8$）主要体现乡村生产空间系统的还原代谢能力，表现为人类对乡村生产空间系统环境的保护、各类污染物的治理及自然灾害的抵御能力。

表5-2　重庆市江津区乡村生产空间系统演化指标体系

目标层	准则层	次准则层	要素层	单位
乡村生产空间系统演化分析	熵流	支持熵指标（A）	粮食总产量 A_1	$\times10^4$ t
			蔬菜总产量 A_2	$\times10^4$ t
			水果总产量 A_3	$\times10^4$ t
			水产品总产量 A_4	$\times10^4$ t
			肉类总产量 A_5	$\times10^4$ t
			农林牧副渔总值 A_6	$\times10^8$ 元
			乡镇企业总产值 A_7	$\times10^8$ 元
			乡村旅游综合收入 A_8	$\times10^8$ 元
			农村居民人均纯收入 A_9	元
			农业商品率 A_{10}	%
		压力熵指标（B）	乡村地域内从业人口数量 B_1	$\times10^4$ 人
			乡村旅游接待游客人次 B_2	$\times10^8$ 人次
			农林水事务财政支出 B_3	$\times10^4$ 元
			农业用水量 B_4	$\times10^8$ m^3
			农用化肥施用量 B_5	t
			农膜施用量 B_6	t
			农药施用量 B_7	t
			乡村生产用电量 B_8	$\times10^4$ kW·h
			复种指数 B_9	%
			人类农业经济活动强度 B_{10}	元/m^2
	熵产生	氧化熵指标（C）	化肥污染排放量 C_1	t
			作物秸秆污染排放量 C_2	t
			禽畜养殖污染排放密度 C_3	t/hm^2
			农业源化学需氧量排放量 C_4	t
			农业源化学氨氮排放量 C_5	t
			乡镇企业废水排放量 C_6	$\times10^4$ t
			乡镇企业废气排放量 C_7	$\times10^4$ t
			乡镇企业固体废弃物排放量 C_8	$\times10^4$ t
		还原熵指标（D）	森林覆盖率 D_1	%
			退耕还林面积 D_2	hm^2
			水土流失治理率 D_3	%
			乡村卫生厕所普及率 D_4	%
			乡村生产废水无害化处理量 D_5	$\times10^4$ m^2
			乡村环保投资占总投资额比例 D_6	%
			生态基础设施用地面积比 D_7	%
			旱涝保收率 D_8	%

二、乡村生产空间系统演化测度方法

乡村生产空间系统与外部环境进行物质循环、能量流动和信息转换引起熵交换，发生熵流；系统内本身为不可逆过程，即系统内部环境质量恶化和生态环境建设引起熵增加，发生熵产生；并在外部扰动和内部涨落的影响下发生总熵变，引起系统的演替和变化。因此，根据乡村生产空间系统已有研究成果，本研究将乡村生产空间系统信息熵细化为支持熵（$\Delta_e S_1$）、压力熵（$\Delta_e S_2$）、氧化熵（$\Delta_i S_2$）和还原熵（$\Delta_i S_1$）四种类别：

$$d_e S = \Delta_e S_2 - \Delta_e S_1 \tag{5-6}$$

$$d_i S = \Delta_i S_2 - \Delta_i S_1 \tag{5-7}$$

$$dS = (\Delta_e S_2 - \Delta_e S_1) + (\Delta_i S_2 - \Delta_i S_1) \tag{5-8}$$

式中，$\Delta_e S_1$ 为乡村生产空间系统的支持作用；$\Delta_e S_2$ 为乡村生产发展给乡村生产空间系统造成的压力，二者相互作用形成熵流。$\Delta_i S_2$ 为乡村生产空间系统中各类生产行为对自然环境的负面影响；$\Delta_i S_1$ 为人类对乡村生产空间系统的环境保护和对污染物的治理能力，二者相互作用导致熵产生。四者合力构成总熵变。

（一）数据标准化处理

本章采用极差标准化，对乡村生产空间系统熵变指标进行标准化。其中，支持熵指标和还原熵指标属负熵指标，即这些指标的增大将使乡村生产空间系统朝健康有序方向演化，为正向指标；压力熵指标和氧化熵指标则是正熵指标，即这些指标的增大将使乡村生产空间系统朝混乱无序方向演化，为负向指标。

当 X_{ij} 是正向指标时：

$$Z_{ij} = \frac{X_{ij} - \min X_{ij}}{\max X_{ij} - \min X_{ij}}$$

当 X_{ij} 是负向指标时： $\tag{5-9}$

$$Z_{ij} = \frac{\max X_{ij} - X_{ij}}{\max X_{ij} - \min X_{ij}}$$

式中，Z_{ij} 为标准化之后的指标值；X_{ij} 为第 i 项指标的第 j 年的原始数值。

（二）乡村生产空间系统熵变模型

根据信息熵理论，对于一个不确定性系统，采用随机变量 X 表示其状态特征。对于离散随机变量，若 x 取值为 $X = \{x_1, x_2, \cdots, x_n\}$（$n \geq 2$），每一个取值对应概率 $P = \{p_1, p_2, \cdots, p_n\}$（$0 \leq p_i \leq 1, i = 1, 2, \cdots, n$），且有 $\sum_{i=1}^{n} P_i = 1$，则该系统的

信息熵：

$$S = -\sum_{i=1}^{n} p_i \cdot \ln p_i \tag{5-10}$$

式中，S 为不确定系统的信息熵；p_i 为离散随机变量 X 的概率。

对乡村生产空间系统中 m 个年份 n 个评价指标进行评价，则系统年份信息熵 ΔS 可表示为

$$\Delta S = -\frac{1}{\ln m} \sum_{i=1}^{n} \frac{q_{ij}}{q_j} \cdot \ln \frac{q_{ij}}{q_j} \tag{5-11}$$

式中，ΔS 为支持熵、压力熵、氧化熵和还原熵；q_{ij} 为指标原始数据的标准化值；q_j 为第 j 年指标标准化值的求和，即 $q_j = \sum_{i=1}^{n} q_{ij}(i = 1, 2, \cdots, n; j = 1, 2, \cdots, m)$。

三、乡村生产空间系统演化的熵变分析

根据式（5-8）和式（5-11）计算得到表 5-3，江津区 2007~2016 年乡村生产空间系统总熵变呈下降趋势，系统有序度不断提高，结构和功能不断优化，总体上朝健康有序的方向演变。这一特征是熵流和熵产生共同作用的结果，体现了不同阶段熵流和熵产生间的优势度。

表5-3　2007~2016 年重庆市江津区乡村生产空间系统熵变

项目	年份									
	2007	2008	2009	2010	2011	2012	2013	2014	2015	2016
支持熵	0.404	0.421	0.424	0.425	0.429	0.434	0.437	0.444	0.446	0.450
压力熵	0.432	0.426	0.427	0.431	0.429	0.435	0.433	0.437	0.432	0.434
氧化熵	0.389	0.372	0.364	0.360	0.348	0.339	0.332	0.328	0.318	0.314
还原熵	0.327	0.336	0.339	0.341	0.350	0.348	0.354	0.346	0.355	0.357
熵流	0.028	0.005	0.003	0.006	0.000	0.001	−0.004	−0.007	−0.014	−0.016
熵产生	0.062	0.036	0.025	0.019	−0.002	−0.009	−0.022	−0.018	−0.037	−0.043
总熵变	0.090	0.041	0.028	0.025	−0.002	−0.008	−0.026	−0.025	−0.051	−0.059

（一）熵流变化分析

2007~2016 年，江津区乡村生产空间系统熵流呈下降的趋势，下降幅度先减弱后增强，系统的承载力、协调性逐渐增强。2007~2012 年熵流下降幅度逐

渐变缓，乡村生产空间系统的承载力、协调性增强趋势逐渐减弱。究其原因：2007～2012 年，一方面江津区处于城市化快速发展时期，城镇化率增长 9.29 个百分点，同时 2009 年 8 月重庆市（江津区）现代农业园区启动建设，大量耕地逐渐被农业企业流转、粮食播种面积非自然减少、粮食单产提升难，粮食总量常年在6.529×10⁵t 左右；蔬菜、水果等经济作物播种面积逐年增加，但是由于农业企业具有三年的回本周期，蔬菜、水果总产量增长速率变缓，平均年增长量分别为 4.61×10⁴t、1.54×10⁴t；2009 年后农村鱼塘承包率逐年增长，规模化养殖程度逐年增强，但是在规模化养殖前期，年产量不高且年增长量较缓，平均年增长量仅为 906t；乡村企业同构化严重、缺乏科学的管理体系，乡镇企业总产值增长速率减缓，增长率下降 16.10 个百分点，且乡村旅游处于发展初期、综合收入平均年增长量仅为 1.10×10⁸ 元；乡村产业发展水平较低，农林牧副渔总值、农村居民人均纯收入、农业商品化率平均年增长量分别仅为 7.04×10⁸ 元、1082.2 元、0.84%。乡村生产空间系统的支持作用提升幅度较小。另一方面，这一时期乡村生产发展多以牺牲环境为代价、以增加投入来提高产出，乡村生产用电量、农业用水量和人类农业经济活动强度平均年增长量分别高达 2.396×10⁷kW·h、1.51×10⁷m³、0.66 元/m²；粮食、蔬菜、水果等农作物产量的增长主要依靠农资产品的使用，化肥、农膜、农药年施用总量分别增加了 1.51×10⁴t、677t、291t，分别提高了 50.46%、32.53%、34.77%；同时，2007 年重庆市被批成立统筹城乡综合配套改革实验区，江津区政府加大乡村生产的财政支持力度，逐年上调农林水事务财政支出，政府经济压力增大。乡村生产活动给乡村生产空间系统带来的压力增加。两方面共同作用促使熵流下降的速度放缓。

2012～2016 年熵流下降的幅度增大，且 2013～2016 熵流由正值变为负值，乡村生产空间系统的承载力、协调性增强趋势显著。一方面，江津区着力推进一二三产业融合发展，深化农业供给侧结构性改革，在保证粮食产量不低于6.529×10⁵t 的基础上，利用富硒的独特土壤资源，大力发展富硒特色效益农业，促进农业发展由生产导向向消费导向过渡，蔬菜、水果总产量平均年增长量分别为 4.29×10⁴t、1.88×10⁴t；水产养殖规模效益增加，平均年增长量为 2337t，约是前一阶段的 2.58 倍；在《重庆市乡村旅游发展规划（2013—2020 年）》顶层设计下，江津区围绕"巴渝人家"品牌，依托自身资源优势，以现代农业园区为平台、乡土文化为导向，打造以果蔬采摘、农事体验、乡村度假和乡村养生为主题的乡村旅游，2016 年乡村旅游综合收入突破3×10⁹ 元大关，区域乡村旅游走上新高度；乡村第一、第二、第三产业齐头并进，农林牧副渔总值、乡村企业总产值、农村居民人均纯收入年平均增幅分别为 8.37×10⁸ 元、1.23×10⁹ 元、1307.75元；乡村生产空间系统支持作用大幅度增强。另一方面，2012 年党的十八大提出"生态文明建设"理念，基于此重庆市出台了《重庆市"美丽乡村"建设规划纲要（2013—2017）》，切实保护农村生态环境，展示农村生态特色，统筹推进农村生态经济、生态环境和生态文明建设；江津区积极响应国家政策，从2013年起全面启动"美丽乡村"建设，以生态家园富民工程为载体，构建农业产业结构、农民生产生活方式与农业资源环境协调发展的新格局，严控化肥、农药的施用量，平均年增长量分别降低至 $1.3 \times 10^3 t$、6.25t；逐步提高生产资源利用率，但总体效果不明显，乡村生产用电量平均年增长量仅下降 $6.075 \times 10^5 kW \cdot h$、降低2.5个百分点，农业用水量平均年增长量增长至 $2.51 \times 10^7 m^3$、增长66个百分点；农业科技推广效率较低，主要以增加投入来提高产出，土地负荷增加，复种指数、人类农业经济活动强度年平均增幅分别为 0.26%、0.42元/m^2；乡村生产空间系统面临的压力仍呈增长趋势，但增长幅度由强变弱。两方面共同作用促使熵流的下降幅度增强（图5-3）。

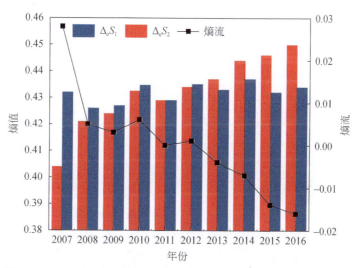

图5-3　2007～2016重庆市江津区乡村生产空间系统演化的熵流变化

（二）熵产生变化分析

2007～2016 年，江津区乡村生产空间系统演化的熵产生总体呈波动下降趋势，乡村生产空间系统的污染治理和净化能力提升，还原再生能力、活力趋强。究其原因：一方面，江津区强化管理与治理农业面源污染，并设立农业面源污染定位监测国控点，建设三峡库区重点流域和农业面源污染综合防治示范区，加强农业农村污染防治，深化重点流域污染防治；开展养殖"四清四治"专项行动，实施动态变化上报制度，全面摸清家底的基础上合理划定养殖业适养、限养、禁养区域，严格保护农业生产空间，禽畜养殖污染排放密度、农业源化学需氧量排放量、农业源化学氨氮排放量分别下降了 10.96%、21.58%、9.31%；加强农村露天焚烧秸秆管理，改善和研发农作物秸秆综合利用技术，建立健全政府主导、社会参与的秸秆管理利用机制，作物秸秆污染排放量下降 27.27%；强化对乡镇企业排污现状的监察力度与惩治力度，坚持"谁污染、谁治理，谁开发、谁保护"，乡镇企业废水排放量、乡镇企业固体废弃物排放量分别下降 62.38%、96.17%；遏制乡村生产空间系统本底污染，生产活动对环境污染的负面影响得到有效控制。另一方面，江津区着力改善乡村人居环境，构建美丽宜居的农民生活圈，开展农村环境连片整治与"蓝天、碧水、绿地、宁静、田园"五大环保行动，加大环保投资，乡村卫生厕所普及率上升了 249.09%，污水乡村生产废水无害化处理量亦增长了 507.14%；大力实施国土绿化行动，全面建设长江库区重点防护林体系，扩大退耕还林还草，加大水土流失治理力度，全区森林覆盖率、退耕还林面积、水土流失治理率、生态基础设施用地面积比分别上升 27.71%、94.35%、22.30%、4.48%，生态安全屏障体系逐步完善；加大保护类耕地保护力度，增强耕地抵御自然灾害的能力，保障耕地生态安全，2016 年旱涝保收率较 2007 年增加 17.18 个百分点；乡村生产空间系统的环境保护和污染物治理能力不断提高。两方面共同促使熵产生持续下降，系统的还原再生能力趋强，活力逐渐提升（图 5-4）。

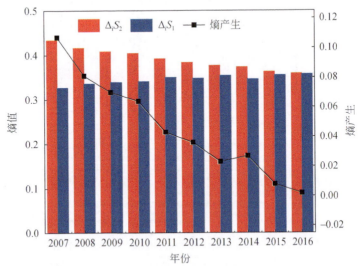

图 5-4　2007～2016 重庆市江津区乡村生产空间系统演化的熵产生变化

第七节　小　　结

乡村生产空间系统是人地关系地域系统的多种形式之一，其运行与演变轨迹紧跟中国农村改革与发展，并伴随着人地关系的调整而发展，本研究基于这一客观规律，通过学科融贯与交叉，以人地关系理论为核心源，从学理上对乡村生产空间系统演化进行了系统梳理，为探索乡村生产空间系统从低级有序走向高级有序的有效路径提供理论支撑。主要结论如下。

（1）本研究通过多学科理论的融合，从"时间-要素-流"三个维度建构乡村生产空间系统演化的逻辑认知概念模型，并予以详细阐释，运用模型解构乡村生产空间系统演化的真正本质。

（2）利用黑箱方法，构建乡村生产系统演化的流驱动模型，解开"流"维系乡村生产空间系统各要素之间联系的关系及其与外界环境间物质、能量和信息的交换过程。

（3）建构乡村生产空间系统演化的熵变模型并提出模型相关释义，实现定性与定量方法的融合，厘清乡村生产空间系统演化的本质及其"流"作用过程，从方法上提供判别并控制乡村生产空间系统运行与发展的工具，为精准控制乡村生产空间系统运行状态、发挥农村内生资源禀赋条件以提升农村综合竞争力提供理论支撑，既满足当前践行乡村振兴产业振兴的理论需求，又发挥地理学服务于国家重大战略需求的学科优势，为人地关系系统演化研究提供思路和范式。

（4）结合重庆市江津区乡村生产空间系统人地相互作用复杂多样的总体特征，从支持熵、压力熵、氧化熵和还原熵4方面构建乡村生产空间系统演化指标体系，由测算江津区乡村生产空间系统演化的结果可知，2007～2016年江津区乡村生产空间系统总熵变呈下降趋势，系统的有序度不断提高，结构和功能不断优化，总体朝健康态势演进。熵流总体呈下降趋势，系统的协调性逐渐增强，且2007～2012年熵流下降幅度逐渐变缓，2012～2016年熵流下降幅度逐渐增大；熵产生总体呈波动下降趋势，乡村生产空间系统的污染治理和净化能力提升，还原再生能力、活力趋强。

第六章 乡村生产空间系统演化的利益相关者社会网络分析

乡村生产空间系统的合理有序演化，实际上是在各利益相关者群体下乡村生产空间系统要素合理流动、功能发挥，从而使资源得到配置的问题协调并达成共识的过程。这一过程中，各类型利益相关者之间如何建立关系、形成怎样的关系结构，都将影响乡村生产空间系统演化的方向。因此利益相关者是乡村生产空间系统演化重要的动力源。识别乡村生产空间系统演化的利益相关者并探讨其在系统演化中的作用形式，能够为乡村生产空间系统演化、推动乡村产业兴旺发达提供合理理论指导和政策参考。本章试图基于乡村生产空间系统演化的熵变过程识别乡村生产空间系统演化的利益相关者，并分析不同熵变过程中的利益相关者关系网络结构，旨在为厘清乡村生产空间系统演化的利益相关者关系特征及其对系统演化的驱动过程提供依据。

乡村生产空间作为乡村空间的重要组成部分，是承载乡村生产活动、实现产业兴旺的资源场所和物质载体，关系到国家粮食安全和社会经济的运行。伴随快速城市化和工业化等多元刺激，我国乡村转型已步入关键时期，这一过程中，乡村生产空间既面临着劳动力流失、生产要素高速非农化、空心化等"乡村病"（刘彦随，2013），又面临城乡分割、土地分治、人地分离的"三分"矛盾，以及乡村农业生产方式由传统粗放式经营向现代集约节约转变，经营方式由传统大田作物向经济作物转变，耕作方式由人耕、牛耕向机耕转变等诸多现实问题。面对资源环境双重约束下农业生产成本急剧上升、农业综合竞争力低下、农民持续增收动力不足的现实困境，因地制宜引导乡村生产空间向农业生产、休闲观光、文化体验、生态涵养、健康养老等多功能融合转型已成为破解农业农村现代化发展瓶颈的重要突破口。尤其是党的十九大报告立足于人民日益增长的美好生活需要和不平衡不充分的发展之间的矛盾这一新的时代特征提出了乡村振兴战略，以破解城乡发展不平衡、农村发展不充分等突出问题，弥补全面建成小康社会的乡村短板，使乡村生产空间面临一系列新的机遇和挑战，在实施《乡村振兴战略规划（2018—2022年）》和资源环境约束双重驱动下，将从单纯服务于农业生产向农业生产、休闲观光、文化体验、生态涵养、健康养老等多利用形式转变，不断催生新的利益相关者产生、并拓展其相互间关系网络。如何合理配置乡村生产空间中劳动力、土地、资金、基础设施、技术等的要素构成，满足不同利益相关者诉求差异，推进农业现代化进程，成为加快乡村生产空间优化亟待解决的难题。乡村发展涉及各个部门，现代生产要素流入、新型经营主体的入驻和消费方式的日益丰富，不仅使农业种植养殖业、农产品加工业、乡村旅游业、零售业等产业结构发生变化，还影响乡村经济、社会、文化和环境等，促使乡村生产空间系统的人地关系由传统自然的演替方式走向激进的突变。乡村生产空间系统演化的利益相关者总是在不违背乡村生产空间系统演化规律的原则下，发挥主观能动性以满足自身利益诉求，从而通过开展各种生产活动，影响人地关系。乡村产业经营模式和业态的更新不断催生出新的利益相关者、改变利益相关者诉求及其之间的冲突。然而，受职责权限、参与程度和能力范围等因素影响，各级政府、各类组织、乡村能人、工商企业、家庭农场、种养大户、农民合作社、传统农户等多种利益相关者在乡村生产空间系统演化过程中承担不同权责、发挥不同作用、获取不同的利益，其作用关系与作用强度的改变将引起乡村生产空间系统要素、结构、功能随之改变，从而驱动系统内部熵产生和系统内外熵流，面临多部门、多层级、多环节、多目标等利益协调问题。因此，各类型利益相关者之间如何建立和协调关系、形成怎样的关系结构，都将影响乡村生产空间系统演化的方向；乡村生产空间系统的合理有序演化，需要平衡由利益相关者关系冲突与协调过程引起的熵变，实现乡村生产空间系统要素合理流动、功能发挥，从而使资源得到配置的问题协调并达成共识。明确利益相关者的权责和行为逻辑，重视利益相关者的力量及其现实利益诉求，协调其矛盾，是引导乡村生产空间系统合理演化的基础。

第一节　利益相关者分析方法

一、分析思路

鉴于乡村生产空间系统研究尚处于起步阶段，关于其演化的利益相关者界定分类暂无研究借鉴，因此本研究基于经济学、社会学和管理学等多学科研究，将提名法、三角测量法和社会网络分析法相结合，基于乡村生产空间系统演化的熵变过程拟定调查思路，通过半结构化访谈和文献分析法初步拟定乡村生产空间系统演化的利益相关者候选名单，据此拟定利益相关者调查问卷，开展村域调查。基于三角测量法融合调研结果、文献资料、政策文件等主客观分析资料，对利益相关者关系进行赋值、建立关系矩阵，运用社会网络分析对利益相关者开展统计分析，基于乡村生产空间系统的特征及其演化的熵变规律有针对性地对利益相关者进行界定和分类。具体实施方法如下：①通过相关文献研究和提名法，初步确定乡村生产空间系统演化的候选利益相关者，据此设计乡村生产空间系统演化利益相关者识别调查问卷表；②开展村域调研，运用三角测量法积累对候选利益相关者的半结构化访谈资料，从各级政府、行政部门和事业单位获取政策文件与文档资料、社会经济统计数据、互联网新闻数据等多类型资料；③依据乡村生产空间系统演化的熵变规律，将"与支持熵、压力熵、氧化熵与还原熵相关"设置为关键问题，识别不同熵变过程中的利益相关者，并根据各利益相关者与系统熵变过程相关的入选率划分利益相关者类型；④运用社会网络分析法分析不同熵变过程中的利益相关者的社会网络结构特征，据此辨析乡村生产空间系统演化的利益相关者关系。

本研究采用三角测量法实现一手调研访谈资料与二手文字资料相互补充。其中访谈资料来源于 2018 年 7~8 月在江津区开展的村镇调研中的滚雪球抽样和半结构化访谈，对象涉及各级权力机关和政府部门工作人员、新型农业经营主体、传统农户、研究人员等多元利益相关者类型；文字资料则包含各类社会经济统计资料、政府部门相关政策文件、企业提供资料、互联网媒体资料、相关科研论文等。

二、社会网络分析法

本研究运用社会网络分析法分析乡村生产空间系统演化过程中利益相关者所处社会地位及其之间的连接关系，解析利益相关者网络结构关系。具体来说，本研究以提名生成关键词频为依据将文字信息编码，对利益相关者关系进行赋值，利益相关者之间存在一种或多种关系赋值为 1，反之则赋值为 0，据此建立利益相关者关系矩阵，并运用 UCINET 6.5.6 软件对各个熵变过程中的利益相关者网络结构进行分析。对利益相关者关系赋值，建立关系矩阵，将其导入 UCINET 6.5.6，构建乡村生产空间系统演化的利益相关者网络关系模型，对各演化熵变过程中的网络结构总体特征及利益相关者特征进行分析，具体包括网络密度、网络中心势与节点中心性。

（1）网络密度。指网络中节点间的实际关系数量与理论最大关系数的比值，网络密度越大，表明各节点之间关系越紧密，网络结构越密集、功能越完善。

（2）网络中心势与节点中心性。网络中心势表示利益相关者网络的整体中心性，即利益相关者之间的整合与均衡程度，分为度数中心势、接近中心势和中介中心势。节点中心性代表各利益相关者在空间网络中的功能和地位，包括度数中心性、接近中心性和中介中心性。其中度数中心性表示各利益相关者在网络中的中心地位，代表其在网络中自身的物质、信息、能力交易能力；接近中心性表示节点到其他节点以及其他节点到该节点的可达性，代表其在网络中的行动多大程度受制于其他利益相关者；中介中心性表示各利益相关者在其他利益相关者之间的中介能力。

第二节　利益相关者的识别和分类

一、候选利益相关者

本研究基于田野调查的感性认知和相关研究文献，从管理者、生产者、参与建设者、消费者等视角拟定了包括各级政府、行政部门、经营主体、消费者等11 个利益相关者类型，据此罗列出 44 个候选利益相关者，如表 6-1 所示。

表 6-1　乡村生产空间系统演化候选利益相关者

利益相关者类型	候选利益相关者
各级政府	区人民政府，镇街人民政府，村民委员会
行政部门	财政部、自然资源部、农业农村部、林业局、交通运输部、水利部、生态环境部、住房和城乡建设部
事业单位	区土地整理中心、镇街国土所、区规划管理中心、区生态环境监测站、现代农业园区管委会
经营主体	传统农户、农业企业、种养大户、家庭农场、农民合作社、零售经营者、餐饮经营者、酒店住宿经营者
涉农金融组织	农业担保公司、农商行、农村信用社、民间融资机构
社会化服务组织	农村专业协会、社区服务组织、农产品（水稻/茶叶/花椒）生产社会化服务组织
社会团体	非营利性组织、媒体、研究机构/人员
供应商	工程承包商、设备供应商、材料供应商
开发商	地产开发商、乡村旅游开发商
综合环保企业	垃圾清理公司、污水处理公司、废弃物处理公司
消费者	游客、农产品消费者

二、系统熵变过程中的利益相关者识别

企业管理、自然资源管理、乡村旅游等各领域研究中对利益相关者的确定依据各有不同，其判定需依据探究对象的性质和特征做出改变，并针对利益相关者

与探究对象的关系紧密性、利益相关者与探究对象的影响性、利益相关者参与探究事件的主动性、利益相关者对探究对象影响的显著性等主要方面制定规则。本研究依据乡村生产空间系统演化的熵变原理，从支持熵、压力熵、氧化熵、还原熵四方面界定乡村生产空间演化的利益相关者。①与支持熵相关。支持熵主要体现乡村生产空间系统内自然环境的生产力和乡村多元主体的生产力，其利益相关者应具有利用自然环境基底、实现生产力发展的能力，如影响粮食作物与经济作物粮食总产量产值，第二、第三产业产值等生产力水平的利益相关者。②与压力熵相关。压力熵主要体现乡村生产空间系统中乡村多元主体使用、释放能量物质的能力，其利益相关者应对系统有物质、信息和能量输出，如影响乡村人口数量与构成、在生产过程中的人类活动以及产生的物质消耗。③与氧化熵相关。氧化熵主要体现乡村生产空间系统被氧化消耗的熵增，其利益相关者应在乡村生产过程中有废弃物或污染物排放，并对环境造成负面影响，重点关注生产活动产生各类农业污染排放。④与还原熵相关。还原熵主要体现乡村生产空间系统的还原代谢能力，其利益相关者能够保护乡村生产空间系统环境，治理各类污染物及抵御自然灾害，如生态恢复和环境整治的手段措施和投资等。

根据乡村生产空间系统演化的利益相关者识别思路列举利益相关者44个，设计问卷，从影响乡村生产空间系统演化的四个熵变类型这一关键问题出发，邀请24位相关研究人员，6位江津区农业委员会及村镇行政管理人员，自然资源部工作人员、村主任以及5位农业企业或乡村旅游开发商的项目负责人对专家进行问卷调查和访谈调查，对候选利益相关者进行分类评议和补充。调查共计完成纸质及电子调查问卷35份，回收31份，回收率为88.57%。根据专家建议，取入选率60%为标准，共确定支持熵利益相关者20个，压力熵利益相关者18个，氧化熵利益相关者15个以及还原熵利益相关者17个（表6-2）。

表6-2　不同熵变过程中的乡村生产空间系统演化利益相关者

熵变类型	利益相关者
支持熵	区人民政府、镇街人民政府、村民委员会、财政部、自然资源部、农业农村部、交通运输部、住房和城乡建设部、现代农业园区管委会、传统农户、农业企业、种养大户、家庭农场、农民合作社、餐饮经营者、农村信用社、媒体、研究机构/人员、地产开发商、乡村旅游开发商
压力熵	区人民政府、镇街人民政府、村民委员会、财政部、传统农户、农业企业、种养大户、家庭农场、农民合作社、农产品生产社会化服务组织、零售经营者、餐饮经营者、酒店住宿经营者、地产开发商、乡村旅游开发商、研究机构/人员、游客、农产品消费者
氧化熵	传统农户、农业企业、种养大户、家庭农场、农民合作社、农产品生产社会化服务组织、零售经营者、餐饮经营者、酒店住宿经营者、研究机构/人员、工程承包商、地产开发商、乡村旅游开发商、游客、农产品消费者

续表

熵变类型	利益相关者
还原熵	区人民政府、镇街人民政府、村民委员会、财政部、自然资源部、农业农村部、林业部、生态环境部、住房和城乡建设部、区规划管理中心、区生态环境监测站、现代农业园区管委会、媒体、研究机构/人员、垃圾清理公司、污水处理公司、废弃物处理公司

根据表6-2中32个利益相关者入选各熵变过程的次数，划分影响乡村生产空间系统演化的利益相关者类型。其一，核心利益相关者同时为3个熵变过程利益相关者，包括区人民政府、镇街人民政府、村民委员会、财政部、传统农户、农业企业、种养大户、家庭农场、农民合作社、餐饮经营者、研究机构/人员、地产开发商、乡村旅游开发商13个利益相关者。这些利益相关者与乡村生产空间系统演化过程密不可分，其利益行为对系统演化影响最显著。其二，中间利益相关者同时为2个熵变过程利益相关者，包括自然资源部、农业农村部、住房和城乡建设部、现代农业园区管委会、农产品生产社会化服务组织、媒体、零售经营者、酒店住宿经营者、游客、农产品消费者10个利益相关者。这些利益相关者的重要性低于核心利益相关者。其三，边缘利益相关者仅为1个熵变过程的利益相关者，包括交通运输部、工程承包商、区规划管理中心、林业部、生态环境部、农村信用社、垃圾清理公司、污水处理公司、废弃物处理公司9个利益相关者。（图6-1）。

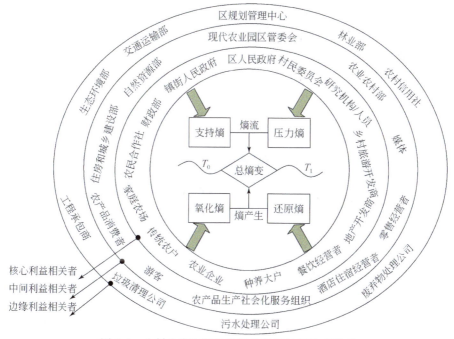

图6-1 乡村生产空间系统演化的利益相关者类型

第三节　不同熵变过程下的利益相关者社会网络分析

一、支持熵的利益相关者网络

　　UCINET 6.5.6 的计算结果如图 6-2 和表 6-3 所示，乡村生产空间系统演化的支持熵利益相关者网络整体密度为 0.474，密度较高；网络度数中心势为 45.59%、接近中心势为 51.11%、中介中心势为 20.57%，与中心势为 1 的星形网络相比支持熵利益相关者网络的三个中心势都较低，表明其网络在相对较低水平、层次上向中心集聚，网络总体整合度较低，其中中介中心势尤其低，表明网络的利益相关者不依赖其他利益相关者获取信息，少数利益相关者处于核心位置，网络具有核心–边缘结构特征。因此利益相关者网络总体呈现低水平、非均衡的发展阶段，发育程度不高。度数中心性最高的主要利益相关者分别为村民委员会、现代农业园区管委会、农业企业、农业农村部、镇街人民政府、自然资源部，这部分利益相关者具备较强的资源交易能力，在乡村生产空间系统演化过程中有相对强的组织物质信息的能力以实现系统整体生产力发展；接近中心性最高的主要利益相关者为村民委员会、现代农业园区管委会、农业企业、农业农村部、镇街人民政府、自然资源部，其接近中心性越高表明其获得信息更加容易，说明这些利益相关者在支持熵利益相关者网络中，对其他利益相关者的依赖程度较低，独立性较强；中介中心性最高的利益相关者主要为村民委员会、现代农业园区管委会、农业企业、传统农户、农业农村部、镇街人民政府、自然资源部，

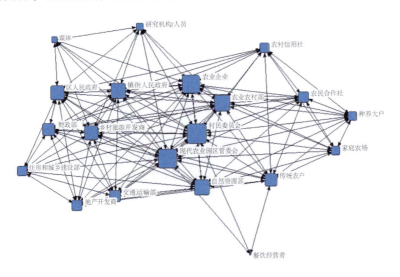

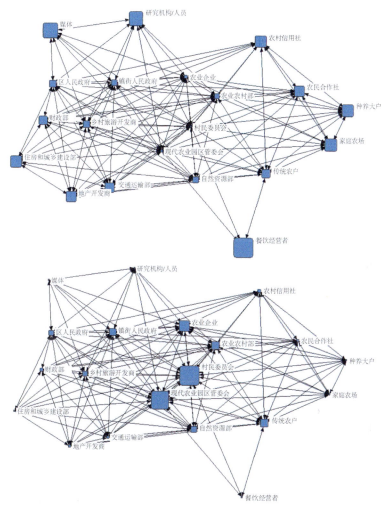

图6-2　支持熵利益相关者网络度数中心性、接近中心性及中介中心性

表明这些利益相关者在支持熵利益相关者网络中具有一定的物质、信息和能量控制能力，能够在其他利益相关者的利益交往过程中发挥桥梁作用。总的来说，在支持熵利益相关者网络中，各级政府及相关部门、事业单位和生产主体占有最显著的中心位置，是实现系统整体生产力发展的核心。

表6-3　支持熵利益相关者网络中心性

利益相关者	度数绝对中心性	度数相对中心性	接近绝对中心性	接近相对中心性	中介绝对中心性	中介相对中心性
区人民政府	14.000	0.737	24.000	79.167	3.265	1.909

利益相关者	度数绝对中心性	度数相对中心性	接近绝对中心性	接近相对中心性	中介绝对中心性	中介相对中心性
镇街人民政府	15.000	0.789	23.000	82.609	4.399	2.573
村民委员会	19.000	1.000	19.000	100.000	15.441	9.030
财政部	13.000	0.684	25.000	76.000	1.728	1.010
自然资源部	15.000	0.789	23.000	82.609	3.801	2.223
农业农村部	16.000	0.842	22.000	86.364	5.548	3.244
交通运输部	12.000	0.632	26.000	73.077	0.645	0.377
住房和城乡建设部	10.000	0.526	28.000	67.857	0.091	0.053
现代农业园区管委会	18.000	0.947	20.000	95.000	13.639	7.976
传统农户	13.000	0.684	25.000	76.000	5.703	3.335
农业企业	17.000	0.895	21.000	90.476	7.465	4.366
种养大户	9.000	0.474	29.000	65.517	0.200	0.117
家庭农场	9.000	0.474	29.000	65.517	0.200	0.117
农民合作社	11.000	0.579	27.000	70.370	0.971	0.568
餐饮经营者	3.000	0.158	35.000	61.290	0.000	0.000
农村信用社	10.000	0.526	28.000	67.857	1.341	0.784
媒体	7.000	0.368	31.000	61.290	0.000	0.000
研究机构/人员	8.000	0.421	30.000	63.333	0.143	0.084
地产开发商	11.000	0.579	27.000	70.370	0.324	0.554
乡村旅游开发商	14.000	0.737	24.000	79.167	2.866	1.676
网络度数中心势/%	45.59					
网络接近中心势/%	51.11					
网络中介中心势/%	20.57					
网络整体密度	0.474					

二、压力熵的利益相关者网络结构

UCINET 6.5.6 的计算结果如图 6-3 和表 6-4 所示，乡村生产空间系统演化的压力熵利益相关者网络整体密度为 0.474，密度较低；网络度数中心势为 45.59%、接近中心势为 51.11%、中介中心势为 20.57%，与中心势为 1 的星形网络相比压力熵利益相关者网络的三个中心势都较低，网络总体的空间整合度较低，结构较为松散。度数中心性最高的利益相关者主要为村民委员会、农业企业、传统农户、农产品生产社会化服务组织、镇街人民政府、农民合作社,表明这些利益相关者在压力熵利益相关者网络中处于压力输出的主导位置;接近中心性最高的利益相关者主要为村民委员会、农业企业、传统农户、农产品生产社会化服务组织、农产品消费者、镇街人民政府,表明这些利益相关者在压力熵利益相关者网络中对其他利益相关者依赖程度较低,在对系统输出压力的行动中不容易受控制、更易独立;中介中心性最高的利益相关者主要为村民委员会、农业企业、农产品消费者、乡村旅游开发商、传统农户、游客,表明这些利益相关者在压力熵利益相关者网络中占有物质信息和能量的传播方向的掌控地位,拥有一定的资源和权利,其他利益相关者对系统的压力输出对这些利益相关者有所依赖。总的来说,这一利益相关者关系网络反映村镇行政管理者和乡村生产经营者在消费者诉求的媒介下对乡村生产空间系统产生压力输出,是压力熵利益相关者网络的核心。

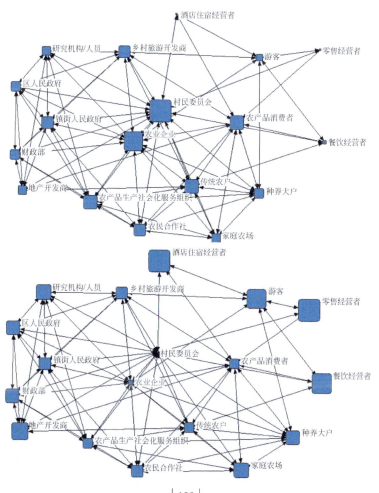

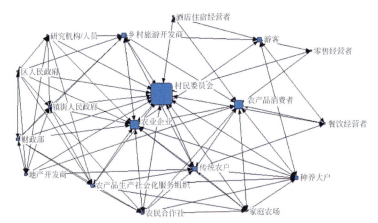

图 6-3　压力熵利益相关者网络度数中心性、接近中心性及中介中心性

表 6-4　压力熵利益相关者中心性

利益相关者	度数绝对中心性	度数相对中心性	接近绝对中心性	接近相对中心性	中介绝对中心性	中介相对中心性
区人民政府	8.000	0.471	26.000	65.385	1.646	0.605
镇街人民政府	9.000	0.529	25.000	68.000	3.280	1.206
村民委员会	15.000	0.882	19.000	89.474	61.963	22.781
财政部	8.000	0.471	26.000	65.385	2.494	0.917
传统农户	10.000	0.588	24.000	70.833	9.680	3.559
农业企业	13.000	0.765	21.000	80.952	20.721	7.618
种养大户	8.000	0.471	26.000	65.385	5.209	1.915
家庭农场	7.000	0.412	27.000	62.963	0.683	0.251
农民合作社	9.000	0.529	25.000	68.000	4.349	1.599
农产品生产社会化服务组织	10.000	0.588	24.000	70.833	7.319	2.691
零售经营者	2.000	0.176	31.000	51.515	0.727	0.267
餐饮经营者	4.000	0.235	30.000	56.667	1.809	0.665
酒店住宿经营者	3.000	0.176	31.000	54.839	1.224	0.450
地产开发商	7.000	0.412	28.000	60.714	4.368	1.606
乡村旅游开发商	9.000	0.529	25.000	68.000	10.236	3.763
研究机构/人员	7.000	0.412	27.000	62.963	1.361	0.500
游客	6.000	0.353	29.000	58.621	9.090	3.342
农产品消费者	10.000	0.529	24.000	70.833	17.839	6.558

利益相关者	度数绝对中心性	度数相对中心性	接近绝对中心性	接近相对中心性	中介绝对中心性	中介相对中心性
度数中心势/%	45.59					
接近中心势/%	51.11					
中介中心势/%	20.57					
网络整体密度	0.474					

三、氧化熵的利益相关者网络

UCINET 6.5.6 的计算结果如图 6-4 和表 6-5 所示，乡村生产空间系统演化的氧化熵利益相关者网络整体密度为 0.448，密度较低；网络度数中心势为 30.77%、接近中心势为 30.59%、中介中心势为 17.31%，相较于中心势为 1 的星形网络，氧化熵中心势指标值较低，网络总体的整合度较低，结构较为松散，处于非均衡的发展状态，网络发育程度相对较低。其中，度数中心性最高的利益相关者主要包括农业企业、工程承包商、农产品消费者、传统农户、农民合作社，表明这些利益相关者在氧化熵利益相关者网络中处于中心位置，在农业污染物排放熵增中具有最直接的获得信息的能力；接近中心性最高的利益相关者主要包括农业企业、工程承包商、农产品消费者、传统农户和农民合作社，说明他们在氧化熵利益相关者网络中独立性较强，在农业污染排放熵增过程中不容易受到其他利益相关者的控制；中介中心性最高的利益相关者主要为工程承包商、农产

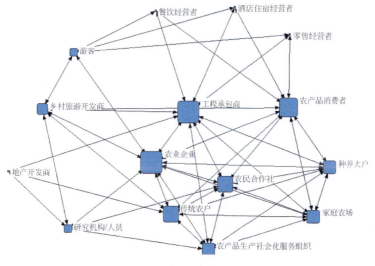

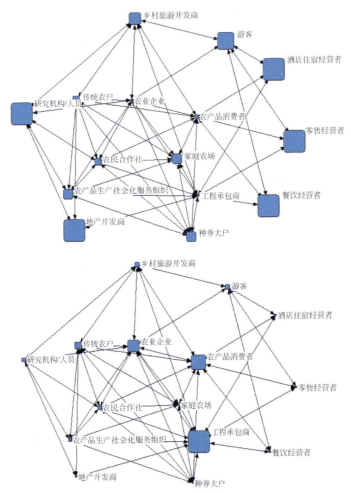

图 6-4　氧化熵利益相关者网络度数中心性、接近中心性及中介中心性

品消费者、农业企业、传统农户和乡村旅游开发商，说明他们在氧化熵利益相关者网络中承担主要的控制角色，为其他利益相关者之间的沟通提供信息渠道，其在整个社会网络交互的过程中占控制信息流向的关键位置。总的来说，氧化熵利益相关者网络中，以农业企业和传统农户为代表的农业生产经营者与以工程承包商为代表的供应商是最核心的利益相关者，而农产品消费者和工程承包商作为重要的市场需求来源与建设力量来源，在网络中也具有中心地位，尤其是中介中心地位。

表6-5 氧化熵利益相关者中心性

利益相关者	度数绝对中心性	度数相对中心性	接近绝对中心性	接近相对中心性	中介绝对中心性	中介相对中心性
传统农户	8.000	0.571	20.000	70.000	4.706	5.171
农业企业	10.000	0.714	18.000	77.778	9.451	10.386
种养大户	7.000	0.500	21.000	66.667	0.468	0.514
家庭农场	7.000	0.500	21.000	66.667	0.468	0.514
农民合作社	8.000	0.571	20.000	70.000	2.468	2.712
农产品生产社会化服务组织	7.000	0.500	21.000	66.667	1.510	1.659
零售经营者	3.000	0.214	26.000	53.846	0.636	0.699
餐饮经营者	3.000	0.214	26.000	53.846	0.636	0.699
酒店住宿经营者	3.000	0.214	26.000	53.846	0.636	0.699
研究机构/人员	5.000	0.357	26.000	53.846	2.006	2.204
工程承包商	10.000	0.714	18.000	77.778	18.839	20.702
地产开发商	3.000	0.214	26.000	53.846	0.843	0.926
乡村旅游开发商	6.000	0.429	22.000	63.636	3.635	3.994
游客	5.000	0.357	24.000	58.333	3.600	3.956
农产品消费者	9.000	0.643	19.000	73.684	12.100	13.297
度数中心势/%	30.77					
接近中心势/%	30.59					
中介中心势/%	17.31					
网络整体密度	0.448					

四、还原熵的利益相关者网络结构

UCINET 6.5.6 的计算结果如图6-5和表6-6所示，乡村生产空间系统演化的还原熵利益相关者网络整体密度为0.793，密度较高；但网络度数中心势为29.17%，接近中心势为42.59%，中介中心势为2.84%，远低于中心势为1的星形网络结构，说明还原熵利益相关者网络整体发展不均衡，具有核心-边缘结构特征，受少数核心节点的利益相关者制约，多数节点村域处于边缘地位，尤其是中介中心势极低，表明网络中的利益相关者彼此独立性较高。其中度数中心性最高的利益相关者主要为区人民政府、镇街人民政府、村民委员会、现代农业园区管委会、生态环境部和区规划管理中心，表明这部分利益相关者在还原熵利益相关者网络中的物质信息交换能力较强，处于乡村生产空间系统环境保护的中心地位；接近中心性最高的利益相关者与度数中心性的利益相关者保持一致，表明这部分利益相关者在还原熵利益相关者网络中的独立性也较强，在生态恢复和环境整治活动中较少受到其他利益相关者影响，且排序越靠前的利益相关者越独立；中介中心性的主要利益相关者则主要包括区人民政府、现代农业园区管委会、镇街人民政府、村民委员会、区规划管理中心、生态环境部，与前两个中心性的排序有所不同，表明其在整个还原熵利益相关者网络中的中介沟通作用与中心地位和独立性不完全一致，扮演主要的控制角色，现代农业园区管委会的中介中心性较高，在网络中具有重要的沟通作用，对物质信息能量的流动方向有较强

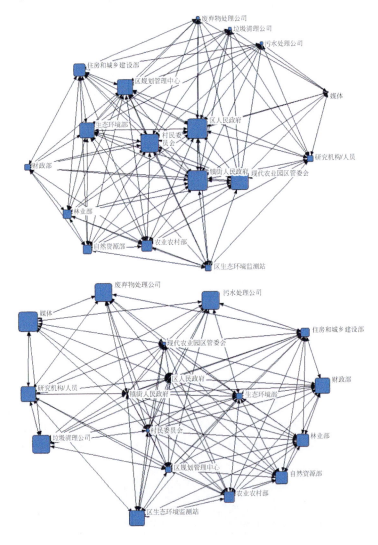

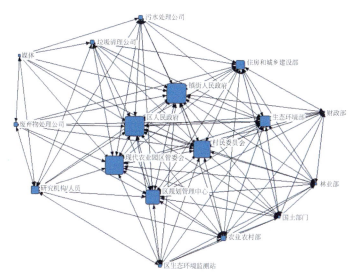

图6-5　还原熵利益相关者网络度数中心性、接近中心性及中介中心性

的控制能力。总的来说，在还原熵利益相关者网络中，以区人民政府、镇街人民政府、村民委员会、现代农业园区管委会、生态环境部和区规划管理中心为代表的利益相关者处于核心位置，在乡村生产空间系统环境保护和生态治理中发挥主导作用，各利益相关者的独立性较高，在网络中具有较强的物质信息掌握能力，但中介能力有所差异。

表6-6　还原熵利益相关者中心性

利益相关者	度数绝对中心性	度数相对中心性	接近绝对中心性	接近相对中心性	中介绝对中心性	中介相对中心性
区人民政府	16.000	1.000	16.000	100.000	10.559	4.416
镇街人民政府	16.000	1.000	17.000	94.118	9.459	3.941
村民委员会	15.000	0.938	17.000	94.118	8.590	3.579
财政部	10.000	0.625	22.000	72.727	0.143	0.060
自然资源部	11.000	0.688	21.000	76.190	0.587	0.245
农业农村部	12.000	0.750	20.000	80.000	2.597	1.082
林业部	11.000	0.688	21.000	76.190	0.587	0.245
生态环境部	14.000	0.875	18.000	88.889	5.433	2.264
住房和城乡建设部	13.000	0.813	19.000	84.211	4.131	1.721
区规划管理中心	14.000	0.875	18.000	88.889	7.299	3.041
区生态环境监测站	10.000	0.625	22.000	72.727	1.435	0.598
现代农业园区管委会	15.000	0.938	17.000	94.118	10.171	4.238

利益相关者	度数绝对中心性	度数相对中心性	接近绝对中心性	接近相对中心性	中介绝对中心性	中介相对中心性
媒体	8.000	0.500	24.000	66.667	0.989	0.412
研究机构/人员	10.000	0.625	22.000	72.727	3.502	1.459
垃圾清理公司	9.000	0.563	23.000	69.565	1.826	0.761
污水处理公司	9.000	0.563	23.000	69.565	1.826	0.761
废弃物处理公司	9.000	0.563	23.000	69.565	1.826	0.761
度数中心势/%	29.17					
接近中心势/%	42.59					
中介中心势/%	2.84					
网络整体密度	0.793					

第四节　小　　结

（1）乡村生产空间系统演化的利益相关者之间如何建立关系、形成怎样的关系结构，将影响乡村生产空间系统演化的方向。本章通过相关文献研究和提名法，初步确定乡村生产空间系统演化的 44 个候选利益相关者，据此展开村域调研，从乡村生产空间系统演化的四个熵变过程出发识别乡村生产空间演化的 32 个利益相关者。根据各利益相关者与不同熵变过程的相关性划分出三个层次：以区人民政府、镇街人民政府、村民委员会、传统农户、农业企业等为代表的 13 个核心利益相关者，以自然资源部、现代农业园区管委会等为代表的 10 个中间利益相关者，以及以交通运输部、垃圾清理公司、污水处理公司等综合环保企业为代表的 9 个边缘利益相关者。

（2）不同熵变过程中的利益相关者网络特征各有不同，其中支持熵和还原熵利益相关者网络整体密度较高，结构较为紧凑，压力熵和氧化熵利益相关者网络密度则较低，整合度较低，结构较为松散，处于非均衡的发展状态。支持熵利益相关者网络中，各级政府及相关部门、事业单位和生产主体占有最显著的中心位置，是实现系统整体生产力发展的核心；压力熵利益相关者网络也以村镇行政管理者和乡村生产经营者为核心在消费者诉求的媒介下对乡村生产空间系统产生压力输出；氧化熵利益相关者网络中以农业企业和传统农户为代表的农业生产经营者与以工程承包商为代表的供应商是最核心的利益相关者；还原熵利益相关者网络中各利益相关者的独立性较高，以区人民政府、镇街人民政府、村民委员会、现代农业园区管委会、生态环境部和区规划管理中心为代表的利益相关者处于核心位置。

第七章 乡村生产空间演化的利益相关者的利益驱动及响应

基于信息熵变化通过演化指标体系测度乡村生产空间系统演化过程，分析演化过程中的利益相关者呈现复杂性和非均衡发展态势，利益相关者之间的冲突与合作不断地对系统产生扰动，加剧要素流动，驱动系统演化，不同利益相关者在各熵变过程中处于不同地位、发挥不同作用，对乡村生产空间系统演化表现出差异化的角色响应。乡村振兴战略背景下，各利益相关者为获取自身利益对乡村生产空间系统演化做出响应，驱动系统进一步演化。因此，本章梳理乡村生产空间系统演化的利益相关者特征，基于不同熵变过程剖析利益相关者对系统演化的驱动过程，归纳利益相关者对系统演化的角色响应类型，对于实现利益相关者协同治理、推进乡村生产空间系统合理有序演化具有重要指导作用。

人类受外界扰动和实现自身发展的双重作用，通过被动或主动的行为活动发出响应，作用于其生存的人地系统。乡村生产空间系统作为一种特殊的人地关系地域系统，以乡村地域的生产活动为主，包含乡村地域内多元行为主体参与的各种生产经营活动以及为其服务的其他活动。因此，乡村生产空间系统研究以乡村产业可持续发展为主要目标。乡村产业发展涉及各个部门，现代生产要素流入、新型经营主体的入驻和消费方式的日益丰富，不仅使农业种植养殖业、农产品加工业、乡村旅游业、零售业等产业结构发生变化，还影响了乡村经济、社会、文化和环境等，促使乡村生产空间系统的人地关系由传统自然的演替方式走向激进的突变。在这一演化过程中，不同利益相关者一方面为适应乡村振兴战略和"三权分置""第二轮土地承包到期后再延长三十年"等外部调控的变化而做出被动行为响应，另一方面又在不违背乡村生产空间系统演化规律的原则下发挥主观能动性以满足自身利益诉求，从而通过开展各种生产活动，形成新的人地关系。乡村产业经营模式和业态更新不断催生新的利益相关者、改变利益相关者诉求及其之间的冲突。然而，受职责权限、参与程度和能力范围等因素影响，各级政府、各类组织、乡贤精英、工商企业、家庭农场、种养大户、普通农户等多种利益相关者在乡村生产空间系统演化过程中扮演不同角色、承担不同责任、发挥不同作用、获取不同利益，其关系强度的改变将引起乡村生产空间系统要素、结构、功能改变，从而驱动系统由有序走向无序，面临多部门、多环节、多目标等利益协调问题。乡村生产空间系统的利益相关者，在各自利益的对立和整体利益的统一中，在适应外部环境做出被动响应和谋求自身利益发展做出主动响应下，共同促进了整个乡村生产空间系统演化和发展。因此，本章基于乡村生产空间系统演化的熵变过程进行分析，重视利益相关者的力量及其利益诉求，精准定位各类利益相关者在系统运行中的特征，厘清各类利益相关者在不同系统熵变过程中承担的角色和利益驱动及响应的基本框架，协调其利益冲突，这是引导乡村生产空间系统合理演化的基础。

第一节　乡村生产空间系统演化的利益相关者的特征

一、利益相关者的类型多元和角色多样化

乡村生产空间系统演化过程是人地关系变化的复杂过程，其利益相关者的类型和角色也处于变化与丰富的过程中。根据江津区生产空间系统演化测度案例，乡村生产空间系统演化的 4 个熵变过程中，由各级政府、行政部门、事业单位，各类型生产经营主体，开发、投资、供应、综合环保各类企业，科研、媒体等各方面社会力量以及农业、服务业消费者构成的利益相关者类型丰富，在不同熵变过程中交叉发挥作用、拥有多重身份。参与三种乡村生产空间系统演化熵变过程的核心利益相关者中，以区人民政府、镇街人民政府、村民委员会、财政部为代表的各级政府担任着乡村生产活动开展的组织者和管理者的角色，不仅在系统支持熵和压力熵变化中占有中心地位，同时还担任着环境保护和生态修复的调控者角色。江津区人民政府对区域制定的"国家现代农业示范区"打造目标，指导乡镇政府和各个行政部门配合落实，形成了生产力发展与生态环境治理同步进行的建设模式，控制经济发展带来的生态破坏风险。传统农户、农业企业、种养大户、家庭农场、农民合作社和以餐饮经营者、地产开发商、乡村旅游开发商为代表的农业生产经营主体作为乡村生产活动的主要参与者与生产过程必然带来污染的施加者，给系统支持熵变化添加动力的同时也增加压力，并在系统内部产生消耗。尤其是截至 2016 年，57 家入驻江津区现代农业园区的经营主体带来了生物技术、田园观光、民宿民俗等多种现代农业新业态，对江津区乡村生产空间系统产生巨大扰动。此外，研究机构/人员作为核心利益相关者，充分体现了江津区乡村发展中科技力量的参与性，其伴随着新型农业经营主体带来的农业新技术、

现代农业经营方式进入乡村生产空间系统，同时影响支持熵、压力熵和氧化熵。以"奔象果业"为代表，其作为我国唯一一家产学研相结合、育繁推一体化的现代化、全产业链式果业企业，仅 2016 年收益逾千万，充分体现了科研力量在乡村生产空间系统演化的核心地位。与此同时，参与两种熵变过程的中间利益相关者中，以自然资源部、农业农村部、住房和城乡建设部、现代农业园区管委会、农产品生产社会化服务组织为代表的利益相关者，是各级政府执行乡村生产发展宏观部署的执行者，也是乡村污染治理措施的落实者，与乡村生产系统支持熵和还原熵都密切相关。而以零售经营者、酒店住宿经营者为代表的经营主体则作为传统的乡村生产经营主体，充分体现了江津区乡村服务业的发展态势和一三产业融合的新趋势，协同其服务的游客和农产品消费者，给江津区乡村生产空间系统带来了新的压力、产生新的消耗，作为新的压力施加者在压力熵和氧化熵变化中都产生作用。与此同时，媒体力量不仅是农业企业和开发商宣传的渠道，也是政府机关管理者进行环境治理的呼吁渠道，同时成为乡村生产空间系统演化支持熵和还原熵的参与力量。此外，边缘利益相关者虽然仅为一个熵变过程的利益相关者，也体现着江津区乡村生产空间系统演化利益相关者的多样性。例如，还原熵利益相关者中的区规划管理中心、林业部、生态环境部等行政部门事业单位和垃圾清理、污水处理、废弃物处理等综合环保企业，表现了江津区人民政府领导各部门推进农业废弃物资源化利用、"户集、村收、镇运、区域处理"的垃圾长效治理模式等一系列乡村污染治理措施。

二、利益相关者的多重矛盾

乡村生产空间系统演化利益相关者不仅享受乡村生产空间系统自然环境和社会经济资源禀赋支持带来的收益，也要对系统施加压力、产生消耗所带来的后果负责，承担自身利益追求和约束的双重力量，表现为利益相关者间相互影响、相互制约的复杂关系。多元利益相关者参与的乡村生产空间系统演化过程，对系统的合理有序演化既有积极作用又有潜在威胁。由利益冲突引起的利益相关者间的矛盾在系统演化过程中造成大小不一的涨落，造成系统非平衡相变，推动系统演化。

（1）传统农户与新型农业经营主体间的矛盾。包含农业企业、家庭农场、专业大户和农民合作社等类型的新型农业经营主体与传统农户作为生产经营方式截然不同的主体，在利益诉求上存在差异。传统农户以自给自足为农业生产基本需求，追求稳定，目光不长远；新型农业经营主体的农业生产活动则为以营利为目的，追求规模效益。江津区乡村生产空间系统演化中传统农户与新型农业经营主体存在劳动力雇佣和土地流转等多重利益关系，这引起了双方矛盾。一方面，以农业企业为代表的新型农业经营主体多雇佣入驻村域或邻近村域劳动力开展传统农业生产活动和服务工作，但受人口外部非均衡流动的影响，江津农村人口老龄化突出，农村代际矛盾十分尖锐。在江津区先锋镇的村域调研中，与重庆津地禾生态农业有限公司的谈话中了解到，江津区农业企业等招收的工人多为 50 岁以上的当地农民，这一代农民文化程度普遍都在初中以下，受教育水平较低，对于信息和新技术的接受和学习能力较薄弱，进入农业企业工作的积极性不高，难以集中管理，导致企业经营管理困难，对农业生产延续性和创新性产生冲击。另一方面，江津区先锋镇麻柳村和龙华镇新店村同为"花椒之乡"，但是两村传统农户从土地获取的收益差距较大，麻柳村种植花椒平均每亩可获取约 10 000 元的收益，而新店村每亩土地只可获取 900 元左右的流转费。究其原因，龙华镇引入较多大型企业，大量流转农户土地后并未保障农户稳定的生计来源，以新店村"锦程实业"为代表，土地流转过程中未能与农户达成利益一致，导致当地农户无地种植可获得经济收益相对较高的花椒等作物，农户年收入极大缩减，迫使大量农户外出务工，农村青壮年劳动力外出务工，农村空心化的现象严重。

（2）传统农户与政府间的矛盾。在中国农村经济社会发展的过程中，政府承担着不可或缺的重要职能，是推动农村产业发展的重要推手，因此，政府行为会直接影响乡村发展的速度和质量。调研发现，政府在政策制定上缺乏考虑地方适应性和农村多元主体发展切身利益的政策制度，在农业企业以及众多非专业农民合作社、专业农民合作社资金和政策支持等需求上存在较大漏洞与缺位，存在农民不种地拿补贴，土地承包商支付流转金却无法享受补贴，小微企业、专业大户等中小规模主体不清楚补贴申报流程等情况，且政府出台的各项扶持政策有些附带诸多限制性条款，而针对中小规模主体的具体支持措施很少，这样使得优惠政策难以落到实处。技术培训存在形式化且没有针对性，多采用活动的形式，尚未形成统一的培训体系或培训制度，不能形成良好的农技培训良性循环体系，无法给新型农业经营主体的发展和扩大带来长期性效益。政府过多参与农业主体发展或决定偏重某类型农业主体的现象，对其多元主体的自主发展产生影响。此外，虽然近年来政府在基础设施上的投资较多，但由于各县市地区差异较大，仍然无法满足当地农业发展需求。

（3）新型农业经营主体与政府间的矛盾。西南丘陵山区地形复杂、土地破碎、交通不便导致了重庆市各乡村地区基础设施建设难度大、资金消耗大的普遍问题，乡村供水不畅通、供电不稳定、道路不通达等问题也普遍存在。这一现实情况降低了对新型农业经营主体的吸引力，进而直接影响了乡村生产发展。江津区乡村生产空间系统演化过程中，新型农业经营主体与政府的矛盾来源于农业基础设施和资金补贴机制的不完善。一方面，政府对企业经营包括基础设施建设方面的补贴手续繁杂，限制了主体获取政府补贴的能力，导致其难以完善其经营产业发展所需的基础设施，影响其企业经营效益，也不利于周围农户生产生活。例如，调研中了解到，龙华镇新店村的半山畜禽养殖场的猪粪处理设施不到位，产生土壤、水体、空气等污染，先锋镇麻柳村的骄轩农业开发有限公司缺少储存花椒的冻库而经营困难等，更多业主则是反映道路、供水、天然气等基础设施欠缺的问题。另一方面，融资机制不健全、金融机构单一、农村金融监管考核评价体系不完善、金融保险体系不完善等问题导致农业发展过程中融资渠道不畅通。调研发现，较多业主资金来源为自筹资金，未享受政府经济补贴，这增加了新型农业经营主体与政府间的矛盾。

（4）各级政府间与各行政部门间的矛盾。各级政府和行政部门作为乡村发展的宏观调控者，与乡村生产空间系统演化密切相关，不仅希望通过调控乡村生产空间系统中物质信息流通的方向，获取更多的经济效益和社会效益，而且还要在生产活动对系统自然产生负面影响时加以干预，以获取生态效益、实现可持续发展。然而，各级政府所处的高度、管理的行政范围不同，各个行政部门主管的部门不同、履行的责任不同，造成了各级政府间、各行政部门间管理目标的差异，引起利益表达上的矛盾。对于不同层级的政府，除了执行中央、省市级行政指示外，区人民政府从区级总体布局出发、镇街人民政府从镇街利益出发、村民委员会则只考虑本村利益，其必然产生矛盾。在江津区调研中，发现各级政府在针对农业企业和开发商的引进问题上矛盾相对突出，大型企业和投资商入驻批准多由区级、镇街人民政府管理，而最了解村域环境和农民利益诉求的村民委员会不具备发言权，造成了强制土地流转部分行政行为有违村民利益，引起了村民委员会与区级、镇街人民政府的矛盾。另一方面，自然资源部、生态环境部、住房和城乡建设部等行政部门，作为乡村生产系统演化支持熵和还原熵的重要利益相关者，由于生态环境保护目标不同，其在经济利益与生态利益上往往存在矛盾，需要在区域乡村生产发展和生态保护利益协调的基础上做出规划、各司其职，帮助乡村生产空间系统实现合理有序演化。

三、利益协调与利益联结机制缺乏

利益相关者在乡村生产空间系统演化中承担的角色和作用各不相同，利益相关者之间的协同合作有助于建立互补关系，并基于功能互补的分工协作促进协调发展、增长互动、实现规模经济效益和提高劳动生产率的效果，从而促进乡村生产空间系统的合理有序发展。但根据第六章第三节中的分析，各熵变利益相关者网络的网络总体整合度较低，中介中心势都尤其低，说明网络中利益相关者之间的沟通作用较弱，联系不够紧密。结合江津区村域调研，新型农业经营主体存在功能错配，多数主体仍处于分散经营的状态，组织间联系不紧密，相互之间合作意愿低等问题。现代农业园区成立后，江津区乡村生产经营主体数量和类型增加速度虽快，但各主体同构化现象严重，存在突出能力不明显、竞争力较弱、发展动力不足等现象。具体来说，农业企业多为乡村旅游或休闲观光的企业，或直接从事经济作物种植或养殖业，农村农业产业发展中盲目的规模化偏好突出，导致缺乏合作优势和地域适应性；传统农户在新型农业经营主体发展过程中，受到的带动作用微小，利益增收不显著。主体雇佣的当地劳动力较少，且多为临时工人而非固定工人，且工资普遍较低；土地流转给传统农户带来的收益较低，与农业企业的盈利状况相比，部分农村流转纠纷甚至导致传统农户收入降低。此外，各生产经营主体间，尤其是种植业和养殖业之间，理论上存在粪便肥料、饲料等上下游材料利用便利，但实际调研中仅发现个别赠予形式，乡村生产经营主体间缺乏合作共生的利益联结机制。

第二节 乡村生产空间系统熵变过程中的利益驱动

一、基于支持熵变化的利益相关者驱动

支持熵变化本质是乡村生产空间系统支持作用的变化过程。支持熵变化的利益相关者较为复杂，但总体形成了各级政府主导，行政部门配合，现代农业园区管委会牵头和生产经营者参与的支持力量，影响支持熵变化（图7-1）。

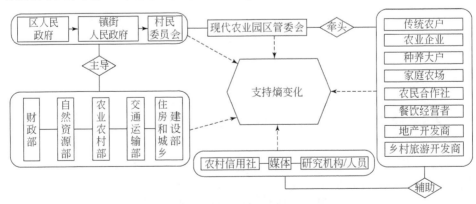

图 7-1 利益相关者对支持熵变化的驱动过程

2007～2016 年江津区乡村生产空间系统演化的支持熵逐年增强，各利益相关者不断利用自然资源创造生产力，且能力逐步增强；这一时期的支持熵利益相关者网络中，以村民委员会、现代农业园区管委会、农业企业、农业农村部、镇街人民政府、自然资源部和传统农户为代表的利益相关者处于核心位置，其他行政部门和生产投入过程中吸引的研究力量与媒体宣传等利益相关者则处于边缘位置。政府在统筹城乡综合配套改革实验区的政策支持下打造了以富硒为特色的产业融合发展方向，在吸引投资、资源配套和资金补贴等方面形成支持；现代农业园区的成立吸引以鲁能、锦程、奔象、两江艺农等为代表的农业企业入驻和创丰等乡村旅游开发商的入驻，在以村民委员会为主导、以自然资源部为主力配合的下流转大量土地，经济作物播种面积代替粮食作物逐年增加，生产力水平显著提升，传统农户与农业企业利益联系显著增强；农业经营方式的逐渐多元化使各类生产者建立广泛联系，并给予了研究机构的科技成果媒体宣传入口。

二、基于压力熵变化的利益相关者驱动

压力熵变化本质是乡村生产空间系统所受到的压力变化过程。压力熵利益相关者网络以各级政府和行政部门为主导，配合主要生产经营者开展生产经营活动，并在消费者的媒介沟通和其他行政部门、研究力量的辅助下向乡村生产空间系统输出压力（图 7-2）。

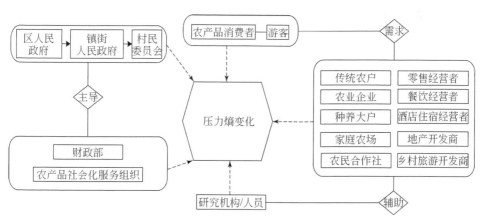

图 7-2　利益相关者对压力熵变化的影响驱动过程

2007～2016 年江津区乡村生产空间系统演化的压力熵有所波动，但总体变化不大；这一时期，以村民委员会、镇街人民政府、农业企业、传统农户、农产

品生产社会化服务组织、农产品消费者、乡村旅游开发商等为代表的利益相关者处于核心位置，而其他行政部门和生产经营主体、研究力量则处于边缘位置。重庆市统筹城乡综合配套改革实验区建立以来，江津区虽然依托自身工农业基础和现代农业园区平台优势实现了生产力显著提升，但其乡村生产发展多以牺牲环境为代价，给乡村生产空间系统造成了持续不断的压力。政府一方面依靠逐年上调的农林水事务财政支出辅助农业生产以获取产出，另一方面试图控制化肥、农药的使用量来协调农业生产与环境保护；但生产经营主体的不断丰富必然引起乡村人类经济活动的增长，以增加投入的方式提高产出必然带来耗水耗电和土地负荷的增加，不断将压力施加于乡村生产空间系统。

三、基于氧化熵变化的利益相关者驱动

氧化熵变化本质是乡村生产空间系统中各类生产行为对自然环境负面影响的变化过程。传统农户、新型农业经营主体和开发商、供应商一方面是农业污染排放的主要源头，另一方面也是控制污染的参与者，最大程度控制生产活动对环境污染的负面效应（图7-3）。

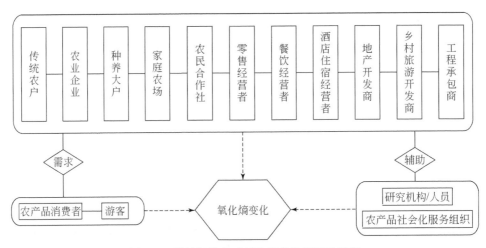

图7-3 利益相关者对氧化熵变化的驱动过程

2007～2016 年，江津区乡村生产空间系统演化氧化熵逐年减小；这一时期，氧化熵利益相关者网络中的农业企业、工程承包商、农产品消费者、传统农户、农民合作社和乡村旅游开发商等利益相关者处于核心位置，其他生产经营主体和科研力量则处于边缘位置。新型农业经营主体的入驻虽然在一定程度上增加了农业污染排放增加的风险，但这一时期江津区对农业面源污染的控制坚持"谁污染

谁治理，谁开发谁保护"的监察手段，对各利益相关者的生产经营活动起到了限制作用，其中养殖业受到适养、限养、禁养区域划定的规范，规范了农户和家庭农场等利益相关者对禽畜养殖污染排放和化肥排放行为；农作物秸秆综合利用技术等研究成果的引进减少了耕作过程中作物秸秆污染排放。

四、基于还原熵变化的利益相关者驱动

还原熵变化本质是人类对乡村生产空间系统的环境保护和污染物治理能力的变化。在乡村生产空间系统的整个还原熵变化过程中，区人民政府、镇街人民政府和村民委员会占据主要地位，一方面，通过主导各个相关的政府部门在系统还原熵变化下积极参与环境保护和污染物治理；另一方面，政府部门通过指挥垃圾清理公司等环保公司积极参与系统还原熵变化。同时，由媒体机构、区生态环境监测站等监督者时刻监察系统还原熵变化情况（图7-4）。

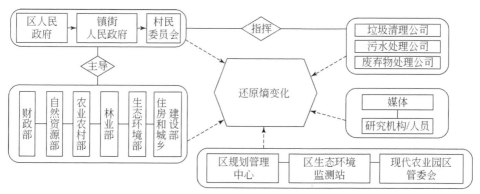

图7-4　利益相关者对还原熵变化的驱动过程

2007～2016年，江津区乡村生产空间系统演化还原熵呈现波动上升的趋势；这一时期还原熵利益相关者网络中以区人民政府、镇街人民政府、村民委员会、现代农业园区管委会、生态环境部和区规划管理中心为代表的利益相关者处于核心位置，尤其是各级政府处于绝对的中心地位，伴随其他行政部门和事业单位，综合环保企业以及媒体科研力量处于边缘位置。江津区各级政府在农村人居环境连片整治行动中重点关注了乡村卫生厕所普及和污水乡村生产废水无害化处理等环保投入，作为统筹管理者，充分调动以生态环境部为中坚力量的各行政部门，并实行社会参与机制引进综合环保企业参与共同治理，不断提高乡村生产空间系统的环境保护和污染物治理能力，实现系统的还原再生能力提升。

第三节　利益相关者角色响应

综合利益相关者对四个熵变驱动过程的分析，不同利益相关者在乡村生产空间系统演化的驱动过程中承担着不同的任务、担任不同的角色，进而发挥不同的作用；这一驱动过程既包含着各利益相关者承担多种不同角色的事实，又包含着某一角色由多个利益相关者共同承担的事实。因此一个有序演化的乡村生产空间系统，需要不同利益相关者各司其职又相互匹配，利益相关者的角色响应实质上是指系统演化中利益相关者所承担的责任和义务的集合体。本研究针对重庆市江津区乡村生产空间系统演化，将研究环境设置在区一级行政范围内，依据利益相关者关系分析及其熵变驱动过程梳理利益相关者主要角色及其响应。

（1）调控执行者：政府主导与行政部门配合。我国宏观调控下的社会主义市场经济决定了各级政府在制定政策规范和领导规划建设中的绝对主导地位与各行政部门作为执行者的配合地位。尤其是在乡村振兴战略实施背景下，各级政府作为核心利益相关者，在乡村生产空间系统的合理有序演化中扮演重要角色。区人民政府在国家和市级政策的领导下制定区内乡村生产空间系统演化的政策，由镇街人民政府负责落实，而村民委员会则是传达规则的基本单位，三者是乡村生产空间系统支持作用的开发利用者，又是还原系统消耗的补偿力量，对乡村生产空间系统演化主动响应。在各级政府的总领下，财政部、自然资源部、农业农村部、住房和城乡建设部、林业部则从资金、土地、生态环境等方面对乡村发展政策措施形成具体响应；各行政部门既是项目的申请单位，又是项目实施的监督者。这一角色响应下的利益相关者包括区人民政府、镇街人民政府、村民委员会、财政部、自然资源部、农业农村部、住房和城乡建设部、交通运输部、林业部、生态环境部。

（2）实践受益者：乡村生产经营主体的参与。实践受益是乡村生产活动开展的必要条件，实践受益者是推动乡村生产空间系统演化的主要力量。乡村生产空间系统的演化过程中，生产力进步不断催生新的主体，从传统农户到新型农业经营主体，以及产业融合吸引的地产、旅游等投资商等，他们是享受系统支持作用从中获得经济、社会、环境收益、自身持续发展能力，并向系统释放压力、对系统产生消耗的利益相关者。这一角色响应下的利益相关者包括传统农户、农业企业、种养大户、家庭农场、农民合作社、餐饮经营者、地产开发商、乡村旅游开发商、零售经营者和酒店住宿经营者。

（3）组织协调者：主要事业单位牵头。江津区以发展现代农业为乡村生产发展主攻方向，以现代农业园区管委会为牵头的中介力量在调控执行者与实践参与者之间形成链接响应，协调各方立场；区规划管理中心则站在先行规划角度形成兼顾各方利益的桥梁。这一角色响应下的利益相关者包括现代农业园区管委会、区规划管理中心、农产品生产社会化服务组织和农村信用社。

（4）媒介体验者：消费者需求推动。乡村生产空间系统演化中的消费者主要包括农产品消费者和游客，其自身消费需求是推动乡村生产活动开展的动力源泉。

（5）辅助者：研究机构/人员的智力支持和媒体宣传。知识经济时代背景下，科技力量作为现代生产力进步和生产关系更新的根本动力逐步深入乡村生产空间系统中，以高校、研究所为代表的研究机构和个人，不仅是政府机关和行政部门的政策咨询对象，还是以农业企业和投资商为代表的生产经营主体的技术顾问。科研辅助力量一方面响应江津区富硒农业资源的打造，另一方面以"农业科技示范区"和"科技专利"产学研结合的方式响应经营者对乡村生产空间系统的开发诉求，在柑橘、大米等作物种植中发挥辅助者作用。这一角色响应下的利益相关者主要是研究机构/人员和媒体。

（6）外围合作者：新生利益相关者潜力。乡村生产空间系统演化过程中呈现利益相关者的类型多元化趋势，新生利益相关者的参与能够打破竞合关系，又具备成为核心利益相关者的潜力。新型农业经营主体、地产投资商等利益相关者经历了或正在经历由外围逐渐向核心发展的过程，而当前对生态文明的强调和乡村人居环境整治的推进，综合环保企业作为新生利益相关者，通过共同参与环境治理响应乡村生产空间系统演化是还原熵变过程。这一角色响应下的利益相关者主要包括工程承包商、垃圾清理公司、污水处理公司和废弃物处理公司。

第四节　小　　结

（1）乡村生产空间系统演化过程是人地关系变化的复杂过程，其利益相关者的类型和角色也处于变化与丰富的过程中，其不仅享受乡村生产空间系统自然环境和社会经济资源禀赋支持带来的收益，还要对系统施加压力、产生消耗所带来的后果负责。由利益冲突引起的利益相关者间的矛盾在系统演化过程中形成涨落，造成系统非平衡相变，推动系统演化。江津区乡村生产空间系统演化中产生了以传统农户与新型农业经营主体、传统农户与政府、新型农业经营主体与政府、各级政府与行政部门为代表的多重矛盾；且区域利益相关者之间的沟通作用较弱，联系不够紧密，缺乏利益协调和利益联结机制。

（2）不同利益相关者合力驱动乡村生产空间系统演化的过程中，各级政府主导，行政部门配合，现代农业园区管委会牵头和生产经营者参与的支持力量共同驱动支持熵变化；各级政府配合主要生产经营者开展生产经营活动，并在消费者的媒介沟通和其他行政部门、研究力量的辅助下向乡村生产空间系统输出压力；乡村生产经营活动主体以游客和农产品消费者为目标，在研究力量和社会服务力量的辅助下，开展生产活动、排放污染驱动氧化熵变化；各级政府调动以生态环境部为中坚力量的各行政部门，连同社会参与机制提高环境保护和污染物治理能力，驱动还原熵变化。

（3）不同利益相关者在乡村生产空间系统演化的驱动过程中承担着不同的任务、担任不同的角色。本章通过分析江津区乡村生产空间系统演化的利益相关者角色响应可知，乡村生产空间系统演化的调控执行者主要为政府主导与行政部门配合，实践受益者主要来自乡村生产经营主体的参与，组织协调者由主要事业单位牵头，媒介体验者指消费者需求推动，辅助者主要是研究机构/人员的智力支持和媒体宣传，外围合作者则包含一些具有潜力的新生利益相关者，当前主要指工程承包商以及垃圾清理公司等综合环保企业。

第八章 乡村生产空间系统风险评价及其空间分异格局

在外部不确定事件的影响下，乡村生产空间系统风险水平高低直接关系到系统能否可持续运行，据此差异化设计风险管控措施，对决胜"三大攻坚战"首要战役、防范化解重大风险、实施可持续乡村振兴战略具有重要意义。本章在厘清乡村生产空间系统风险机理的基础上，从压力、状态、响应三方面构建乡村生产空间系统风险综合评价指标体系，以重庆市 37 个区县为研究单元，以 2016 年为研究时点，评价乡村生产空间系统风险水平并揭示其空间分异特征，基于合理引导与调控乡村生产空间系统管理者、经营者等多元主体行为，提出乡村生产空间系统风险管控的差异化措施，为保障乡村生产空间系统可持续运行提供支撑。

2019 年中央 1 号文件强调并指出："今明两年是全面建成小康社会的决胜期，必须牢固树立农业农村优先发展政策导向，优先满足'三农'发展要素配置，推动资源要素向农村流动……"，这一纲领性文件为我国乡村建设与发展谋划顶层设计的同时也加快了乡村转型（龙花楼，2012a）。作为乡村发展重要空间集合体的乡村生产空间系统，乡村多元主体通过开展各种生产活动，形成复杂的社会经济关系（王成和李颢颖，2017）。这一新的人地关系结果必将打破乡村生产空间系统的传统运行，甚至促使其在短时间内发生急遽转型（何焱洲和王成，2019b），这一急遽转型是否会出现新的风险、其风险程度如何，如何引导和调控管理者、经营者等多元主体风险行为决策等，均成为当前乡村生产空间系统研究以践行乡村振兴亟须破解的现实难题。目前，虽然针对乡村生产空间系统的风险研究并不多见，但国内外关于系统风险的研究成果丰硕，国外学者主要针对城市风险或国家危机管理等问题（杨雅厦，2013），在乡村风险研究中主要认为风险和财产、脆弱性之间联系紧密（Moser，1998），并从角色行为、影响农村家庭的风险类型以及应对风险的战略（Jutting，2000；Weinberge and Jutting，2000）等方面进行乡村风险管理研究。国内学者针对风险的研究主要集中于农业风险（栾敬东和程杰，2007；郭贝贝等，2014），围绕乡村风险分类和来源（龙花楼，2012b；王勇和李广斌，2012）、测度及评价（李孟刚等，2017）、空间格局（王敏等，2018）、管理策略（赵晓强，2008）等方面开展研究。同时，多元主体风险（牛星和李玲，2018）与多源耦合风险（盖程程等，2011）等已成为部分学者关注的焦点。多元研究成果为开展乡村生产空间系统风险研究提供重要的理论范式和实证经验，本章在充分借鉴现有成果的基础上，结合乡村生产空间系统本身特征和其面临的复杂不确定性内外环境刺激，在厘清乡村生产空间系统风险机理的基础上，构建乡村生产空间系统风险的综合评价指标体系，分析重庆市乡村生产空间系统风险水平并揭示其空间格局特征，并从合理引导与调控乡村生产空间系统管理者、经营者等多元主体行为出发，提出风险管控的差异化举措，为建立风险精准防范、精准化解机制，促进乡村生产空间系统健康可持续运行提供理论基础和决策支持。

第一节　乡村生产空间系统风险机理分析

乡村生产空间系统作为一定的结构形态和功能组合机制的空间集合体，无论在践行一二三产业深度融合还是实现小农户和现代农业发展有机衔接的背景下，乡村生产空间系统都将面临一系列新的事件，对于这一事件是否属于风险事件及其程度如何判断将直接关乎乡村生产空间系统的可持续性运行，影响乡村振兴战略的稳步推进。目前，风险系统理论已广泛应用于生产风险研究并取得丰硕成果（李阿龙，2016；杜静等，2017），风险事件是由产生、控制和接受风险的所有因素构成的系统，已在学界达成共识（陈振等，2018）。这一共识为理解乡村生产空间系统风险奠定了重要的理论基础。因此，可将乡村生产空间系统风险理解为，乡村生产空间系统在外部不确定事件的复杂作用下，系统风险源作用于风险载体，因风险源压力过大风险载体状态难以抵御其影响，或者风险载体缺乏应对和控制风险源压力的响应能力，乡村生产空间系统产生事故或灾难的可能性与严重性，即风险（图8-1）。其中，风险源是指乡村生产空间系统外部环境变化对内部进行干扰而产生不利影响的源头；风险载体是指乡村生产空间系统遭受风险危害的承受者，包括多元主体、生产客体、产业发展等；风险控制机制是指通过政策调控、生产技术提升、保险投入等手段主动地应对乡村生产空间系统风险的有效性。总体而言，乡村生产空间系统面临的风险及其水平高低是风险源压力、风险载体状态、风险控制机制的响应能力三者综合作用的结果，并呈现出乡村生产空间系统风险与风险源压力成正比，与风险载体状态、风险控制机制响应成反比的一般规律。

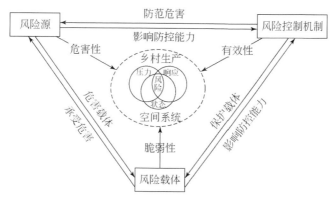

图 8-1　乡村生产空间系统风险机理解析框架

第二节　乡村生产空间系统风险评价

一、数据来源

本研究数据主要包括空间数据和属性数据。空间数据主要来源于重庆市规划和自然资源局提供的 2016 年重庆市土地变更调查数据、行政边界数据等；属性数据为反映重庆市 37 个区县（因渝中区城镇化率为 100%，不纳入本研究范畴)的政府和部门官网、文本、调研与二次计算数据。其中，水土流失率、人均粮食产量、农业商品率等数据来源于国家统计局、重庆市统计局等官方网站发布的《中国县域统计年鉴（县市卷)》《重庆统计年鉴》《重庆调查年鉴》《重庆市水土资源公报》等统计资料，乡村人口净流出率、劳动力投入强度、乡村范围内实有劳动力比例等数据来源于间接换算获取，农业受灾率、永久基本农田保护面积占比、农村产业保险密度等数据来源于实地走访重庆市统计局、重庆市农业农村委员会、重庆市规划和自然资源局、中国保险监督管理委员会重庆监管局。

二、指标体系构建

通过辨析乡村生产空间系统风险机理发现，系统风险源是导致系统风险产生的作用源，风险载体是其承载风险源作用的基底，风险控制机制的响应是对风险源作用于风险载体的行为过程进行调控的措施，乡村生产空间系统风险的产生是风险源压力、风险载体状态、风险控制机制响应能力三者相互联系、共同作用的结果。尽管当前对乡村生产空间系统风险的评价研究尚少，但风险系统理论，特别是建立相关指标体系已广泛运用到评价各种风险预警、判断和调控等诸多方面并取得了丰硕的成果。杨洁等（2006）从致灾风险源危险性（选取污染物排放强度等4项指标）、区域受体易损性（选取人口密度等5项指标）、控制机制有效性（选取基础设施配套率等3项指标）入手建立指标体系，通过评价区域环境风险综合指数，对长江（江苏段）环境风险进行了区划；孔凡青等（2018）从危险性压力（风险源规模等6项指标）、脆弱性或敏感性状态（受影响村镇面积等4项指标）、风险防控能力响应（事故应急响应能力等3项指标）入手建立指标体系，对永定河突发水污染风险进行定量评价。这些丰硕成果为乡村生产空间系统评价指标体系中准则层和指标层的建立提供了重要理论参考。因此，本研究基于相关研究成果，遵循指标科学性、可获取性、全面性的原则，总结并梳理当前反映风险的共性准则层和指标层，建立适合于乡村生产空间系统风险评价的指标体系准则层，即风险源压力、风险载体状态、风险控制机制响应；同时结合乡村生产空间系统耗散结构特征（王成等，2019）以及重庆市乡村生产空间系统的"人口–土地–产业"现实情境和地域特征，建立乡村生产空间系统风险的个性指标层，其共21项指标，具体指标构成及其指标含义见表8-1。

表8-1 乡村生产空间系统风险综合评价指标体系及权重

准则层	指标层	指标解释及单位	计算方法	权重
A 风险源压力 0.4792	A_1乡村人口净流出率	反映乡村人口流失压力，%	（常住人口–户籍人口）/户籍人口×100%	0.0464
	A_2城镇工矿用地面积占比	间接反映系统受到非自然性压缩程度，%	城镇工矿用地面积/研究单元面积	0.3206
	A_3复种指数	反映耕地的开发利用强度，%	农作物播种面积/耕地面积	0.0172
	A_4水土流失率	反映土地利用方式的不可持续性，%	水土流失面积/研究单元面积	0.0970
	A_5农业受灾率	反映自然灾害压力，%	农业受灾面积/农作物播种面积	0.2929
	A_6化肥投用强度	反映生产活动强度，t/hm^2	化肥投用量/农作物播种面积	0.1070
	A_7农药投用强度	反映农产品质量水平，t/hm^2	农药投用量/农作物播种面积	0.1189

续表

准则层	指标层	指标解释及单位	计算方法	权重
B 风险载体状态 0.3130	B_1乡村范围内实有劳动力比例	反映乡村生产主体的数量情况,%	乡村实有劳动力/乡村总人口	0.1696
	B_2农村常住居民人均纯收入	反映乡村居民的经济水平,元	农村常住居民纯收入总和/农村常住居民	0.2038
	B_3劳动力投入强度	反映土地利用粗放化程度,人/hm²	乡村农业就业人口/农作物播种面积	0.0293
	B_4耕地可实现单产	反映土地生产能力状况,kg/hm²	耕地可实现产能/耕地面积	0.0973
	B_5人均粮食产量	反映粮食安全保障情况,t	粮食总产量/乡村总人口	0.1513
	B_6农业商品率	反映农业市场需求情况,%	农业商品产值/农业总产值×100%	0.1385
	B_7第一产业产值占 GDP 比例	反映第一产业在乡村经济中的优势度,%	第一产业产值/国内生产总值	0.2102
C 风险控制机制响应 0.2078	C_1农业科技人员数占比	反映主体应对风险的技术水平,%	农业科技系统人员数/乡村总人口	0.0754
	C_2农村产业保险密度	反映农村生产主体的风险防范意识,%	农业保险保费收入/乡村总人口	0.2288
	C_3永久基本农田保护面积占比	反映保障耕地数量的政策响应程度,%	永久基本农田保护面积/研究单元面积	0.1341
	C_4水土流失治理率	反映保障土壤质量的政策响应强度,%	水土流失治理面积/水土流失总面积	0.1616
	C_5农林水事务财政支出强度	反映乡村生产管理水平,万元/hm²	农林水事务财政支出/耕地面积	0.0977
	C_6农业灾害强度指数	反映农业灾害抗灾能力,%	农业成灾面积/农业受灾面积	0.0273
	C_7人均农林牧渔服务业产值	反映应对风险的服务水平,元	农林牧渔服务业产值/乡村总人口	0.2751

(1)风险源压力是乡村生产空间系统遭受自然环境灾害或人类无序活动等风险源危害程度的重要表征,共选取农业受灾率、水土流失率等 7 项指标(均为正向指标),分别表征乡村生产空间系统面临自然灾害风险和遭受人类无序活动而产生

的风险源压力程度，其指标值越大表示乡村生产空间系统面临的风险源压力越大。

（2）风险载体状态是乡村生产空间系统在自然基底和内部要素结构的影响下所呈现出多元主体、生产客体、产业发展等风险载体脆弱性的重要表征。共选取乡村范围内实有劳动力比例、劳动力投入强度等 7 项指标，分别表征多元主体状态、耕地利用状态和产业发展状态，除劳动力投入强度为负向指标外，其余均为正向指标，其指标值越大表示乡村生产空间系统风险载体的状态越好。

（3）风险控制机制响应是乡村生产空间系统多元主体采取一系列对策或举措以应对风险并从风险灾害中恢复能力的重要表征，取决于研究单元乡村生产空间系统的科技水平、生产管理水平、风险防范意识。共选取农业科技人员数占比、农业灾害强度指数等 7 项指标，除农业灾害强度指数为负向指标外，其余均为正向指标，其指标值越大表示乡村生产空间系统风险控制机制的响应能力越强。

三、乡村生产空间系统风险评价模型

（一）数据标准化处理

为消除各具体指标的量纲、数量级和数量变化差异，研究采用极差标准化法对各项指标值进行标准化处理（徐建华，2010），存在正向指标与负向指标。

当 X_{ij} 是正向指标时：

$$Z_{ij} = \frac{X_{ij} - \min X_{ij}}{\max X_{ij} - \min X_{ij}} \tag{8-1}$$

当 X_{ij} 是负向指标时：

$$Z_{ij} = \frac{\max X_{ij} - X_{ij}}{\max X_{ij} - \min X_{ij}} \tag{8-2}$$

式中，Z_{ij} 为标准化之后的指标值；X_{ij} 为某分项具体评价指标值；i 为重庆市各区县评价单元；j 为某分项条件的具体评价指标项。

（二）指标权重确定

熵权法是一种在综合考虑各因素提供信息量的基础上计算一个综合指标的数学方法，作为客观综合定权法，其主要根据各指标传递给决策者的信息量大小来确定权重（张欣莹等，2017），具有很强的操作性和客观性。因此本研究运用熵权法确定各指标的权重（w_j），计算过程如下：

$$e_j = -\left(\frac{1}{\ln n}\right) \times \sum_{i=1}^{n} Z_{ij} / \sum_{i=1}^{n} Z_{ij} \ln\left(Z_{ij} / \sum_{i=1}^{n} Z_{ij}\right) \tag{8-3}$$

$$W_j = 1 - e_j / \sum_{j=1}^{m} (1 - e_j) \tag{8-4}$$

式中，e_j 为第 j 项指标的信息熵值；W_j 为第 j 项指标权重；$i = 1, 2, \cdots, n$；$j = 1$，$2, \cdots, m$，各指标的权重值计算结果见表 8-1。

（三）数理模型

结合各评价指标标准化处理后的值及其权重，测算各评价单元乡村生产空间系统风险水平，其计算公式见式（8-5）：

$$D_i = \sum_{j=1}^{m} W_{ij} Z_{ij} \tag{8-5}$$

式中，D_i 为乡村生产空间系统风险水平，$D_i \in [0, 1]$；W_{ij} 为各指标的权重。

四、模型结果

根据式（8-1）、式（8-2）对选取的指标数据进行标准化处理，并通过式（8-3）~式（8-5）计算乡村生产空间系统风险源压力、风险载体状态、风险控制机制响应以及风险水平结果（表8-2）；进而利用 ArcGIS 10.2 将各项水平值与矢量格式的研究单元进行空间链接，绘制形成 2016 年重庆市乡村生产空间系统风险空间分异图（图8-2）。

表 8-2　2016 年重庆市乡村生产空间系统风险评价结果统计

区县	风险源压力		风险载体状态		风险控制机制响应		风险水平	
	水平值	离差	水平值	离差	水平值	离差	水平值	排序
万州区	0.2003	-0.0548	0.4450	-0.0548	0.1786	-0.0573	0.3412	9
黔江区	0.3308	0.0757	0.3750	-0.1248	0.2167	-0.0192	0.3738	8
涪陵区	0.3025	0.0474	0.4582	-0.0416	0.1960	-0.0399	0.3411	10
大渡口区	0.4405	0.1854	0.5363	0.0365	0.5223	0.2864	0.4297	5
江北区	0.4332	0.1781	0.4284	-0.0714	0.3291	0.0932	0.4594	3
沙坪坝区	0.4552	0.2001	0.4845	-0.0153	0.5014	0.2655	0.4917	2
九龙坡区	0.3706	0.1155	0.5503	0.0505	0.2586	0.0227	0.3956	7
南岸区	0.4559	0.2008	0.4848	-0.0150	0.4110	0.1751	0.5311	1
北碚区	0.2647	0.0096	0.4673	-0.0325	0.1506	-0.0853	0.4316	4
渝北区	0.2400	-0.0151	0.4188	-0.0810	0.2156	-0.0203	0.3387	12

续表

区县	风险源压力		风险载体状态		风险控制机制响应		风险水平	
	水平值	离差	水平值	离差	水平值	离差	水平值	排序
巴南区	0.1491	−0.1060	0.6035	0.1037	0.2275	−0.0084	0.2772	28
长寿区	0.3851	0.1300	0.5359	0.0361	0.1773	−0.0586	0.3405	11
江津区	0.2709	0.0158	0.6673	0.1675	0.1778	−0.0581	0.2666	30
合川区	0.2036	−0.0515	0.6599	0.1601	0.1927	−0.0432	0.2327	35
永川区	0.3666	0.1115	0.5976	0.0978	0.2153	−0.0206	0.3306	14
南川区	0.2192	−0.0359	0.6458	0.1460	0.1992	−0.0367	0.2253	36
綦江区	0.1954	−0.0597	0.5023	0.0025	0.1987	−0.0372	0.3200	16
大足区	0.1719	−0.0832	0.5504	0.0506	0.2791	0.0432	0.2141	37
璧山区	0.1250	−0.1301	0.5559	0.0561	0.2149	−0.0210	0.2464	33
铜梁区	0.1656	−0.0895	0.6194	0.1196	0.3292	0.0933	0.2362	34
潼南区	0.2129	−0.0422	0.7218	0.2220	0.2273	−0.0086	0.2644	31
荣昌区	0.3638	0.1087	0.5348	0.0350	0.2886	0.0527	0.3158	18
开州区	0.2794	0.0243	0.4574	−0.0424	0.1676	−0.0683	0.3184	17
梁平区	0.5106	0.2555	0.5240	0.0242	0.2457	0.0098	0.3962	6
武隆区	0.2028	−0.0523	0.3897	−0.1101	0.1555	−0.0804	0.3300	15
城口县	0.1705	−0.0846	0.3870	−0.1128	0.2144	−0.0215	0.2962	21
丰都县	0.1952	−0.0599	0.4863	−0.0135	0.1840	−0.0519	0.3015	20
垫江县	0.2308	−0.0243	0.5347	0.0349	0.2970	0.0611	0.2836	27
忠县	0.1755	−0.0796	0.5477	0.0479	0.1969	−0.0390	0.2527	32
云阳县	0.2258	−0.0293	0.4856	−0.0142	0.1849	−0.0510	0.2885	23
奉节县	0.1922	−0.0629	0.4287	−0.0711	0.1504	−0.0855	0.2837	26
巫山县	0.1468	−0.1083	0.3809	−0.1189	0.1847	−0.0512	0.3122	19
巫溪县	0.1425	−0.1126	0.3818	−0.1180	0.1364	−0.0995	0.2895	22
石柱县	0.1695	−0.0856	0.5077	0.0079	0.3012	0.0653	0.2881	24
秀山县	0.1562	−0.0989	0.3270	−0.1728	0.2229	−0.0130	0.2723	29
酉阳县	0.1410	−0.1141	0.4217	−0.0781	0.1826	−0.0533	0.2845	25
彭水县	0.1768	−0.0783	0.3906	−0.1092	0.1967	−0.0392	0.3328	13

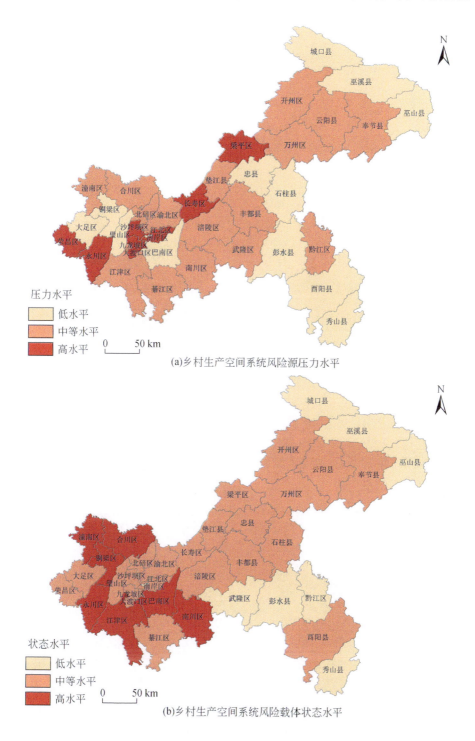

(a)乡村生产空间系统风险源压力水平

(b)乡村生产空间系统风险载体状态水平

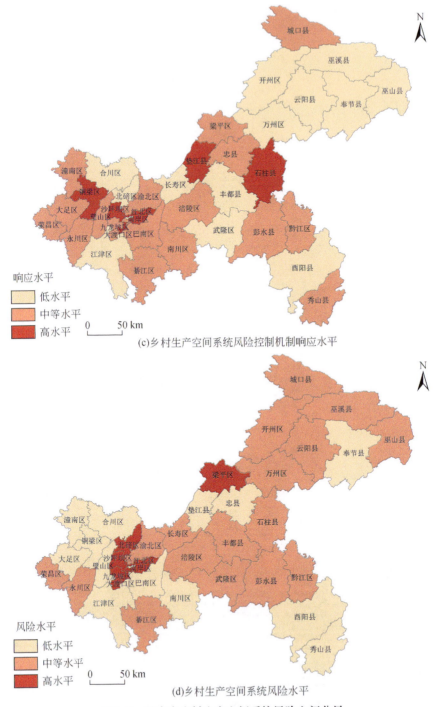

(c)乡村生产空间系统风险控制机制响应水平

(d)乡村生产空间系统风险水平

图8-2 重庆市乡村生产空间系统风险空间分异

第三节 结果与分析

一、乡村生产空间系统风险源压力水平

重庆市乡村生产空间系统风险源压力水平为 0.1250 ~ 0.5106，总体呈现"北高南低、局部显著"的空间分异特征 [图8-2（a）]。高水平区的乡村生产空间系统风险源压力平均水平为 0.4202，主要分布于沙坪坝区、梁平区、荣昌区等9 个区县。其中梁平区、长寿区、荣昌区为自然灾害所致（农业受灾率高达8.29%），而其他区县地处主城区，城镇工矿用地面积占比达 33.99%（重庆市均值为 6.94%），"吃饭""建设""保护"等矛盾尤为突出，乡村土地被城市扩张侵入和挤占，生产空间非自然性压缩是其主要原因。风险源压力中等水平区县主要分布在重庆西北部的潼南区、合川区、万州区等区县。区域内乡村生产空间系统风险源压力平均水平为 0.2354，离差均值达−0.0197。其中万州区、丰都县、云阳县等区县乡村人口净流出率均值达 38.02%（重庆市均值为 32.34%），乡村人口流动带来农民老龄化现象加重，乡村现实劳动力水平、先进技术与设备掌握水平等较低，但同时也为土地流转创造了条件，适度的规模化经营可缓解这一压力；而涪陵区、潼南区、奉节县等区县通过提高复种指数、加大农药化肥投用强度促进当地农业产业化，高土地利用强度带来耕地质量压力。风险源压力低水平区主要位于重庆南部和西部的大足区、酉阳县、石柱县等 12 个区县，区域内乡村生产空间系统压力平均水平为 0.1575，离差均值达−0.0976。该区由于处于重庆市的生态保护区和涵养区，人类干扰相对较小且以绿色发展为主，区域内乡村生产空间系统生态、社会压力较低。

二、乡村生产空间系统风险载体状态水平

重庆市乡村生产空间系统风险载体状态水平为 0.3270 ~ 0.7218，大致呈现"西高东低"的阶梯式空间分异格局 [图8-2（b）]。高水平区的乡村生产空间系统风险载体状态平均水平达到 0.6450，包括重庆西部的合川区、江津区等 7 个区县。该区域利用特色农产品品牌资源，促进一二三产业融合，乡村范围内实有劳动力比例和农业商品率分别高达 77.73%、71.77%（重庆市均值分别为71.26%、67.30%），为发展大规模现代化农业提供人才、市场等要素支撑。风险载体状态中等水平区主要位于中部的沙坪坝区、长寿区、万州区等区县，区域

内乡村生产空间系统风险载体状态平均水平达 0.4933，离差均值为 -0.0065。其中北碚区、沙坪坝区等受城市辐射影响带动乡村发展迅速，农村居民人均纯收入达 15 501 元（重庆市均值为 12 730 元），但同时存在着乡村产业同构化严重等现实困境；其他区域虽然耕地质量和数量有所保障，但由于生产条件较为落后，经济基础成为乡村生产空间系统风险载体状态的制约因素。状态低水平区主要位于东部的巫山县、彭水县、秀山县等区县，区域内乡村生产空间系统风险载体状态平均水平达 0.3760，离差均值为 -0.1238。其中渝东南的彭水县等区县受制于自然条件，"鸡窝地"多、生产地块破碎，难以实现机械化生产；渝东北的城口县等区县乡村大部分生产仍属于低投入、低产出的传统小农经济模式，耕地可实现单产仅为 9249.03kg/hm² （重庆市均值为 10 875.65kg/hm²），乡村产业基础薄弱成为乡村生产空间系统风险载体状态水平低的主要原因。

三、乡村生产空间系统风险控制机制响应水平

重庆市乡村生产空间系统风险控制机制响应水平为 0.1364 ~ 0.5223，空间分异特征呈现以主城区为中心的"中高周低"态势［图 8-2 （c）］。高水平区乡村生产空间系统风险控制机制响应平均水平达 0.3725，离差均值为 0.1366，主要位于南岸区、江北区等 7 个区县。该区域乡村生产空间系统多元主体具有较高的风险防范意识，产业保险密度和农林水事务财政支出强度分别为高达 68.08%、2.80 万元/hm²（相应重庆市均值分别为 24.30%、1.64 万元/hm²），为乡村产业发展提供良好的灾损补贴以及农田水利工程、农业综合开发等生产服务平台。响应中等水平区域包括潼南区、大足区等主城周边 17 个区县，区域内乡村生产空间系统风险控制机制响应平均水平达 0.2187，离差均值为 -0.0172。该区永久性基本农田保护面积占比为 23.80%（重庆市均值为 20.04%），通过政策、资金等严控城市化进程加快对耕地资源的挤占以保障粮食数量安全，但高强度土地开发利用导致生态环境受损，土地空间开发布局与基础设施保障不匹配。响应低水平区域主要位于远离主城中心的巫溪县、酉阳县等 13 个区县，乡村生产空间系统控制机制响应平均水平达 0.1692，离差均值为 -0.0667。该区乡村生产缺乏政策、资金支持，对于乡村生产风险的抗灾能力较弱，农业灾害强度指数高达 34.08%（重庆市均值为 29.53%），乡村生产安全保障措施存在缺陷，难以应对突发风险带来的灾难损失。

四、乡村生产空间系统综合风险水平

整体上重庆市乡村生产空间系统综合风险处于 0.2141 ~ 0.5311，在空间上呈

现"东高西低"的空间格局特征,区域差异显著[图8-2(d)]。乡村生产空间系统风险高水平区均值为0.4835,主要位于东部的梁平区以及中部主城区,南岸区风险最高达0.5311。区域乡村生产空间系统面临着产业结构失调、乡村人口流失等风险源压力,乡村产业发展规模和结构与空间资源环境承载力不匹配导致乡村生产空间系统风险载体的状态较差,政府的保护性政策及财政投入力度不足,风险控制机制响应的有效性低,在压力大、状态差、响应能力低三者综合作用下该区域乡村生产空间系统综合风险水平较高。中等风险区域主要位于东部的渝东北、渝东南地区,乡村生产空间系统风险水平均值为0.3211。自2015年渝东南、渝东北区域生态建设上升为国家战略,限制生态涵养与保护区内部开发建设,乡村自然生产环境受到外界干扰的压力降低,但同时乡村生产条件落后、基础设施不完善,乡村产业发展受阻,系统压力、状态、响应能力相互制衡较强,因而乡村生产空间系统风险处于中等水平。低风险区则位于重庆市西部的江津区、巴南区、铜梁区等,依托资源优势和产业品牌,推进乡村一二三产业深度融合,减轻了乡村经济压力,乡村生产空间系统状态及响应水平较高,降低了区域风险综合水平。

第四节 重庆乡村生产空间系统风险差异化防控建议

(1)完善和出台空间管制规则、推行有机绿色产业生产模式、促进乡村经济多元化融合,缓解乡村生产空间系统风险源压力。压力高水平区严守"三条管控红线",杜绝城镇无序扩张和发展乡村全域旅游变相挤压乡村生产空间导致其非自然性压缩,提升多元主体自然灾害风险防治意识,加快实现致灾因子调查和重点隐患排查工作的常态化与规范化;压力中等水平区应结合市场需求导向,科学定位产业发展方向和规模,实现产业主体和当地居民的利益共享与义务共担的和谐格局,探索实施果茶菜有机肥替代化肥行动,推动产业绿色发展;压力低水平区加大政府扶持力度以促进一二三产业融合进程,引进市属重点农业龙头企业带动挖掘特色农产品潜力,发展多元化现代农业产业体系,分解乡村经济压力。

(2)探索治酸丰肥提地力措施、创新多样化乡村土地利用模式、优化产业结构和发展环境,提升乡村生产空间系统风险载体状态。状态高水平区实施"综合治酸治潜"措施,通过施用石灰和土壤调理剂调酸控酸,开展水田养护耕作,改善丘陵山区耕地土层薄、砾石含量多等耕地质量问题,促进乡村资源可持续利用;状态中等水平区盘活乡村耕地建设用地等土地资源,构建良种繁育、加工储藏、冷链物流等特色产品全产业链,打造全链条共赢机制和互惠互补模式,以优势主导产业带动区域产业融合；状态低水平区实施土地宜机化整治和农田水利建设，对陡坡进行缓坡化改造、对不规则田块进行条状田块改造，以实现闲置土地连成片，改善重庆市丘陵山区分散式农业布局的生产基础设施，优化产业开发和投资环境，利用传统小农经济文化挖掘本土底蕴，以吸引城市资金、市场等资源，破除小农经济低投入、低产出发展状态。

（3）推进粮经饲结构协调发展、统筹土地开发布局与基础设施配套、健全防灾减灾救灾体系，提高乡村生产空间系统风险控制机制响应能力。响应高水平区应继续保持政策、资金等投入力度，强化树立新时代粮食安全观，引导协调粮食作物和经济作物比例问题，实现稳粮、优经、扩饲均衡发展。响应中等水平区综合生态保护红线和地质灾害防治等要求，实行点状布局、垂直开发的土地利用模式，并以特色产业为纽带，带动低丘缓坡、高山平台的乡村基础设施建设，促进乡村生产空间系统产业、土地、基础设施协同发展；响应低水平区科学编制防灾减灾救灾规划，开展防灾救灾工程建设、应急演练，同时实行"补贴+保险"支持体系，鼓励乡村多元主体进行产业参保，扩大险种范围，逐步降低赔付标准，间接减少风险灾害事件对乡村生产空间系统造成的损失。

第五节　小　　结

本章从风险视角探究乡村生产空间系统，基于风险机理分析，构建了一套适用于乡村生产空间系统风险的评价指标体系，旨在评价乡村生产空间系统风险水平并揭示其空间格局特征，主要结论如下。

（1）重庆市乡村生产空间系统风险总体上属于中等水平，以压力水平为主导因素，以状态水平和响应水平为次要因素，三者综合作用。这一结果与任崇强等（2019）根据脆弱性理论中的脆弱性域图（vulnerability scoping diagram，VSD）评价模型，运用熵值法、多级可拓评价方法，对中国省域经济脆弱性进行综合评价所得出的重庆市平均水平吻合，充分表明研究所建立的风险评价指标体系较为科学可靠地反映了重庆市乡村生产空间系统风险水平。

（2）重庆市乡村生产空间系统总体上呈"中部高四周低"的格局，各项水平空间分布迥异。其中压力水平总体上呈"北高南低、局部显著"的空间格局、状态水平总体呈"西高东低"的阶梯式空间格局、响应能力呈以主城区为中心向四周递减的空间分异格局。

|第九章| 乡村生产空间系统脆弱性时空分异与差异化调控

脆弱性作为乡村生产空间系统的重要属性，是探讨系统易受负面影响或损害程度的有效度量和实现可持续发展的有效途径。本章以重庆市为研究区，以2007~2017年为研究时段，建立乡村生产空间系统脆弱性评价指标体系和评价模型，以定量测度乡村生产空间系统脆弱性，揭示其时空分异特征，进而划分脆弱性类型并提出差异化调控策略。结果表明：①乡村生产空间系统脆弱性是系统运行状态的综合度量，包含暴露度、敏感性和适应能力三个要素，其体现了以"人"为核心的乡村多元主体与以"地"为核心的乡村生产空间之间相互影响、相互作用的互动制衡关系。②乡村生产空间系统暴露度总体呈上升趋势及"局部突出、北高南低"的空间格局特征；敏感性总体呈波动下降趋势及"东高西低"的空间格局特征；适应能力总体呈快速上升趋势及"西高东低"的空间格局特征；脆弱性总体呈下降趋势及"东高西低"的空间格局特征。③将乡村生产空间系统脆弱性划分为适应能力脆弱型、暴露–敏感脆弱型、敏感–适应脆弱型和强综合脆弱型四种类型，并按照"生态优先–分类调控–重点突出–因地施策"原则针对不同类型提出差异化"降脆"策略，以引导乡村生产空间系统可持续发展。

第一节 乡村生产空间系统脆弱性内涵解构

脆弱性是系统的内在属性，乡村生产空间系统作为人地关系地域系统的重要表现形式之一，亦具有脆弱性这一属性。当前，学术界主要围绕乡村生产空间系统的概念、运行状态、功能开展研究，关于乡村生产空间系统脆弱性研究甚少。然而我国乡村正处于转型关键期，乡村生产空间系统内部要素间及其与外部环境间的作用更为深刻和复杂，人口、资源和环境间的矛盾更加尖锐，乡村生产空间系统的脆弱性更加凸显。亟待解构乡村生产空间系统脆弱性的内涵，为破解乡村生产空间系统脆弱性激增的现实困境奠定理论基础。据此，本章以系统论、人地关系论和可持续发展论为指导，参考已有脆弱性研究成果，从学理、要素、特征三个维度，解构乡村生产空间系统脆弱性的内涵，为后续研究奠定理论基础。

一、乡村生产空间系统脆弱性学理界定

脆弱性源于自然灾害研究（White，1974）。20 世纪 40 年代，Gilbert 和 White 在研究洪水灾害时提出的"适应与调整"概念，它是脆弱性研究的雏形。80 年代，Timmerman（1981）将脆弱性研究拓展至地理学。90 年代，Liverman（1990）首次将脆弱性这一概念运用于全球环境变化研究。21 世纪初，脆弱性研究成为全球环境变化及可持续性科学领域关注的热点问题和重要分析工具（Kasperson and Kasperson，2001），《科学》杂志发表的名为"可持续性科学"（Sustainability Science）一文把"特殊地区的自然–社会系统脆弱性或恢复力"研究列为可持续性科学的七大核心问题之一（Kates et al.，2001），脆弱性研究成为一门新兴学科。脆弱性在不同学科和研究领域得以广泛应用与拓展，因视角差异，学界对脆弱性概念的认知尚未达成共识。目前，脆弱性比较具有代表性的定义主要为：Adger（2006）认为脆弱性是系统暴露于环境或社会变化中，因缺乏适应能力而对变化造成的损害敏感的一种状态；Turner II 等（2003）认为脆弱性是系统、子系统或系统组分因暴露在灾害中可能经历的损害程度；联合国国际减灾战略（UNISDR，2004）认为脆弱性是由自然、社会、经济和环境因素及过程共同决定的系统对各种胁迫的易损性，为系统的内在属性；政府间气候变化专门委员会（IPCC，2001）认为脆弱性是系统容易受到气候变化造成的不良后果影响或无法应对其不良影响的程度，是系统外在气候变化的特征、强度和速率、敏感性与适应性的函数；李鹤等（2009）认为脆弱性是指系统对系统内外扰动的敏感性及其缺乏应对能力，从而结构和功能容易发生改变的一种属性。综上所述，脆弱性可以理解为暴露在扰动下的系统由于内部结构的敏感性以及缺乏应对扰动的适应能力从而向不可持续发展方向演变的一种状态或导致系统产生风险的可能。

目前，地理学界普遍认为脆弱性是人地关系地域系统的重要属性（刘小茜等，2009；陈萍和陈晓玲，2010）。乡村生产空间系统作为人地关系地域系统的多种存在形式之一，是乡村多元主体（人）、生产客体（地）和环境等系统内部要素之间及其与外在环境之间物质、能量和信息的交换下所形成的复杂人地关系的集合体（王成和李灏颖，2017），亦具有脆弱性这一系统属性。乡村生产空间系统脆弱性是指系统暴露于社会、经济、资源、环境等自然要素和人为要素扰动下，由于自身基底或内部结构的敏感性特征以及缺乏应对不利扰动的适应能力，其结构和功能发生改变，容易受到负面影响或损害的程度。它源于乡村生产空间系统内部，是其与生俱来的一种系统属性，只有当系统的脆弱性达到一定程度时，即达到脆弱点时，这种属性才表现出来。乡村生产空间系统的内部特征是脆弱性产生的直接原因，由敏感性体现；而外部环境与人为要素通过产生扰动或应对不利扰动使脆弱性放大或缩小，这是脆弱性发生变化的间接原因，其作用的发挥通过影响乡村生产空间系统内部特征，进而使脆弱性发生改变，由暴露度和适应能力体现。乡村生产空间系统脆弱性是系统运行状态的综合度量，能够较好地表征系统运行状态的各类特征，反映暴露度、敏感性和适应能力间综合作用的结果，体现以"人"为核心的乡村多元主体与以"地"为核心的乡村生产空间客体之间相互影响、相互作用的互动制衡关系。因此，实现乡村生产空间系统"降脆"，是引导乡村生产空间系统可持续发展的有效途径。

二、乡村生产空间系统脆弱性要素识别

目前，尽管学术界对脆弱性的认知各有不同，但普遍认为脆弱性是由暴露度、敏感性和适应能力三个要素构成的，围绕暴露度、敏感性和适应能力研究脆弱性已得到学界广泛认可（鲁大铭等，2017）。其中，暴露度反映系统遭遇灾害或危险的程度，主要取决于人类活动的强度和灾害发生的频率；敏感性反映系统受外部干扰难易程度的性质，主要取决于系统内部结构的稳定性；适应能力反映系统对灾害事件的响应、调整、应对，以避免损害的能力，主要取决于社会经济水平、技术水平、基础设施水平和管理能力等。据此，乡村生产空间系统脆弱性亦可分解为暴露度、敏感性和适应能力三个要素，敏感性是基础要素，暴露度和适应能力是驱动要素，其强弱是暴露度、敏感性和适应能力相互作用的综合体现。乡村生产空间系统暴露度是指乡村生产空间系统遭受乡村生产活动、自然灾害（旱涝、泥石流和滑坡等）以及外部环境（城镇化、工业化）等扰动的程度；敏感性是指乡村生产空间系统基于自身耕地利用状态、土壤侵蚀程度、生态涵养能力等自然本底条件和内部结构的优良状况，遭受扰动影响而转变为灾害事件的概率大小或发生改变的容易程度；适应能力是指乡村生产空间系统通过生产力水平提升、科学技术创新、政策调控等方式调整、应对不利扰动并从不利扰动中恢复的能力。一般而言，暴露度、敏感性与脆弱性呈正相关，暴露度、敏感性越大，脆弱性越大；适应能力与脆弱性呈负相关，适应能力越大，脆弱性越小（黄晓军等，2014）（图9-1）。

三、乡村生产空间系统脆弱性特征辨析

（一）整体性

整体性是系统的最基本属性和最根本特征。乡村生产空间系统是以"人"

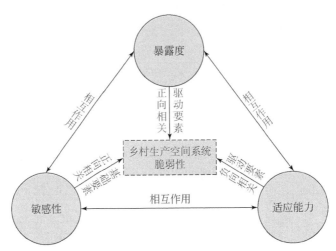

图 9-1　乡村生产空间系统脆弱性的内涵框架

和"土地"为核心的多要素相互作用形成的有机整体，系统整体功能的发挥并不是各个要素的简单相加，而是由各类要素通过复杂的非线性组合而成的。劳动力、资金、土地、技术等任何一个或一组要素发生变化都将触动其他要素发生改变，进而引起乡村生产空间系统功能或结构发生变化，影响系统的整体发展质量、运行方向，致使乡村生产空间系统脆弱性发生改变。乡村生产空间系统具有单个要素不具有的功能，当系统内各要素以合理的人地关系结构组成整体时，整体功能就会大于各要素功能之和，乡村生产空间系统脆弱性降低；若系统内各要素以不合理的人地关系结构组成整体，就会损害整体功能的发挥，乡村生产空间系统脆弱性增强。因此，降低乡村生产空间系统脆弱性，实现系统可持续发展，需树立正确的整体观、全局观，同时注重各要素间的有机整合而非单个要素的优化。

（二）区域性

脆弱性作为乡村生产空间系统运行状态的重要表征，是暴露度、敏感性和适应能力在不同区域下相互影响、相互制约的结果。不同区域乡村生产空间系统内自然、社会、经济、人文、科技等要素的类型和组合形式不尽相同，进而形成了不同的人地关系结构，引起了不同的乡村生产空间系统脆弱性程度。乡村生产空间系统脆弱性具有显著的区域性特征，主要表现在：一是外部扰动的区域差异性，不同区域乡村生产空间系统承受不同的外部扰动，具有不同的危害或灾害类型；二是自然本底或内部结构的区域差异性，不同区域乡村生产空间系统受地形、水文、气候等因素差异的综合影响，具有不同的自然本底条件和内部结构；

三是调整、应对或恢复能力的区域差异性,不同区域乡村生产空间系统受经济水平、管理水平、教育水平等差异影响,具有不同的调整、应对或恢复能力;此外,相近区域,受影响因素同质性的影响,乡村生产空间系统脆弱性在空间上呈现一定的分异规律。

(三) 尺度性

乡村生产空间系统作为一个嵌套层次的开放性复杂巨系统,其脆弱性具有多尺度性特征。一般而言,乡村生产空间系统脆弱性研究可以分为全球、省域、市域、县域、镇域、村域、农户等多尺度。不同尺度乡村生产空间系统受扰动的性质不同、内部结构的稳定性不同、应对扰动的能力不同,脆弱性的具体表现和程度强弱亦差异显著;同时,不同尺度乡村生产空间系统脆弱性具有尺度差异、尺度关联和尺度传递等尺度效应。因而,开展乡村生产空间系统脆弱性研究,需抓住不同尺度脆弱性的关键因子,探讨不同尺度间乡村生产空间系统脆弱性的尺度效应,以科学正确地表征系统脆弱性状态,进而合理制定管理决策,引导乡村生产空间系统"降脆"。

(四) 动态性

乡村生产空间系统本质上是一个动态过程,乡村生产空间系统脆弱性作为系统运行状态的重要表征,随着系统运行状态的改变而发生变化,具有动态性特征。一般而言,系统均具有一定的自我调节能力,但当系统受到某一要素的影响或刺激时,将增强系统内部要素之间的相互作用,加大与其他系统之间物质、能量和信息的交换速率与深度。如果扰动强度过大,达到某一阈值时,系统就会发生剧烈的变化,进行要素重组,造成自我调节能力受限,系统内外之间的物质、能量和信息流动将进入另一种状态,系统内人地关系状态随之改变,促使系统运行状态发生变化,进而引起乡村生产空间系统脆弱性发生改变。

(五) 复杂性

乡村生产空间系统作为一个远离平衡状态的非线性开放系统,具有典型的耗散结构特征,一方面系统内以人、土地等为核心的多要素间频繁地发生着物质、能量、信息的传递与交换;另一方面与乡村住居系统、乡村生态系统甚至城市系统等外部系统亦进行着频繁的物质、能量、信息的传递与交换。这一内外流动构成了系统内要素间或其与外部系统间复杂的相互作用关系,进而形成了复杂的层次结构和功能结构,致使乡村生产空间系统具有典型的复杂系统特质。而降低脆弱性作为实现乡村生产空间系统可持续发展的有效途径,从脆弱性视角探究乡村生产空间系统，乡村生产空间系统本身的复杂性亦体现在乡村生产空间系统脆弱性。

（六）可调控性

任何生物群落和它周围的非生物环境所组成的系统为生态系统。乡村生产空间系统作为一个以"人"和"土地"为核心的自然人文复合生态系统，具有生态系统的自我调节能力。乡村生产空间系统脆弱性是乡村多元主体与乡村生产空间客体相互影响、相互制约的结果。因而，借助乡村生产空间系统本身的自我调控能力，发挥乡村多元主体的主观能动性，通过政策引导、市场调控、科技创新等人为干预措施可以有效控制或减弱人类活动对系统造成的不利影响，降低乡村生产空间系统脆弱性。

四、乡村生产空间系统脆弱性数理评价

近些年来，脆弱性评价的研究方法由定性研究逐渐转向钻石模型（Bohle，2001）、交互式脆弱性评估框架（ADV）（Metzger et al.，2006）、VSD评估框架（Polsky et al.，2007）等将定性、定量集一体的综合研究。Kuentz-Simonet等（2017）采用人类幸福概念框架，构建市级居民生活状况的综合指标，分析法国西南部城市脆弱性的多维性质；何艳冰等（2016）采用"暴露度-敏感性-适应能力"模型构建社会脆弱性评价框架与指标体系，探究了西安城市边缘社会脆弱性的空间分异格局并剖析了社会脆弱性的影响机制。总体上，脆弱性作为系统内在属性之一，其研究领域主要集中于城市地域，甚少涉及乡村地域，而定量评价乡村生产空间系统脆弱性是探究乡村生产空间系统脆弱性的时空演变规律及类型划分的关键，构建科学合理的评价指标体系、选取恰当适宜的评价模型是定量评价乡村生产空间系统脆弱性的基础。虽然当前学界针对乡村生产空间系统脆弱性的研究较少，但针对自然系统脆弱性、社会系统脆弱性、人地系统脆弱性等系统脆弱性的量化研究取得了丰富的研究成果，为乡村生产空间系统脆弱性量化研究提供了重要的参考与借鉴。据此，本章将基于乡村生产空间系统脆弱性内涵解构，借鉴脆弱性量化研究成果，结合西南丘陵山区重庆市这一特殊地域环境，构建乡村生产空间系统脆弱性评价指标体系和量化模型，以实现对乡村生产空间系统脆弱性的科学、全面、客观评价，为探究乡村生产空间系统脆弱性的时空演变规律和类型划分奠定数理基础。

第二节　乡村生产空间体系脆弱性评价指标体系构建

一、评价指标选取的基本原则

指标是系统状态的抽象表征，指标选取恰当与否直接影响研究结果的正确与否。当前，一方面，虽然脆弱性研究涉及领域广、取得成果丰富，但是脆弱性评价指标庞杂、没有系统的数据组织方法、缺乏具有归纳能力的理论模型来统筹参差的数据、指标和信息；另一方面，乡村生产空间系统是人与地相互作用的复杂开放巨系统，涉及面广、关系复杂，致使乡村生产空间系统脆弱性定量评价难度大。因而，为构建客观适宜的乡村生产空间系统脆弱性评价指标体系，以确保对研究区乡村生产空间系统脆弱性的科学有效评价，需遵循以下原则。

（1）科学性原则。构建科学的指标体系是评价乡村生产空间系统脆弱性的基础，更是保证评价质量的前提。因此，必须广泛阅读涉及乡村生产空间系统、脆弱性等的相关文献资料，以深刻理解乡村生产空间系统脆弱性的理论内涵，使其指标体系建立在科学的基础上，客观反映系统脆弱性的本质属性，真实评价区域乡村生产空间系统脆弱性水平。

（2）系统性原则。乡村生产空间系统作为人地关系地域系统的重要分支，是一个具有复杂结构的系统，既受到系统自身结构和功能的影响，又受到外部环境的制约。因此，乡村生产空间系统脆弱性评价指标体系的设计必须遵从系统性原则，尽可能选择反映乡村生产空间系统脆弱性关键过程的核心指标，以揭示影响脆弱性的关键因子。

（3）针对性原则。一方面，不同区域、不同尺度，乡村生产方式、生产关系、生产活动、产业结构等不尽相同，进而对乡村生产空间系统的作用方向、作用程度亦不相同，需要针对特定区域、特定尺度建立特定脆弱性评价指标体系，显化特定区域、特定尺度的乡村生产空间系统脆弱性特征；另一方面，不同的研究目标、研究视角，指标体系亦有所差异，所选指标需辅助实现研究目的和凸显研究视角。

（4）主导因素原则。构建乡村生产空间系统脆弱性评价指标体系，需在探究系统内要素或子系统间及其与外部环境间关系的基础上，精准识别影响乡村生产空间系统脆弱性的主导因素，进而选取反映其主导因素的关键指标，使脆弱性评价指标体系既能客观全面真实地表征系统脆弱性状态，又能简化指标。

（5）应用性原则。着眼于乡村生产空间系统脆弱性影响因素识别及差异化调控的应用目标，构建乡村生产空间系统脆弱性评价指标体系，既能更好地实现数据的组织和共享，又有利于评价结果的比较和再利用；同时，还能为后续此类研究提供借鉴与参考、为地区乡村生产空间系统"降脆"提供决策建议，具有一定的普适性和实践性。

（6）可操作性原则。构建乡村生产空间系统脆弱性评价指标体系，需繁简适中，考虑指标的可获性、可靠性、可行性。在现有社会经济与科技条件下，所选指标能够通过查询、统计、监测、调研等常规手段获取，具有真实可靠的数据来源；同时，所选指标尽可能简洁直白，可比性强，便于定量化处理与空间化表达。

二 、评价指标体系构建

Polsky 等（2007）提出的 VSD 评估框架将脆弱性分解为暴露度、敏感性和适应能力三个维度，与本研究乡村生产空间系统脆弱性内涵解构一致。从暴露度、敏感性和适应能力三个脆弱性要素入手构建脆弱性评价指标体系，能够较全面、科学地反映系统的脆弱性特征，可以揭示自然要素与人文要素的相互影响机制。此外，VSD 评估框架是个囊括从抽象定性分析到具体指标、参数选取全过程的脆弱性评价流程，具有较强的规范性、科学性和可操作性，已得到广泛认可和应用（陈佳等，2016b）。近年来，我国乡村主体多元化、业态多样化、土地利用多功能态势明显，乡村生产空间系统内部要素的流动及相互作用增强，结构、形态与功能不断演化。本研究基于乡村生产空间系统脆弱性内涵解构，参考 VSD 评估框架，借鉴脆弱性研究成果，结合重庆市乡村生产空间系统人地关系复杂多样、与其他省市发展水平各异和所面临关键问题不尽相同的地域特征，遵循系统性、针对性和可操作性等原则，从暴露度、敏感性和适应能力入手构建乡村生产空间系统脆弱性评价指标体系，其共包括 18 项指标（表9-1）。

表9-1 乡村生产空间系统脆弱性评价指标体系

要素层	指标层	内涵	单位	性质	权重			
					2007 年	2012 年	2017 年	平均值
暴露度（E）	农药施用强度	农药施用量/耕地面积	t/hm²	+	0.078	0.107	0.131	0.105
	化肥施用强度	化肥施用量/耕地面积	t/hm²	+	0.130	0.164	0.078	0.124
	复种指数	农作物播种面积/耕地面积	—	+	0.045	0.030	0.032	0.036
	地质灾害发生强度	地质灾害点体积/研究单元面积	m³/hm²	+	0.291	0.282	0.309	0.294

要素层	指标层	内涵	单位	性质	权重			
					2007 年	2012 年	2017 年	平均值
暴露度（E）	水土流失率	水土流失面积/研究单元面积	%	+	0.079	0.079	0.091	0.083
	城镇用地占比	城镇用地面积/研究单元面积	%	+	0.377	0.338	0.359	0.358
敏感性（S）	平均耕地质量等别	反映耕地的耕作质量情况①	等	+	0.103	0.097	0.099	0.100
	≥25° 耕地占比	≥25° 耕地面积/耕地面积	%	+	0.346	0.327	0.330	0.334
	地形起伏度	最大高程值−最小高程值	m	+	0.231	0.217	0.220	0.223
	人均水资源量	水资源总量/乡村总人口	亿 m³/万人	−	0.040	0.040	0.050	0.043
	森林覆盖率	林地面积/研究单元面积	%	−	0.176	0.118	0.122	0.139
	地均生态服务价值	区域生态服务价值总和②/研究单元面积	元/hm²	−	0.104	0.201	0.179	0.161
适应能力（A）	人均农林牧渔业总产值	农林牧渔业总产值/乡村总人口	元/人	+	0.040	0.099	0.049	0.063
	单位面积粮食产量	粮食总产量/耕地面积	t/hm²	+	0.035	0.032	0.045	0.037
	单位面积蔬菜产量	蔬菜总产量/耕地面积	t/hm²	+	0.274	0.213	0.192	0.226
	农林水事务财政支持强度	农林水事务支出/耕地面积	万元/hm²	+	0.278	0.318	0.272	0.289
	农业机械化水平	农业机械总动力/耕地面积	kW/hm²	+	0.199	0.142	0.182	0.174
	灌排设施覆盖率	农田水利用地面积/耕地面积	%	+	0.174	0.196	0.260	0.210

注：①《2016 年全国耕地质量等别更新评价主要数据成果》将耕地评定为 15 个等别，1 等耕地质量最好，15 等最差。②区域生态服务价值总和依据 Costanza、谢高地等的方法计算。

暴露度是乡村生产空间系统遭受乡村生产活动、自然灾害、外部环境等扰动程度的重要表征，取决于研究单元乡村生产空间系统的生产活动强度、灾害发生频率和城镇化侵入程度等。因而，选取农药施用强度、化肥施用强度和复种指数表征生产活动强度，其为正向指标；研究区地处西南丘陵山区，是典型的山地地形，土地资源少、生态环境脆弱，滑坡、泥石流、水土流失等灾害频发，因而选取地质灾害发生强度、水土流失率表征灾害发生频率，其为正向指标；选取城镇用地占比表征城镇化侵入程度，其为正向指标。

敏感性是乡村生产空间系统由于自然本底条件和内部结构状况影响，遭受扰动而发生改变的容易程度的重要表征，取决于研究单元乡村生产空间系统的耕地利用、土壤侵蚀、水资源供给、生态涵养等状况。因而，选取平均耕地质量等别和≥25°耕地占比表征耕地利用状态，其为正向指标；选取地形起伏度表征土壤侵蚀程度，其为正向指标；选取人均水资源量表征生产用水富裕度，其为负向指标；选取森林覆盖率、地均生态服务价值表征生态涵养能力，其为负向指标。

适应能力是乡村生产空间系统调整、应对不利扰动并从不利扰动中恢复能力的重要表征，取决于研究单元乡村生产空间系统的生产力水平、技术水平、管理水平和农田水利设施水平。因而，选取人均农林牧渔业总产值、单位面积粮食产量、单位面积蔬菜产量表征生产力水平，其为正向指标；选取农林水事务财政支持强度表征管理水平，其为正向指标；选取农业机械化水平表征技术水平，其为正向指标；选取灌排设施覆盖率表征农田水利设施水平，其为正向指标。

三、数据收集和整理

研究数据包括空间数据和属性数据两部分。空间数据包括通过走访重庆市规划和自然资源局获取的 2007 年、2012 年、2017 年重庆市土地变更调查数据、农用地分等定级成果、DEM 数据，以及通过国家基础地理信息中心网站下载的全国基础地理数据库（重庆市主要水系、公路、铁路等）。属性数据包括社会经济数据和生态环境数据两类，主要通过网站查询、走访重庆市统计局和区县统计局、间接换算等方式获取，其中，农药化肥施用量、农作物产量、农作物播种面积、农林牧渔业总产值、农村居民人均可支配收入、乡村总人口等社会经济数据来源于中国统计出版社 2008 年、2013 年、2018 年出版的《重庆统计年鉴》《重庆调查年鉴》《中国县域统计年鉴》以及 37 个区县统计年鉴；水资源总量、森林覆盖率、水土流失面积等生态环境数据直接或间接来源于重庆市水利局发布的《重庆市水资源公报》（2007 年、2012 年、2017 年）和《重庆市水土保持公报》（2007 年、2012 年、2017 年）、重庆市林业局发布的《重庆市森林资源公报》

（2007 年、2012 年、2017 年）、重庆市生态环境局发布的《重庆市生态环境状况公报》（2007 年、2012 年、2017 年）。研究将获取数据通过整理与筛选，以ArcGIS 10.2 为数据平台，以区县行政区代码为标识码，分别录入 37 个区县 2007年、2012 年、2017 年乡村生产空间系统脆弱性相关数据，建立空间数据与属性数据相链接的 Geodatabase 数据库，最终形成本研究的数据源。

此外，重庆市在研究时段（2007～2017 年）内行政区划做了几次调整，分别是：①2011 年，撤销重庆市双桥区、大足县，设立重庆市大足区，以原双桥区、大足县的行政区域为新设的重庆市大足区的行政区域；撤销重庆市万盛区、綦江县，设立重庆市綦江区，以原万盛区、綦江县的行政区域为新设的重庆市綦江区的行政区域。②2014 年，撤销璧山县，设立重庆市璧山区，以原璧山县的行政区域为璧山区的行政区域；撤销铜梁县，设立重庆市铜梁区，以原铜梁县的行政区域为铜梁区的行政区域。③2015 年，撤销潼南县，设立重庆市潼南区，以原潼南县的行政区域为潼南区的行政区域；撤销荣昌县，设立重庆市荣昌区，以原荣昌县的行政区域为荣昌区的行政区域。④2016 年，撤销开县，设立重庆市开州区，以原开县的行政区域为开州区的行政区域；撤销梁平县，设立重庆市梁平区，以原梁平县的行政区域为梁平区的行政区域；撤销武隆县，设立重庆市武隆区，以原武隆县的行政区域为武隆区的行政区域。为了使研究便于做横纵向的对比，能更好地呈现时空分异，本书对各类统计数据按照研究期末（2017 年）行政区划进行整合，相关数据处理和图件制作按照研究期末（2017 年）行政区划展开，体现的是同一范围下的脆弱性整体变化情况。同时，未来区县的发展情况或发展指引也是在调整后的行政区划基础上，而非过去的行政区划，因此，采用调整后的行政区划便于厘清当前各区县存在的问题，进而以区县为单位进行提升引导。

第三节　乡村生产空间系统脆弱性评价模型建立

一、评价指标赋权

确定评价指标权重是脆弱性评价的关键环节，本研究选取指标的数据量大且量纲不同，因此选择适当的指标赋权方法确定权重尤为重要。目前，确定指标权重的方法有主观赋权法和客观赋权法两种方法。在客观赋权法中，熵值法既可以克服主观赋权法无法避免的随机性、臆断性问题，又可以有效解决多指标变量间信息重叠问题，且能够深刻反映指标信息熵的效用价值，具有较强的客观性，被广泛应用于社会经济等研究领域（王富喜等，2013）。因而，本研究采用熵值法进行指标赋权，其评价思路为评价对象在某项指标的值相差越大，该对象越重要，权重值越大。同时，考虑到指标的时序特性及其整体表现，暴露度、敏感性和适应能力每个维度下的指标均选取三年权重的平均值作为最终权重。具体计算步骤如下。

（1）指标标准化处理。

由于各评价指标具有不同的量纲、数量级，为消除不同量纲数据对脆弱性评价的影响，本研究采用极差标准化法对数据进行无量纲化处理，具体情况如下。

当 X_{ij} 是正向指标时：

$$Z_{ij} = \frac{X_{ij} - \min X_{ij}}{\max X_{ij} - \min X_{ij}} \tag{9-1}$$

当 X_{ij} 是负向指标时：

$$Z_{ij} = \frac{\max X_{ij} - X_{ij}}{\max X_{ij} - \min X_{ij}} \tag{9-2}$$

式中，Z_{ij} 为指标的标准化值；X_{ij} 为指标的原始值；i 为第 i 研究单元；j 为第 j 评价指标项。

（2）计算 X_{ij} 为第 j 个指标下第 i 个研究单元占该指标的比例 p_{ij}：

$$p_{ij} = \frac{Z_{ij}}{\sum_{i=1}^{m} Z_{ij}} \tag{9-3}$$

（3）计算指标信息熵 e_j：

$$e_j = -1/\ln(m) \sum_{i=1}^{m} p_{ij} \ln p_{ij} \tag{9-4}$$

（4）计算指标信息效用值 d_j：

$$d_j = 1 - e_j \tag{9-5}$$

（5）计算指标权重 W_j：

$$W_j = d_j / \sum_{j=1}^{n} d_j \tag{9-6}$$

（6）计算最终权重 $\overline{W_j}$：

$$\overline{W_j} = \frac{W_{j2007} + W_{j2012} + W_{j2017}}{3} \tag{9-7}$$

式中，$\overline{W_j}$、W_{j2007}、W_{j2012}、W_{j2017} 分别为乡村生产空间系统脆弱性第 j 项指标的平均权重、2007 年权重、2012 年权重、2017 年权重（表9-1）。

二、脆弱性评价模型

（一）脆弱性分维度评价模型

结合指标权重和标准化值，采用加权求和法分别计算出各研究单元乡村生产空间系统的暴露度、敏感性、适应能力：

$$E_i = \sum_{j=1}^{m} Z_{ij} \overline{W_j}, \quad S_i = \sum_{j=1}^{m} Z_{ij} \overline{W_j}, \quad A_i = \sum_{j=1}^{m} Z_{ij} \overline{W_j} \tag{9-8}$$

式中，E_i、S_i、A_i分别为第 i 研究单元乡村生产空间系统的暴露度、敏感性、适应能力。

（二）脆弱性综合评价模型

依据前述乡村生产空间系统脆弱性的内涵解构，乡村生产空间系统脆弱性由暴露度、敏感性和适应能力构成，且暴露度、敏感性与脆弱性正相关，适应能力与脆弱性负相关。据此，对乡村生产空间系统脆弱性进行定量评价：

$$V_i = E_i + S_i - A_i \tag{9-9}$$

式中，V_i为第 i 研究单元的乡村生产空间系统脆弱性。乡村生产空间系统脆弱性评价结果见表9-2。

表9-2　乡村生产空间系统脆弱性评价结果

区县	2007 年				2012 年				2017 年			
	暴露度	敏感性	适应能力	脆弱性	暴露度	敏感性	适应能力	脆弱性	暴露度	敏感性	适应能力	脆弱性
万州区	0.403	0.425	0.193	0.635	0.384	0.369	0.153	0.600	0.401	0.377	0.169	0.609
黔江区	0.132	0.498	0.119	0.511	0.119	0.511	0.106	0.524	0.137	0.518	0.098	0.557
涪陵区	0.138	0.412	0.082	0.468	0.187	0.389	0.168	0.408	0.205	0.395	0.206	0.394
大渡口区	0.802	0.218	0.519	0.501	0.880	0.230	0.747	0.363	0.816	0.238	0.697	0.357
江北区	0.596	0.294	0.394	0.496	0.477	0.297	0.374	0.400	0.446	0.325	0.365	0.406
沙坪坝区	0.417	0.331	0.357	0.391	0.360	0.340	0.375	0.325	0.357	0.354	0.458	0.253
九龙坡区	0.324	0.363	0.326	0.361	0.341	0.366	0.529	0.178	0.357	0.372	0.568	0.161
南岸区	0.413	0.305	0.411	0.307	0.435	0.311	0.490	0.256	0.372	0.331	0.446	0.257
北碚区	0.194	0.373	0.205	0.362	0.269	0.390	0.373	0.286	0.303	0.401	0.328	0.376

续表 ·

区县	2007 年				2012 年				2017 年			
	暴露度	敏感性	适应能力	脆弱性	暴露度	敏感性	适应能力	脆弱性	暴露度	敏感性	适应能力	脆弱性
渝北区	0.199	0.480	0.287	0.392	0.253	0.482	0.121	0.614	0.301	0.504	0.176	0.629
巴南区	0.154	0.410	0.192	0.372	0.160	0.392	0.185	0.367	0.173	0.408	0.180	0.401
长寿区	0.159	0.370	0.132	0.397	0.169	0.371	0.157	0.383	0.171	0.379	0.139	0.411
江津区	0.124	0.398	0.172	0.350	0.156	0.392	0.196	0.352	0.189	0.400	0.187	0.402
合川区	0.106	0.436	0.135	0.407	0.089	0.409	0.118	0.380	0.107	0.415	0.125	0.397
永川区	0.224	0.376	0.147	0.453	0.233	0.369	0.139	0.463	0.293	0.367	0.175	0.485
南川区	0.090	0.453	0.120	0.423	0.075	0.466	0.155	0.386	0.104	0.475	0.160	0.419
綦江区	0.290	0.548	0.091	0.747	0.287	0.544	0.112	0.719	0.318	0.569	0.137	0.750
大足区	0.085	0.403	0.178	0.310	0.082	0.404	0.119	0.367	0.134	0.427	0.118	0.443
璧山区	0.139	0.332	0.109	0.362	0.137	0.333	0.179	0.291	0.107	0.336	0.194	0.249
铜梁区	0.137	0.423	0.087	0.473	0.091	0.374	0.168	0.297	0.129	0.380	0.178	0.331
潼南区	0.117	0.397	0.107	0.407	0.082	0.423	0.153	0.352	0.091	0.395	0.200	0.286
荣昌区	0.098	0.365	0.105	0.358	0.079	0.360	0.162	0.277	0.085	0.365	0.177	0.273
开州区	0.152	0.615	0.227	0.540	0.149	0.558	0.181	0.526	0.198	0.559	0.185	0.572
梁平区	0.103	0.437	0.178	0.362	0.129	0.428	0.099	0.458	0.156	0.436	0.110	0.482
武隆区	0.117	0.466	0.169	0.414	0.097	0.466	0.087	0.476	0.125	0.457	0.127	0.455
城口县	0.046	0.713	0.131	0.628	0.054	0.600	0.220	0.434	0.067	0.605	0.200	0.472
丰都县	0.225	0.458	0.062	0.621	0.225	0.443	0.117	0.551	0.244	0.447	0.120	0.571
垫江县	0.091	0.433	0.116	0.408	0.111	0.413	0.140	0.384	0.107	0.406	0.140	0.373
忠县	0.190	0.494	0.075	0.609	0.192	0.442	0.071	0.563	0.210	0.441	0.083	0.568
云阳县	0.357	0.591	0.328	0.620	0.320	0.502	0.097	0.725	0.342	0.503	0.113	0.732
奉节县	0.339	0.540	0.076	0.803	0.333	0.515	0.106	0.742	0.357	0.508	0.127	0.738
巫山县	0.206	0.604	0.120	0.690	0.184	0.566	0.108	0.642	0.214	0.550	0.160	0.604
巫溪县	0.113	0.592	0.139	0.566	0.112	0.570	0.092	0.590	0.126	0.558	0.138	0.546
石柱县	0.057	0.388	0.110	0.335	0.088	0.410	0.137	0.361	0.113	0.415	0.137	0.391
秀山县	0.125	0.456	0.128	0.453	0.132	0.476	0.218	0.390	0.147	0.487	0.188	0.446

区县	2007 年				2012 年				2017 年			
	暴露度	敏感性	适应能力	脆弱性	暴露度	敏感性	适应能力	脆弱性	暴露度	敏感性	适应能力	脆弱性
西阳县	0.052	0.495	0.041	0.506	0.041	0.482	0.059	0.464	0.056	0.505	0.073	0.488
彭水县	0.071	0.463	0.119	0.415	0.053	0.478	0.141	0.390	0.071	0.491	0.132	0.430

第四节　乡村生产空间系统脆弱性时空演变

不同时期、不同区域，乡村生产空间系统的要素、结构、功能以及外部环境不尽相同，人地关系状态亦存在差别，进而引起乡村生产空间系统脆弱性的时间差异和空间差异。厘清乡村生产空间系统脆弱性的时空演变规律及其影响因素，有助于剖析乡村生产空间系统复杂多变的人地关系、引导乡村生产空间系统健康可持续发展。因此，本章依据乡村生产空间系统脆弱性数理评价结果，运用纵向比较系数模型，通过时序比较和空间表达厘清乡村生产空间系统脆弱性的时空演变规律及其影响因素，为进一步划分乡村生产空间系统脆弱性类型及提出差异化调控策略奠定基础。根据乡村生产空间系统脆弱性的评价结果，可知 2007 年、2012 年、2017 年重庆市乡村生产空间系统的暴露度、敏感性、适应能力和脆弱性（表9-3）。

表9-3　重庆市乡村生产空间系统脆弱性结果

项目	2007 年	2012 年	2017 年
暴露度	0.205	0.204	0.220
敏感性	0.442	0.429	0.435
适应能力	0.175	0.193	0.203
脆弱性	0.472	0.446	0.449

为了更好地剖析重庆市各区县乡村生产空间系统脆弱性的时空演变规律，参照已有研究成果（Metzger et al.，2006），运用纵向比较系数模型，构建乡村生产空间系统脆弱性演变的时空差异诊断模型，通过比较乡村生产空间系统脆弱性基期和末期的系数变化来诊断各区县乡村生产空间系统脆弱性的时空演变特征。具体公式见式（9-10）：

$$FV_i = \frac{inV_i}{imV_i} \qquad (9-10)$$

式中，FV_i 为第 i 区县乡村生产空间系统脆弱性的纵向比较系数；inV_i 和 imV_i 分别为第 i 区县末期和基期的脆弱性。$FV_i > 1$ 表示 i 区县乡村生产空间系统脆弱性在一定时期内增强，反之则减弱。同理，暴露度、敏感性、适应能力的纵向比较系数计算方法同理，其纵向比较系数分别表示为 FE_i、FS_i、FA_i。

依据式 (9-10)，分别计算出 2007 年、2012 年、2017 年各区县乡村生产空间系统暴露度（图 9-2）、敏感性、适应能力和脆弱性的纵向比较系数。同时，依据表 9-1，分别以 2007 年乡村生产空间系统暴露度、敏感性、适应能力和脆弱性为标准，运用自然断点法划分级别，具体为：低度暴露度（0.041 ～ 0.103）、较低暴露度（0.104 ～ 0.159）、中度暴露度（0.160 ～ 0.290）、较高暴露度（0.291 ～ 0.417）、高度暴露度（0.418 ～ 0.880）；低度敏感性（0.218 ～ 0.332）、较低敏感性（0.333 ～ 0.412）、中度敏感性（0.413 ～ 0.466）、较高敏感性（0.467 ～ 0.548）、高度敏感性（0.549 ～ 0.713）；低度适应能力（0.041 ～ 0.091）、较低适应能力（0.092 ～ 0.147）、中度适应能力（0.148 ～ 0.205）、较高适应能力（0.206 ～ 0.287）、高度适应能力（0.288 ～ 0.747）；低度脆弱性（0.161 ～ 0.350）、较低脆弱性（0.351 ～ 0.408）、中度脆弱性（0.409 ～ 0.473）、较高脆弱性（0.474 ～ 0.566）、高度脆弱性（0.567 ～ 0.803）（图 9-3）。

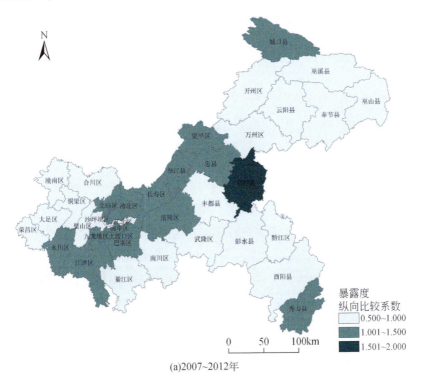

(a)2007～2012年

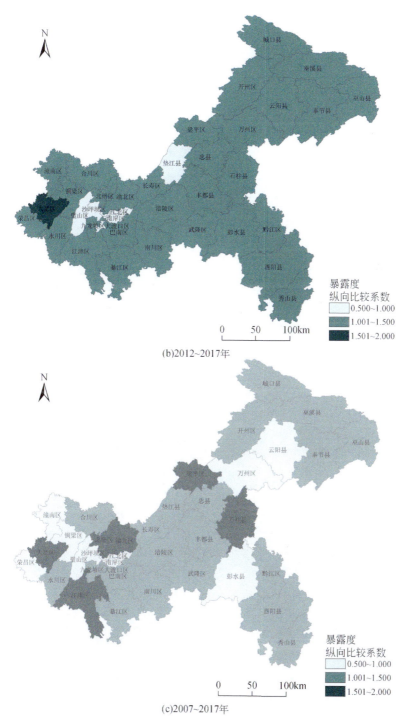

(b)2012~2017年

(c)2007~2017年

图9-2　2007年、2012年、2017年重庆乡村生产空间系统暴露度纵向比较系数空间分布

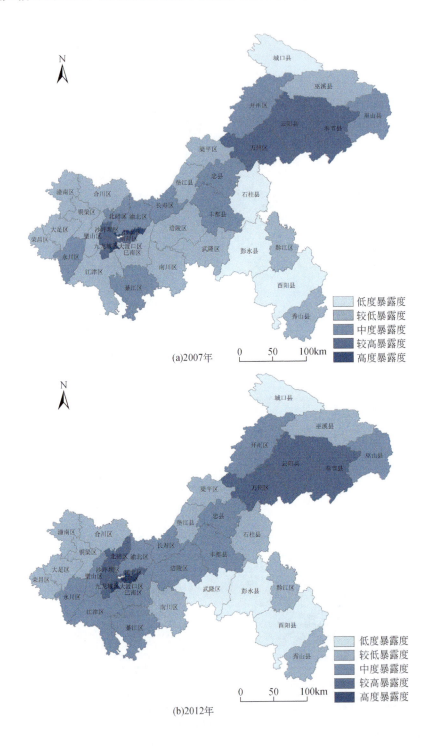

(a)2007年

(b)2012年

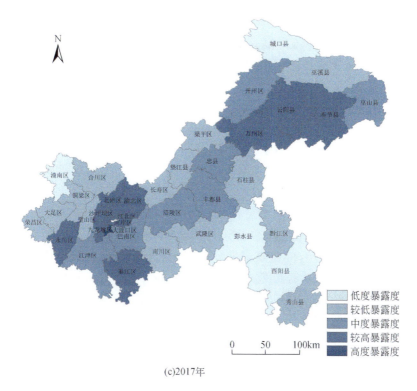

(c)2017年

图 9-3　2007 年、2012 年、2017 年重庆市乡村生产空间系统暴露度空间分布图

一、乡村生产空间系统暴露度时空演变分析

（一）暴露度时序演变

从市域层面看，2007～2017 年重庆市乡村生产空间系统暴露度为 0.205～0.220，总体呈上升趋势，乡村生产空间系统遭受扰动的程度增大，主要受化肥施用强度和城镇用地占比大幅度提升的影响（表 9-2）。近年来，重庆市尽管大力发展生态农业、绿色农业，积极开展化肥施用量零增长行动，以期为"化肥减量控害，产出高效、安全、资源节约、环境友好的现代农业发展之路"提供指导；但其地处西南丘陵山区，平坝地少，"鸡窝地"、坡耕地多，地块细碎，致使农业机械使用限制大、农业生产资源禀赋差，农业产出的增长主要依靠增加化肥投入，2007～2017 年重庆市化肥施用强度由 0.377t/hm² 增长至 0.403t/hm²，增长了 0.069 倍、增长率达 6.897%。此外，自 2007 年成立统筹城乡综合配套改革试验区以来，受长期城乡发展"重大轻小、重城轻乡"思想的影响，加上国

家对直辖市的政策倾斜和自身区位条件优势，重庆市城镇化、工业化进程加快，经济增长迅猛，人口城镇化率提高，在经济发展和人口城镇化增长的带动和辐射下，城镇用地无序扩张、占用耕地现象屡见不鲜，城镇建设占用与耕地保护的矛盾更加突出，加大了对乡村生产空间系统的侵入和挤占，乡村生产空间系统非自然压缩现象明显，2007～2017年城镇用地占比由0.896%增长至2.448%，增长了1.732倍、增长率高达173.214%。

从县域层面看，2007～2017年北碚区、渝北区、大足区、江津区、梁平区和石柱县等27个区县（占研究单元总数的72.973%）乡村生产空间系统暴露度处于增强态势，系统遭受扰动的程度增大，这是研究期间重庆市各区县乡村生产空间系统暴露度的主要时序演变趋势；其中，石柱县、大足区和北碚区的乡村生产空间系统暴露度增加幅度较大。仅有潼南区、荣昌区、璧山区、万州区和云阳县等9个区县乡村生产空间系统暴露度处于减弱趋势，系统遭受扰动的程度下降。其中，江北区、璧山区和潼南区的乡村生产空间系统暴露度下降幅度较大。彭水县乡村生产空间系统暴露度未发生增减变化，系统遭受扰动的程度几乎无变化（图9-2）。分时段看：①2007～2012年，石柱县、北碚区、长寿区、江津区等16个区县乡村生产空间系统暴露度呈增长趋势，系统遭受扰动的程度增强。其中，石柱县、北碚区、涪陵区的乡村生产空间系统暴露度增长幅度较大，其主要是受农药施用强度、化肥施用强度、复种指数和城镇用地占比增幅较大的影响。丰都县乡村生产空间系统暴露度未发生增减变化，系统遭受扰动的程度不变。剩余20个区县（占研究单元总数的54.054%）乡村生产空间系统暴露度均呈下降趋势，系统遭受扰动的程度减弱，这是此时段重庆市各区县乡村生产空间系统暴露度的主要时序演变趋势。其中，铜梁区、潼南区和彭水县的乡村生产空间系统暴露度下降幅度较大，铜梁区和潼南区乡村生产空间系统暴露度涉及指标除城镇用地占比外均呈减少趋势，特别是其水土流失治理工作成效显著，其与水土流失率下降幅度位列前二，分别减少了21.978%、14.550%；彭水县乡村生产空间系统暴露度涉及指标除了化肥施用强度、城镇用地占比外均呈减少趋势，特别是受乡村劳动力外流现象严重、农业经济效益低的影响，复种指数下降幅度较大，位列第二，下降了0.740。②2012～2017年，大足区、永川区、綦江区、涪陵区、秀山县等31个区县（占研究单元总数的83.784%）乡村生产空间系统暴露度均呈增长趋势，系统遭受扰动的程度增强，这是此时段重庆市各区县乡村生产空间系统暴露度的主要时序演变趋势。其中，大足区、铜梁区和南川区的乡村生产空间系统暴露度增长幅度较大，3个区县复种指数和城镇用地占比均呈增长趋势，大足区的农药施用强度和化肥施用强度增长幅度均位列第一，分别增加了0.005t/hm² 和0.133t/hm²，铜梁区和南川区的化肥施用强度增长幅度分别位列第三和第九，分别增加了 0.096hm² 和 0.034hm²。仅江北区、沙坪坝区、南岸区、璧山区、大渡口区和垫江县 6 个区县乡村生产空间系统暴露度呈下降趋势，系统遭受扰动的程度减弱，涉及区县意识到农业面源污染问题的严重性，注重发展生态、绿色农业，农药施用强度、化肥施用强度均呈下降趋势。其中，垫江县和大渡口区农药施用强度下降幅度位列前二，分别下降了 0.009t/hm² 和 0.008t/hm²，大渡口区、璧山区、南岸区和江北区化肥施用强度下降幅度位列前四，分别下降了 0.516t/hm²、0.413t/hm²、0.298t/hm² 和 0.267t/hm²；同时，南岸区和江北区注重耕地的休养生息，复种指数下降幅度位列前二，分别下降了 0.575、0.191，加之两个区县注重水土流失治理并取得较好成效，其与水土流失率下降幅度分别位列第三、第一，分别下降了 7.970%、9.600%。

（二）暴露度空间格局

从空间格局看，重庆市乡村生产空间系统暴露度区域差异显著，由主城片区和渝东北片区的万州区双核心向四周逐渐减弱，总体上呈"局部突出、北高南低"的空间格局特征。同时，2007～2017 年暴露度高值分别以主城片区和渝东北片区的万州区为中心向四周扩散，高值区县个数增加，低值区县个数减少（图9-3）。2017 年，高度暴露度区域主要包括江北区和大渡口区，乡村生产空间系统遭受扰动的程度大，大渡口区暴露度最高，为 0.816；涉及两个区县均位于主城片区，处于快速城镇化、工业化阶段，城镇用地占比位列前二，分别高达 37.215%、42.187%；其中，大渡口区作为主城片区农业产值占比较高的区县，农药施用强度位列第九，为 0.010t/hm²，化肥施用强度和复种指数均位列第二，分别高达 1.036t/hm² 和 1.978。较高暴露度区域主要包括沙坪坝区、渝北区、永川区、万州区、奉节县等 10 个区县，乡村生产空间系统遭受扰动程度较大；其中，沙坪坝区、渝北区、永川区等主城片区及城郊区县经济发展水平较高，城市扩展严重、耕地面积少，农业产量的增长主要依靠大量投入农药化肥等农资产品，农药施用强度、化肥施用强度和城镇用地占比均高于全市平均水平，特别是永川区作为典型的农业大区，其农药施用强度、化肥施用强度均最高，分别为 0.031t/hm²、1.125t/hm²；而万州区、云阳县、奉节县等渝东北片区区县经济发展较为滞后，受耕地面积有限和经济发展滞后影响，以农业为主的乡村经济发展严重依靠耕地的重复利用，复种指数高，且地处我国水土流失最严重地区之一的三峡库区，地势陡峭崎岖、地质构造复杂，多为喀斯特地貌、地形破碎、地质灾害频发。万州区、云阳县和奉节县水土流失率分别高达 45.560%、57.650% 和 57.550%，分别位列第三、第一和第二；地质灾害发生强度分别高达 1521.030m³/hm²、1315.312m³/hm² 和 1223.990m³/hm²，分别位列第三、第四和第五。中度暴露度区域主要包括巴南区、江津区、丰都县、忠县、开州区等 8 个区县，其暴露度涉及指标大多处于全市平均水平，乡村生产空间系统遭受扰动程度一般。较低暴露度区域主要包括大足区、璧山区、垫江县、秀山县、巫溪县等 13 个区县，低度暴露度区域主要包括潼南区、城口县、酉阳县和彭水县 4 个区县，乡村生产空间系统遭受扰动程度小，酉阳县暴露度最低，为 0.056。城口县、酉阳县、彭水县、梁平区等位于渝东北或渝东南片区，经济发展水平较低，呈典型的大农村、小城市特征，生产方式较为传统，农药施用强度和化肥施用强度较低、城镇用地占比较小，巫溪县农药施用强度最低，为 0.001t/hm²，城口县城镇用地占比最低，为 0.141%；而大足区、南川区和荣昌区等位于渝西片区的区县，地形地貌条件较好，且地质灾害防治能力强、水土保持工作有序推进，地质灾害发生强度、水土流失率较低，荣昌县水土流失率最低，为 18.920%。

二、乡村生产空间系统敏感性时空演变分析

（一）敏感性时空演变

从市域层面看，2007～2017 年重庆市乡村生产空间系统敏感性为 0.442～0.435，总体上呈波动下降趋势，系统遭受扰动而发生变化的容易程度减弱，主要受平均耕地质量等别、≥25°耕地占比降低与人均水资源量、森林覆盖率、地均生态服务价值提升的影响（表 9-3）。2007～2017 年重庆市贯彻实施最严格的耕地保护制度，坚守耕地质量红线，开展永久基本农田划定工作、耕地质量保护与提升行动，全面治理农业面源污染，耕地质量显著提升，平均耕地质量等别（等别越高，质量越差）由 9.961 等下降为 9.772 等，下降了 0.189 等，下降率达 1.897%。同时，稳步推进"退耕还林"工程，对 25°以上的坡耕地退耕还林，≥25°耕地占比由 23.034% 下降至 22.261%，下降了 0.773 个百分点，下降率达 3.356%。此外，2007～2017 年重庆市切实加强水资源保护，划定水资源保护红线，推行最严格水资源管理制度，人均水资源量由 0.281 亿 m³/万人增长至 0.594 亿 m³/万人，增长了 0.313 亿 m³/万人，增长率达 111.388%；同时，贯彻落实"共抓大保护、不搞大开发"方针，筑牢长江上游重要生态屏障，加快生态文明制度建设，启动生态环境损害赔偿、流域横向生态保护补偿、退耕还林工程和生态保护红线划定等措施，生态环境保护与治理取得新成效，生态涵养功能显著提升，森林覆盖率由 40.031% 增长至 46.962%，增长了 6.931 个百分点，增长率达 17.314%，地均生态服务价值由 11.597 元/hm² 增长至 13.551 元/hm²，增长了 1.954 元/hm²，增长率达 16.849%。

从县域层面看，2007～2017年江北区、大渡口区、石柱县、黔江区、酉阳县等18个区县乡村生产空间系统敏感性处于增长态势，系统遭受扰动而发生变化的容易程度增强。其中，江北区、大渡口区和南岸区的乡村生产空间系统敏感性增长幅度较大。巴南区、万州区、巫溪县、云阳县、城口县等18个区县（占研究单元总数的48.649%）乡村生产空间系统敏感性处于下降趋势，系统遭受扰动而发生变化的容易程度减弱，这是研究期间重庆市各区县乡村生产空间系统敏感性的主要时序演变趋势。其中，城口县、云阳县和万州区的乡村生产空间系统敏感性下降幅度较大。荣昌区乡村生产空间系统敏感性未发生明显变化，研究期间系统遭受扰动而发生变化的容易程度增减不明显（图9-4）。分时段看：①2007～2012年，潼南区、大渡口区、石柱县、彭水县、黔江区等16个区县乡村生产空间系统敏感性处于增长态势，系统遭受扰动而发生变化的容易程度增强。其中，大渡口区、潼南区的乡村生产空间系统敏感性增加幅度较大，这一时段大渡口区作为重庆市的重要工业基地，建设用地扩张严重，占用林地、农田等生态用地现象突出，森林覆盖率和地均生态服务价值均呈下降趋势，分别下降了0.806%和0.928元/hm^2，下降幅度分别位列第一和第二；潼南区充分利用区位优势、大力发展特色经果，积极开垦坡耕地，≥25°耕地占比增加了7.066%，增加幅度位列第一。巴南区、綦江区、万州区、巫溪县、云阳县、城口县等20个区县（占研究单元总数的54.054%）乡村生产空间系统敏感性处于下降趋势，系统遭受扰动而发生变化的容易程度减弱，这是此时段重庆市各区县乡村生产空间系统敏感性的主要时序演变趋势。其中，城口县、云阳县、万州区的敏感性下降幅度较大，这3个区县注重耕地质量提升，平均耕地质量等别、≥25°耕地占比均呈下降趋势，耕地利用状态一片向好，同时重视生态资源与环境保护，人均水资源量、森林覆盖率和地均生态服务价值均呈上升趋势，特别是森林覆盖率和地均生态服务价值增幅均位列前五。武隆区乡村生产空间系统敏感性未发生变化，这一时段系统遭受扰动而发生变化的容易程度几乎无增减。②2012～2017年，江北区、南岸区、璧山区、丰都县等29区县（占研究单元总数的78.378%）乡村生产空间系统敏感性呈增长趋势，系统遭受扰动而发生变化的容易程度增强，这是此时段重庆市各区县乡村生产空间系统敏感性的主要时序演变趋势。其中，江北区、南岸区的敏感性增长幅度较大，这两个区县地处主城片区，城镇化、工业化快速发展，农田、林地、草地和水域等高生态服务价值的生态用地被占用严重，地均生态服务价值分别下降了0.436元/hm^2和0.206元/hm^2，下降幅度分别位列第一和第四。潼南区、永川区、武隆区、忠县、垫江县、奉节县、巫山县和巫溪县8个区县乡村生产空间系统敏感性呈下降趋势，系统遭受扰动而发生变化的容易程度减弱。其中，潼南县、巫山县和巫溪县的敏感性下降幅度较大，这3

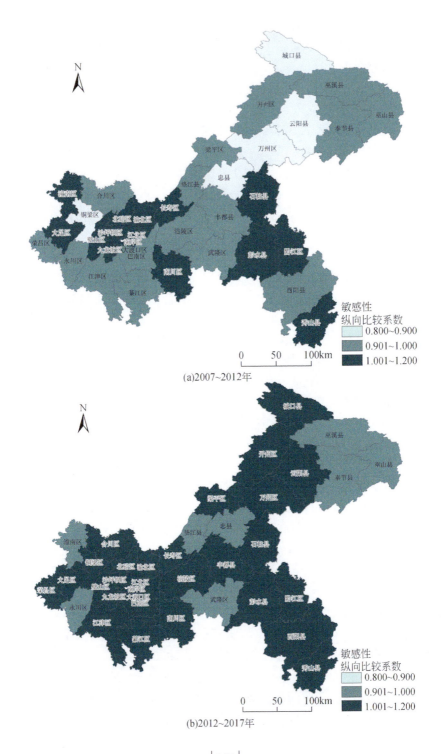

(a)2007~2012年

(b)2012~2017年

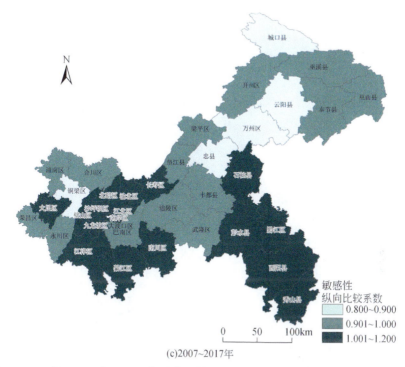

图 9-4　2007 年、2012 年、2017 年重庆乡村生产空间系统敏感性纵向比较系数空间分布

个区县注重生态文明建设，森林覆盖率、地均生态服务价值呈上升趋势，生态涵养功能提高，同时，巫山县和巫溪县作为重庆市开展退耕还林工程的重点区域，≥25°耕地占比呈下降趋势，分别下降了 1.485% 和 0.764%。

（二）敏感性空间格局

从空间格局看，重庆市乡村生产空间系统敏感性区域差异显著，以主城片区为核心向四周逐渐增强，总体上呈"东高西低"的空间格局特征，2007～2017年敏感性的空间格局特征未发生明显变化（图 9-5）。2017 年，高度敏感性区域主要包括位于渝东北片区的城口县、开州区、巫溪县、巫山县和位于重庆南部角落的綦江区，城口县敏感性最高，为 0.605。较高敏感性区域主要包括位于渝东北片区的云阳县和奉节县、渝东南片区的秀山县、酉阳县、黔江区和彭水县以及渝西片区的南川区和渝北区，乡村生产空间系统遭受扰动而发生变化的容易程度较大。就高度敏感性区域和较高敏感性区域而言，渝北区主要是人均水资源量、森林覆盖率、地均生态服务均低于全市平均水平，致使敏感性较大；其余区县主要是位于生态脆弱区，地势陡峭，喀斯特地貌发育，石漠化严重，平均耕地质量等别、≥25°耕地占比以及地形起伏度均较大，致使敏感性较高。中度敏感性区域

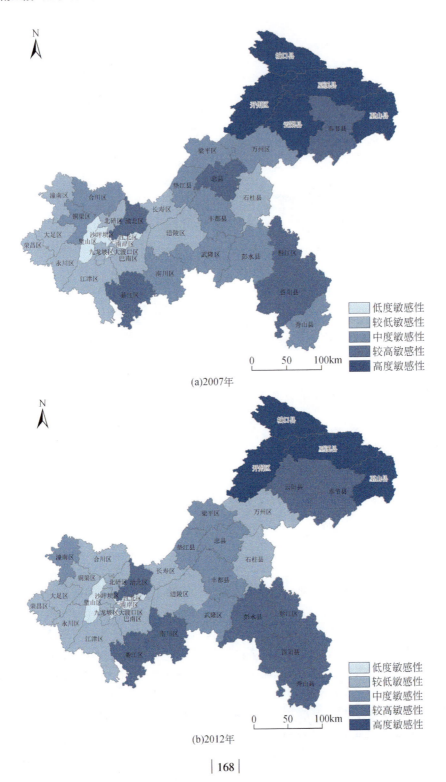

(a)2007年

(b)2012年

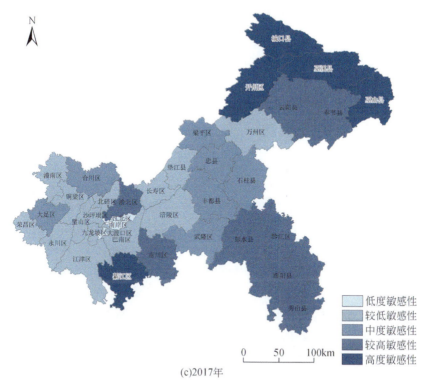

(c)2017年

图9-5　2007年、2012年、2017年重庆市乡村生产空间系统敏感性空间分布图

主要包括东部地区的武隆区、丰都县、石柱县和梁平区以及西部地区的大足区和合川区，乡村生产空间系统遭受扰动而发生变化的容易程度一般。其中，东部地区的4个区县主要是由于地处生态脆弱区的边缘区，平均耕地质量等别、≥25°耕地占比等敏感性涉及指标均处于平均水平左右，而西部地区的大足区和合川区虽然水源匮乏、森林覆盖率低、地均生态服务价值小，但是由于地形平坦、土壤肥沃，耕地质量较好，坡耕地少，地形起伏度小，这两个区县敏感性处于中间水平。较低敏感性区域主要包括位于主城片区的巴南区、沙坪坝区、北碚区和九龙坡区、渝西片区的江津区、铜梁区、潼南区、荣昌区以及渝东北片区的万州区等14个区县，乡村生产空间系统遭受扰动而发生变化的容易程度较小。低度敏感性区域主要包括位于主城片区的大渡口区、南岸区和江北区，乡村生产空间系统遭受扰动而发生变化的容易程度小，大渡口区敏感性最低，为0.238。其中，万州区虽位于渝东北片区，但退耕还林工程效果显著，≥25°耕地占比仅为6.445%，其远低于全市平均水平，地均生态服务价值为14.662元/hm²，其远高于全市平均水平，这些致使敏感性处于低水平。剩余区县主要是地处地形平坦、地势起伏较低的西部地区，平均耕地质量等别、≥25°耕地占比和地形起伏度大

多低于全市平均水平，致使敏感性处于低水平。

三、乡村生产空间系统适应能力时空演变分析

（一）适应能力时序演变

从市域层面看，2007～2017 年重庆市乡村生产空间系统适应能力为 0.175～0.203，总体呈快速增长趋势，系统调整、应对不利扰动并从不利扰动中恢复的能力增强，主要受人均农林牧渔业总产值、单位面积蔬菜产量、农林水事务财政支持强度、农业机械化水平和灌排设施覆盖率大幅度增长的影响（表 9-3）。2007～2017 年重庆市农业农村发展政策倾斜和资金投入双管齐下，遵循"以工促农、以城带乡"的城乡发展机制，逐渐由城乡统筹走向城乡融合，接连发布《重庆市农业和农村经济发展第十二个五年规划》《重庆市农业农村发展"十三五"规划》等引导农业农村发展的政策文件，把农业农村作为支出的优先保障领域，农业农村经济发展财政支持力度明显增大，农林水事务财政支持强度由 0.199 万元/hm² 增加至 1.297 万元/hm²，增加了 1.098 万元/hm²，增加率达 551.759%。积极引导传统农业向现代农业转变，优化调整农业产业结构，产业链向多功能、开放式、综合性延伸，农业生产经营呈规模化、集约化、专业化、组织化、社会化特征，大量新型农业经营主体涌现，为现代农业发展注入新力量、新血液，农林牧渔业总产值呈跨越式增长，人均农林牧渔业总产值由 3390.585 元/人上升至 18 192.822 元/人，上升了 14 802.237 元/人，上升率为 436.569%。同时，研究期间重庆市注重种植结构调整，调减低产低效农作物面积，大力发展以蔬菜为主的经济作物，蔬菜种植规模稳步扩大。积极引进蔬菜优良品种，研发和推广蔬菜种养技术，通过政策、项目、资金等引导，蔬菜基地建设、改造成效明显，初步建立了主城片区、区县城和集镇三级保供体系，蔬菜抗灾生产能力、应急保供能力显著增强，单位面积蔬菜产量由 4.221t/hm² 增长至 8.216t/hm²，增长了 3.995t/hm²，增长率为 94.646%。此外，研究期间重庆市通过开展土地整治、高标准农田建设等工作改善丘陵山区农机化生产作业条件，推进油菜、辣椒、黄连烘干等特色农产品生产机械化，研发、推广适用于丘陵山地的中型、小型、微型农机具等，促使农业机械化迅猛发展，农业机械化水平由 3.842kW/hm² 增长至 5.564kW/hm²，增长了 1.722kW/hm²，增长率为 44.820%。大力开展农田灌排设施工程、完善农田水利基础设施网络，农田水利基础建设稳步推进，灌排设施覆盖率由 0.263% 增长至 0.409%，增长了 0.146 个百分点，增长率为 55.513%。

从县域层面看，2007～2017年涪陵区、铜梁区、丰都县、西阳县、璧山区等25个区县（占研究单元总数的67.568%）乡村生产空间系统适应能力呈增强趋势，系统调整、应对不利扰动并从不利扰动中恢复的能力增强，这是研究期间重庆市各区县乡村生产空间系统适应能力的主要时序演变趋势。其中，涪陵区、铜梁区、丰都县的乡村生产空间系统适应能力增长幅度较大。仅云阳县、渝北区、梁平区、大足区、武隆区、开州区等12个区县乡村生产空间系统适应能力处于减弱趋势，系统调整、应对不利扰动并从不利扰动中恢复的能力减弱。云阳县、渝北区和梁平区的乡村生产空间系统适应能力下降幅度较大（图9-6）。分时段看：①2007～2012年，涪陵区、铜梁区、丰都县、北碚区、城口县、秀山县等22个区县（占研究单元总数的59.459%）乡村生产空间系统适应能力呈上升趋势，系统调整、应对不利扰动并从不利扰动中恢复的能力显著增强，这是此时段重庆市各区县乡村生产空间系统适应能力的主要时序演变趋势。其中，涪陵区、铜梁区的乡村生产空间系统适应能力上升幅度较大，这两个区县利用临近主城片区、地势平坦、交通便利等区位优势，大力发展都市效益农业、特色农业、休闲农业，同时加大农业财政支持力度和政策倾斜力度，推动农业机械化发展，改善农田水利设施，实现人均农林牧渔业总产值、单位面积蔬菜产量、农林水事务财政支持强度、农业机械化水平和灌排设施覆盖率均迅猛增长，特别是两个区县作为我国的榨菜基地和主城片区蔬菜供应基地，单位面积蔬菜产量分别增长了14.752t/hm²、4.605t/hm²，增幅位列第一和第五。云阳县、渝北区、武隆区、梁平区和巫溪县等15个区县乡村生产空间系统适应能力呈下降趋势，系统调整、应对不利扰动并从不利扰动中恢复的能力显著减弱。其中，云阳县、渝北区和武隆区的适应能力下降幅度较大，渝北区过度注重推进城镇化、工业化进程，忽略了乡村发展，单位面积粮食产量、单位面积蔬菜产量分别下降了0.357t/hm²、0.558t/hm²，农田水利设施新建率、维修率低，废弃现象突出，灌排设施覆盖率下降了0.613%。云阳县和武隆区由于地处重庆市偏远地区，山高路陡，农业生产条件差、生产效益低，乡村经济发展滞后，乡村劳动力外流现象显著，生产用地荒废严重，云阳县单位面积粮食产量、单位面积蔬菜产量、灌排设施覆盖率分别下降了2.325t/hm²、0.175t/hm²、0.758%，下降幅度分别位列第一、第八、第一，武隆区单位面积粮食产量、灌排设施覆盖率分别下降了1.889t/hm²、0.371%，下降幅度分别位列第三、第五。②2012年～2017年，巫溪县、巫山县、武隆区、潼南区、永川区等23个区县（占研究单元总数的62.162%）乡村生产空间系统适应能力均呈增强趋势，系统调整、应对不利扰动并从不利扰动中恢复的能力提升明显，这是此时段重庆市各区县乡村生产空间系统适应能力的主要时序演变趋势。其中，巫溪县、巫山县、武隆区的乡村生产空间系统适应能力

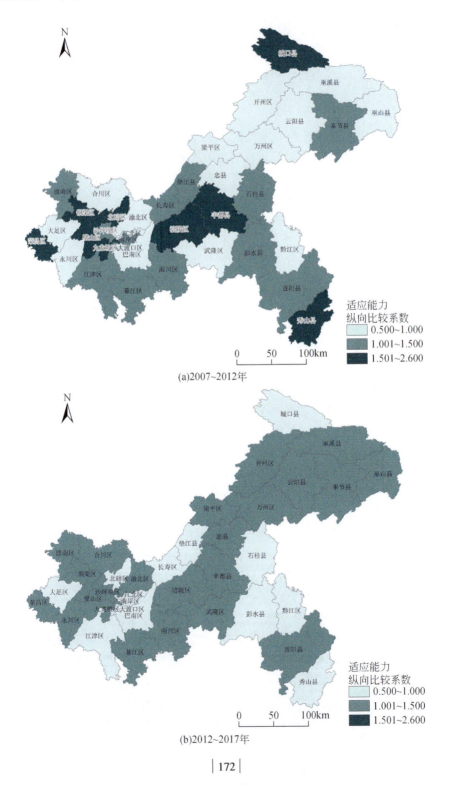

(a)2007~2012年

(b)2012~2017年

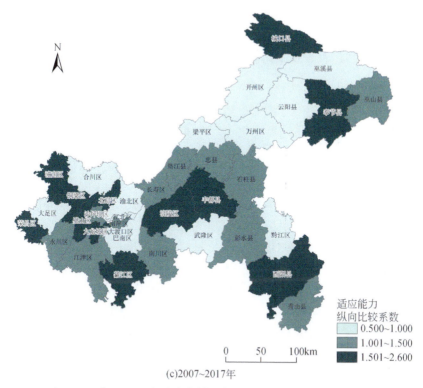

图9-6　2007年、2012年、2017年重庆乡村生产空间系统适应能力纵向比较系数空间分布

增长幅度较大，这3个区县抓住统筹推进"四化"、深化农业供给侧结构性改革、引入"互联网+农业"技术等新时代乡村生产发展机遇，利用物产富饶、特色明显的区位优势和政策优势，大力发展乡村产业、完善生产基础设施和提高农机具机械化率，农业农村发展欣欣向荣，适应能力涉及指标均呈增长趋势，且单位面积粮食产量和农林水事务财政支持强度增长幅度均位列前十。垫江县和石柱县乡村生产空间系统适应能力在这一时段未发生明显变化，系统调整、应对不利扰动并从不利扰动中恢复的能力增减不大。秀山区、北碚区、长寿区、城口区和南岸区等12个区县乡村生产空间系统适应能力呈下降趋势，系统调整、应对不利扰动并从不利扰动中恢复的能力减弱。其中，秀山县、北碚区和长寿区的乡村生产空间系统适应能力下降幅度较大，秀山县地处石漠化严重区域，农业生产条件差，土壤不断减薄、肥力持续降低，单位面积粮食产量和单位面积蔬菜产量均呈下降趋势。北碚区作为重庆市花卉苗木的重要供应地，花卉苗木已实现产业化生产，日益成为北碚区乡村发展的支柱产业，因而虽然其乡村经济发展水平总体较好，但是粮食、蔬菜生产被忽视、生产用地多转作他用，单位面积粮食产量和单位面积蔬菜产量分别下降了0.168t/hm²和0.441t/hm²，下降幅度均位列第三。长

寿区作为重庆市重要的第二产业转移承接地，财政重点支持第二产业的落地与发展，农业生产发展不受重视，农林水事务财政支持强度下降了 0.081 万元/hm²，下降幅度位列第二，农业机械化水平未提高。

（二）适应能力空间格局

从空间格局看，重庆市乡村生产空间系统适应能力区域差异显著，以主城片区为核心向四周逐渐减弱，总体上呈"西高东低"的空间格局特征。2007～2017年西部地区乡村生产空间系统适应能力明显增强，东部地区乡村生产空间系统适应能力略微减弱，"西高东低"的空间格局特征愈益突出（图9-7）。2017年，高度适应能力区域主要包括位于主城片区的沙坪坝区、九龙坡区、江北区、大渡口区、南岸区和北碚区6个区县，乡村生产空间系统调整、应对不利扰动并从不利扰动中恢复的能力大，大渡口区适应能力最强，为0.697。该区域这6个区县为经济发展高水平区，城市发展对乡村辐射带动作用明显，同时，拥有高水平的乡村发展管理、指导人员，对近年来农业供给侧结构性改革、乡村一二三产业深度融合、乡村振兴等国家助推"三农"发展的战略部署做出了迅速、准确的响应，出台了系列政策文件助推乡村经济发展，乡村生产发展时机成熟、区位优势明显，新型农业经营主体大量涌入、土地整治工程有序推进、农业农村发展先进理

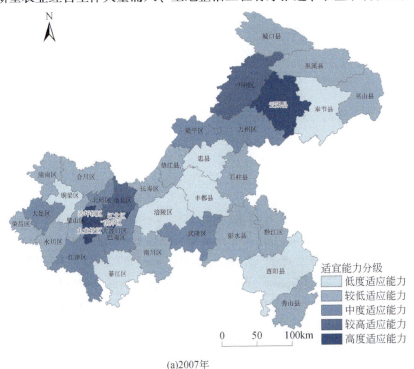

(a)2007年

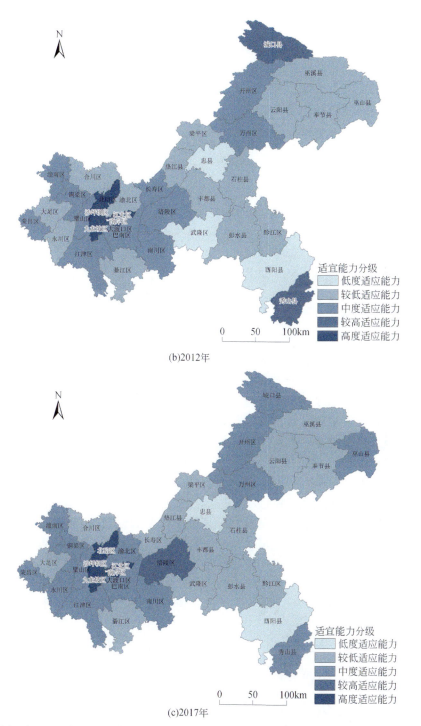

(b)2012年

(c)2017年

图9-7　2007年、2012年、2017年重庆市乡村生产空间系统适应能力空间分布图

念合理引入，单位面积农林水投入、农业机械化水平和灌排设施覆盖率均位列全市前七。较高适应能力区域仅包括涪陵区，适应能力为 0.206，乡村生产空间系统调整、应对不利扰动并从不利扰动中恢复的能力较大，其依托资源优势和产业特色，推进农业转型升级，把发展特色效益农业作为推进农业现代化的主攻方向，优化农业区域布局和产业结构，根据城郊、沿江、坪上、后山不同区域发展特色效益农业，重点建设好榨菜、畜牧、桑果和蔬菜四大特色农业基地，单位面积蔬菜产量达 22.589t/hm²，位列第二，有着"中国绿色生态青菜头之乡"之称。同时，做优做强农产品加工业，全力打造"武陵山、黄草山、木鱼山"三大乡村旅游扶贫核心区，乡村一二三产业均衡发展，人均农林牧渔业总产值为 23 678.170 元，位列第五。中度适应能力区域主要包括南川区、永川区、荣昌区、渝北区、开州区、城口县等 14 个区县，主要位于渝西片区和渝东北片区，主城片区和渝东南片区有少量分布，乡村生产空间系统调整、应对不利扰动并从不利扰动中恢复的能力一般，这主要是由于其乡村生产空间系统适应能力以人均农林牧渔业总产值、单位面积粮食产量等为表征的指标大多处于全市平均水平。较低适应能力区域主要包括大足区、黔江区、梁平区、丰都县、奉节县等 14 个区县，低度适应能力区域仅包括忠县和酉阳县，乡村生产空间系统调整、应对不利扰动并从不利扰动中恢复的能力较小，大多位于渝东北、渝东南片区，渝西片区有少量分布，酉阳县适应能力最低，为 0.073。其中，大足区、合川区、綦江区虽位于经济发展水平较高的渝西片区，但因需承接主城片区高污染、高能耗第二产业的转移，乡村资源被城市、工业掠夺严重，乡村发展无特色产业、主导产业，农业人均资源有限、生产条件较差，乡村产业发展财政支持力度较低，除单位面积粮食产量外，其余适应能力涉及指标均低于全市平均水平，特别是这 3 个区县农林水事务财政支持强度分别为 0.868 万元/hm²、0.9098 万元/hm²、0.9308 万元/hm²，分别位列倒数第二、第三、第五。而位于渝东南片区、渝东北片区的黔江区、梁平县、丰都县、忠县和酉阳县等区县，地处生态脆弱区，是典型的以大农村为主的经济区域，生产地块破碎、坡度高、地势陡峭，农业生产条件较差，旱涝灾害频发、农田灌排设施不足，农业经营主体薄弱、综合素质偏低，乡村劳动力外流严重、"老人农业"现象突出，农业生产规模小、农民组织化程度低，农业项目投资渠道单一，适应能力涉及指标远低于全市平均水平。

四、乡村生产空间系统脆弱性时空演变分析

（一）脆弱性时序演变

从市域层面看，2007～2017 年重庆市乡村生产空间系统脆弱性均值为

0.472～0.449，总体呈下降趋势，系统面对各种胁迫的易损性减弱，这是暴露度、敏感性和适应能力三者相互作用的结果，主要受 2007～2017 年乡村生产空间系统敏感性下降、适应能力上升的影响，虽然暴露度呈上升趋势，但其上升幅度远不能主导乡村生产空间系统脆弱性的总体走势（表 9-3）。分时段看：① 2007～2012 年，重庆市乡村生产空间系统脆弱性均值为 0.472～0.440，呈下降趋势，系统面对各种胁迫的易损性减小。其主要是由于这一时段乡村生产空间系统暴露度均值为 0.205～0.204、敏感性均值为 0.442～0.429，均呈下降趋势，系统遭受扰动的程度和遭受扰动而发生变化的容易程度均减弱。同时乡村生产空间系统适应能力为 0.175～0.193，呈上升趋势，系统调整、应对不利扰动并从不利扰动中恢复的能力增强。② 2012～2017 年，重庆市乡村生产空间系统脆弱性为 0.446～0.449，呈上升趋势，系统面对各种危害和胁迫时的易损性略微增强。其主要是由于这一时段虽然乡村生产空间系统适应能力为 0.193～0.203，呈上升趋势，系统调整、应对不利扰动并从不利扰动中恢复的能力持续增强；但乡村生产空间系统暴露度为 0.204～0.220、敏感性为 0.429～0.435，均呈增长趋势，系统遭受扰动的程度和遭受扰动而发生变化的容易程度均略微增强，在与适应能力的竞合中占据主导地位，进而引导乡村生产空间系统脆弱性的总体上升走向，致使系统面对各种胁迫的易损性增强。

从县域层面看，2007～2017 年渝北区、大足区、黔江区、梁平区、云阳县等 15 个区县乡村生产空间系统脆弱性呈增长趋势，系统面对各种危害和胁迫时的易损性增强，其中，渝北区、大足区和梁平区的脆弱性增长幅度较大。九龙坡区、璧山区、铜梁区、酉阳县、丰都县等 22 个区县（占研究单元总数的 59.459%）乡村生产空间系统脆弱性呈下降趋势，系统面对各种胁迫的易损性减弱，这是研究期间重庆市各区县乡村生产空间系统脆弱性的主要时序演变趋势。其中，九龙坡区、沙坪坝区和璧山区的脆弱性下降幅度较大（图 9-8）。分时段看：①2007～2012 年，渝北区、大足区、武隆区、石柱县等 10 个区县乡村生产空间系统脆弱性呈增长趋势，系统面对各种胁迫的易损性增强，其中，渝北区、梁平区、大足区的脆弱性上升幅度较大；北碚区、铜梁区、荣昌区、璧山区、城口县等 27 个区县（占研究单元总数的 72.973%）乡村生产空间系统脆弱性呈下降趋势，系统面对各种胁迫的易损性减弱，这是此时段重庆市各区县乡村生产空间系统脆弱性的主要时序演变趋势。其中，九龙坡区、铜梁区、城口县的脆弱性下降幅度较大。②2012～2017 年，北碚区、大足区、铜梁区、秀山县、彭水县等 25 个区县（占研究单元总数的 67.568%）乡村生产空间系统脆弱性呈增长趋势，系统面对各种胁迫的易损性增强，这是此时段重庆市各区县乡村生产空间系统脆弱性的主要时序演变趋势。其中，北碚区、大足区、秀山县的脆弱性增长幅

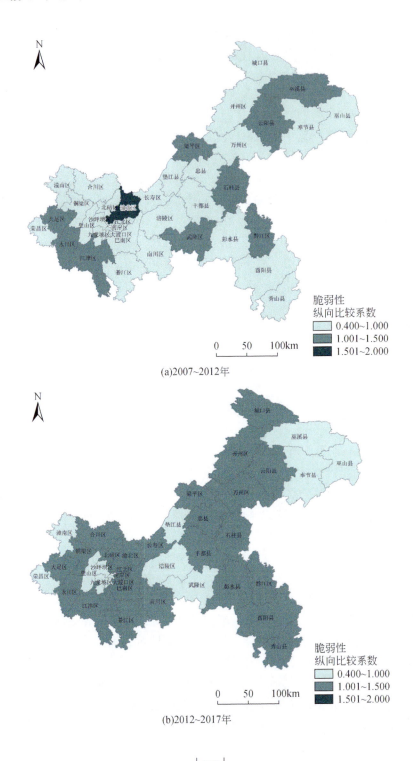

(a)2007~2012年

(b)2012~2017年

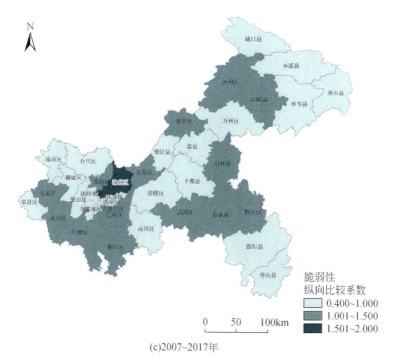

(c)2007~2017年

图9-8　2007年、2012年、2017年重庆市乡村生产空间系统脆弱性纵向比较系数空间分布

度较大。沙坪坝区、潼南区、璧山区、九龙坡区、巫溪县等12个区县乡村生产空间系统脆弱性呈下降趋势，系统面对各种胁迫的易损性减弱，其中，沙坪坝区、潼南区、璧山区的脆弱性下降幅度较大。

（二）脆弱性空间格局

从空间格局看，重庆市乡村生产空间系统脆弱性总体上呈"东高西低"的空间格局特征，且渝东北片区脆弱性高于渝东南片区。2007～2017年乡村生产空间系统脆弱性的空间格局特征总体上未发生显著变化（图9-9）。当前，高度脆弱性区域主要包括渝北区、綦江区、忠县、开州区、巫山县等9个区县，乡村生产空间系统面对各种胁迫的易损性大，綦江区脆弱性最大，为0.750。其中，位于渝东北片区的7个区县主要是由于乡村生产空间系统敏感性高、适应能力低，位于主城片区的渝北区和渝西片区的綦江区主要是由于乡村生产空间系统暴露度、敏感性高，而适应能力低。较高脆弱性区域主要包括梁平区、永川区、酉阳县、巫溪县和黔江区5个区县，乡村生产空间系统面对各种胁迫的易损性较大。其中，位于渝西片区的永川区主要是由于乡村生产空间系统暴露度高、适应能力较低，位于渝东北、渝东南片区的4个区县，主要是由于乡村生产空间系统

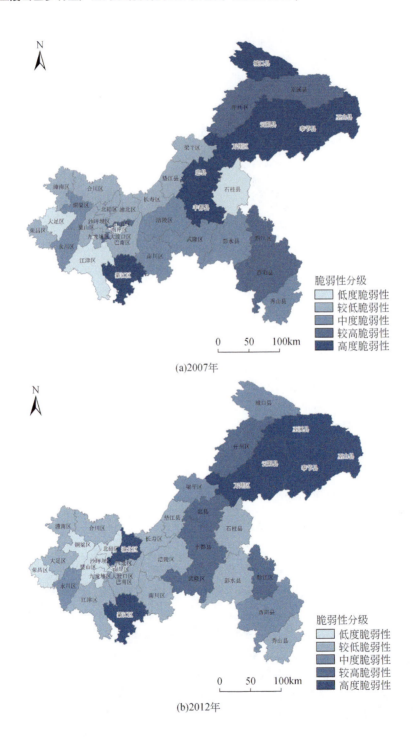

(a)2007年

(b)2012年

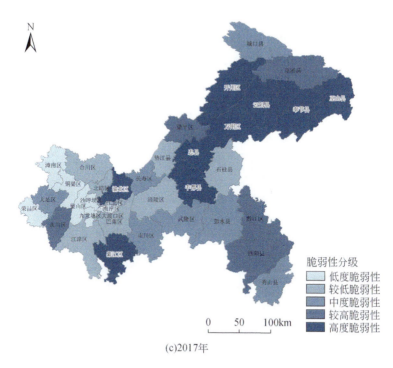

(c)2017年

图9-9 2007年、2012年、2017年重庆市乡村生产空间系统脆弱性空间分布图

敏感性较高、适应能力较低。中度脆弱性区域呈点状分布特征，主要包括长寿区、南川区、大足区、彭水县、秀山县、武隆区和城口县7个区县，该区域主要是由于乡村生产空间系统暴露度、敏感性和适应能力相互制衡明显，乡村生产空间系统脆弱性水平一般，系统面对各种胁迫的易损性一般。较低脆弱性区域主要包括江北区、巴南区、北碚区、合川区、垫江县等9个区县，乡村生产空间系统面对各种胁迫的易损性较低。其中，位于主城片区和渝西片区的区县主要是由于乡村生产空间系统敏感性较低、适应能力较强；而位于渝东北片区的垫江县和石柱县主要是由于乡村生产空间系统暴露度较低、敏感性较低。低度脆弱性区域主要包括九龙坡区、沙坪坝区、南岸区、荣昌区、潼南区等7个区县，乡村生产空间系统面对各种胁迫的易损性低，其中九龙坡区乡村生产空间系统脆弱性最低，为0.161，均位于主城片区和渝西片区，这主要是由于乡村生产空间系统敏感性低、适应能力高。

第五节　乡村生产空间系统脆弱性类型划分

　　脆弱性研究是 21 世纪以来全球可持续发展研究关注的核心议题之一，有序引导系统"降脆"，有助于提高系统可持续发展能力、实现系统可持续发展。乡村生产空间系统作为一个兼具时间性与空间性的复杂人地关系地域系统，不同区域人地相互作用过程与状态存在差异，致使乡村生产空间系统呈现出不同的脆弱性程度和"致脆"因子，亟待准确识别不同区域乡村生产空间系统的"致脆"因子并差异化制定"降脆"策略。据此，本章基于乡村生产空间系统脆弱性的内涵解构、数理评价及时空演变结果，准确划分重庆市各区县乡村生产空间系统脆弱性类型，进而针对不同脆弱性类型提出"降脆"策略，以助推乡村生产空间优化，引导乡村生产空间系统可持续发展。

一、主导因素识别

　　不同区域乡村生产空间系统暴露度、敏感性和适应能力三个脆弱性要素的作用强度不同。某类要素占主导地位，对区域乡村生产空间系统脆弱性程度起着决定性作用，称为主导要素；反之，则称为辅助要素。借鉴已有研究（朱丽娟，2016），本研究将功能类型划分方法引入乡村生产空间系统脆弱性类型划分中，确定各区县脆弱性主导要素的类别和数量，具体公式如下：

$$CE_i = E_i - \overline{E_i}$$

$$CS_i = S_i - \overline{S_i}$$

$$CA_i = A_i - \overline{A_i}$$

式中，CE_i、CS_i、CA_i 分别为第 i 区县乡村生产空间系统的暴露度、敏感性、适应能力与其平均值的差值（即离均差）；$\overline{E_i}$、$\overline{S_i}$、$\overline{A_i}$ 分别为第 i 区县暴露度、敏感性、适应能力的平均值。由于暴露度、敏感性与脆弱性呈正相关，适应能力与脆弱性呈负相关。因此，若 $CE_i > 0$ 或 $CS_i > 0$，则确定暴露度或敏感性为第 i 区县乡村生产空间系统脆弱性的主导要素；$CE_i \leq 0$ 或 $CS_i \leq 0$，则确定暴露度或敏感性为第 i 区县乡村生产空间系统脆弱性的辅助要素。若 $CA_i < 0$，则确定适应能力为第 i 区县乡村生产空间系统脆弱性的主导要素；若 $CA_i \geq 0$，则确定适应能力为第 i 区县乡村生产空间系统脆弱性的辅助要素。依据式（9-1）~式（9-9）测算研究时点重庆市各区县乡村生产空间系统暴露度（E）、敏感性（S）、适应能力（A）的离均差，识别各区县乡村生产空间系统脆弱性的主导要素（表9-4）。

表 9-4 乡村生产空间系统脆弱性主导要素识别结果

区县	2007 年				2012 年				2017 年			
	暴露度	敏感性	适应能力	主导要素	暴露度	敏感性	适应能力	主导要素	暴露度	敏感性	适应能力	主导要素
万州区	0.198	-0.017	0.018	E	0.180	-0.060	-0.040	E、A	0.181	-0.058	-0.034	E、A
黔江区	-0.073	0.056	-0.056	S、A	-0.085	0.082	-0.087	S、A	-0.083	0.083	-0.105	S、A
涪陵区	-0.067	-0.030	-0.093	A	-0.017	-0.040	-0.025	A	-0.015	-0.040	0.003	—
大渡口区	0.597	-0.224	0.344	E	0.676	-0.199	0.554	E	0.596	-0.197	0.494	E
江北区	0.391	-0.148	0.219	E	0.273	-0.132	0.181	E	0.226	-0.110	0.162	E
沙坪坝区	0.212	-0.111	0.182	E	0.156	-0.089	0.182	E	0.137	-0.081	0.255	E
九龙坡区	0.119	-0.079	0.151	E	0.137	-0.063	0.336	E	0.137	-0.063	0.365	E
南岸区	0.208	-0.137	0.236	E	0.231	-0.118	0.297	E	0.152	-0.104	0.243	E
北碚区	-0.011	-0.069	0.030	—	0.065	-0.039	0.180	E	0.083	-0.034	0.125	E
渝北区	-0.006	0.038	0.112	S	0.049	0.053	-0.072	E、S、A	0.081	0.069	-0.027	E、S、A
巴南区	-0.051	-0.032	0.017	—	-0.044	-0.037	-0.008	A	-0.047	-0.027	-0.023	A
长寿区	-0.046	-0.072	-0.043	A	-0.035	-0.058	-0.036	A	-0.049	-0.056	-0.064	A
江津区	-0.081	-0.044	-0.003	A	-0.048	-0.037	0.003	—	-0.031	-0.035	-0.016	A
合川区	-0.099	-0.006	-0.040	A	-0.115	-0.020	-0.075	A	-0.113	-0.020	-0.078	A
永川区	0.019	-0.066	-0.028	E、A	0.029	-0.060	-0.054	E、A	0.073	-0.068	-0.028	E、A
南川区	-0.115	0.011	-0.055	S、A	-0.129	0.037	-0.038	S、A	-0.116	0.040	-0.043	S、A
綦江区	0.085	0.106	-0.084	E、S、A	0.083	0.115	-0.081	E、S、A	0.098	0.134	-0.066	E、S、A
大足区	-0.120	-0.039	0.003	—	-0.122	-0.025	-0.074	A	-0.086	-0.008	-0.085	A
璧山区	-0.066	-0.110	-0.066	A	-0.067	-0.096	-0.014	A	-0.113	-0.099	-0.009	A
铜梁区	-0.068	-0.019	-0.088	A	-0.113	-0.055	-0.025	A	-0.091	-0.055	-0.025	A
潼南区	-0.088	-0.045	-0.068	A	-0.122	-0.006	-0.040	A	-0.129	-0.040	-0.003	A
荣昌区	-0.107	-0.077	-0.070	A	-0.125	-0.069	-0.031	A	-0.135	-0.070	-0.026	A
开州区	-0.053	0.173	0.052	S	-0.055	0.129	-0.012	S、A	-0.022	0.124	-0.018	S、A
梁平区	-0.102	-0.005	0.003	—	-0.075	-0.001	-0.094	A	-0.064	0.001	-0.093	S、A
武隆区	-0.088	0.024	-0.006	S、A	-0.107	0.037	-0.106	S、A	-0.095	0.022	-0.076	S、A
城口县	-0.159	0.271	-0.044	S、A	-0.150	0.171	0.027	S	-0.153	0.170	-0.003	S、A
丰都县	0.020	0.016	-0.113	E、S、A	0.021	0.014	-0.076	E、S、A	0.024	0.012	-0.083	E、S、A
垫江县	-0.114	-0.009	-0.059	A	-0.093	-0.016	-0.053	A	-0.113	-0.029	-0.063	A
忠县	-0.015	0.052	-0.100	S、A	-0.012	0.013	-0.122	S、A	-0.010	0.006	-0.120	S、A

区县	2007 年				2012 年				2017 年			
	暴露度	敏感性	适应能力	主导要素	暴露度	敏感性	适应能力	主导要素	暴露度	敏感性	适应能力	主导要素
云阳县	0.152	0.149	0.153	E、S	0.116	0.073	-0.096	E、S、A	0.122	0.068	-0.090	E、S、A
奉节县	0.134	0.098	-0.099	E、S、A	0.129	0.086	-0.087	E、S、A	0.137	0.073	-0.076	E、S、A
巫山县	0.001	0.162	-0.055	E、S、A	-0.020	0.137	-0.085	S、A	-0.006	0.115	-0.043	S、A
巫溪县	-0.092	0.150	-0.036	S、A	-0.092	0.141	-0.101	S、A	-0.094	0.123	-0.065	S、A
石柱县	-0.148	-0.054	-0.065	A	-0.116	-0.019	-0.056	A	-0.107	-0.020	-0.066	A
秀山县	-0.080	0.014	-0.047	S、A	-0.072	0.047	0.025	S	-0.073	0.052	-0.015	S、A
酉阳县	-0.153	0.053	-0.134	S、A	-0.163	0.053	-0.134	S、A	-0.164	0.070	-0.130	S、A
彭水县	-0.134	0.021	-0.056	S、A	-0.151	0.049	-0.052	S、A	-0.149	0.056	-0.071	A

二 、脆弱性类型划分

依据各区县乡村生产空间系统脆弱性主导要素的类型和数量初步确定脆弱性类型。若主导要素数量为 0，则定义为弱综合脆弱型；若主导要素数量为 1 个，则根据主导要素类型分别定义为暴露度脆弱型、敏感性脆弱型、适应能力脆弱型 3 种；若主导要素数量为 2 个，则依据主导要素类型分别定义为暴露-敏感脆弱型、暴露-适应脆弱型、敏感-适应脆弱型 3 种；若主导要素数量为 3 个，则定义为强综合脆弱型。理论上讲，乡村生产空间系统脆弱性可划分为这 8 种类型。据此，定量初步划分 2007 年、2012 年、2017 年重庆市各区县乡村生产空间系统脆弱性类型（图 9-10）。根据划分结果，2007 年，重庆市 8 种乡村生产空间系统脆弱性类型均有涉及。其中，适应能力脆弱型涉及 10 个区县、敏感-适应脆弱型涉及 9 个区县，其分别主要位于渝西片区、渝东南片区，这 2 种类型是 2007 年重庆市乡村生产空间系统脆弱性的主要类型；暴露-敏感脆弱型和暴露-适应脆弱型均仅涉及 1 个区县。2012 年，重庆市涉及除暴露-敏感脆弱型外的 7 种乡村生产空间系统脆弱性类型。其中，适应能力脆弱型增加为 13 个区县，敏感-适应脆弱型仍为 9 个区县，这 2 种类型仍为重庆市乡村生产空间系统脆弱性的主要类型；弱综合脆弱型仅涉及 1 个区县。2017 年，重庆市乡村生产空间系统脆弱性被划分为弱综合脆弱型、暴露度脆弱型、适应能力脆弱型、暴露-适应脆弱型、敏感-适应脆弱型、强综合脆弱型 6 种类型。其中，适应能力脆弱型、敏感-适应脆弱型都涉及 12 个区县，敏感-适应脆弱型向渝东北片区扩展且涉及区县个数首次

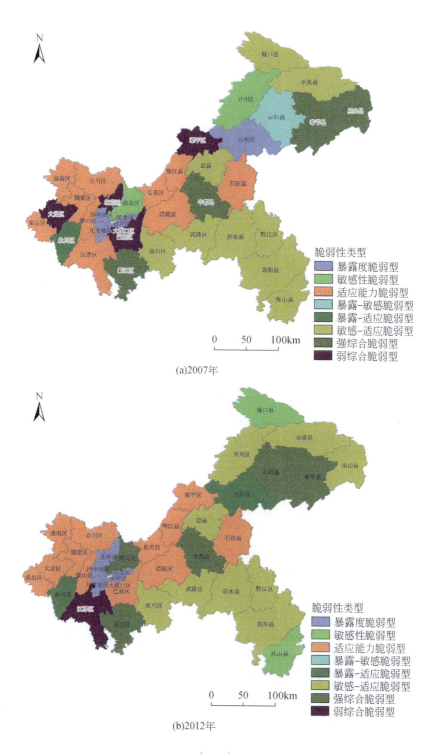

(a)2007年

(b)2012年

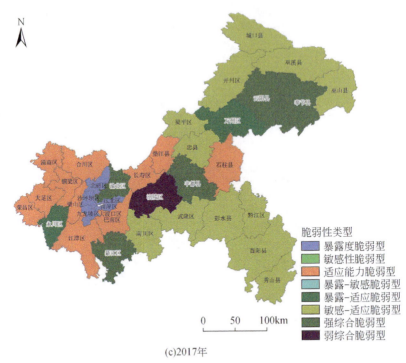

(c)2017年

图9-10   2007年、2012年、2017年重庆市乡村生产空间系统脆弱性类型划分空间分布图

超过适应能力脆弱型，这2种类型依然是2017年重庆市乡村生产空间系统脆弱性的主要类型，2007年、2012年和2017年三个时点重庆市乡村生产空间系统脆弱性的主要类型未发生变化；弱综合脆弱型仅涉及1个区县。

根据脆弱性类型结果，虽然定量化的结果可以使目标更明确、模糊概念更精确，避免评估主体的主观随意性，但就乡村生产空间系统这一复杂多变的巨系统而言，脆弱性类型划分的影响因素不仅仅是可以量化的数据，还包括不能量化的指标，而定性研究可以弥补定量研究无法描述、量化的指标。因而，本研究采用定性研究与定量研究相结合的方法，基于2007年、2012年和2017年乡村生产空间系统脆弱性类型划分结果，结合重庆市各区县特殊地域环境、乡村生产定位、社会经济水平和未来发展趋势，最终将乡村生产空间系统脆弱性类型划分为：适应能力脆弱型、暴露-敏感脆弱型、敏感-适应脆弱型和强综合脆弱型4种类型（图9-11）。当前，适应能力脆弱型包括巴南区、璧山区、合川区、铜梁区、潼南区、长寿区等11个区县，大多位于渝西片区，该区域适应能力较低的原因主要是单位面积粮食产量不高、灌排设施覆盖率较小；暴露-敏感脆弱型包括北碚区、渝北区、沙坪坝区、九龙坡区、江北区、南岸区、大渡口区7个区县，其均位于主城片区，该区域暴露度较高主要是农药化肥投入强度大、城镇用地占比高，同时人均水资源量、森林覆盖率、地均生态服务价值均较低，致使乡村生产空间系统遭受扰动而发生变化的容易程度增大，引起乡村生产空间系统敏感性较高；敏感-适应脆弱型主要包括綦江区、南川区、武隆区、彭水县、黔江区、垫江县、梁平区等 12 个区县，是重庆市乡村生产空间系统脆弱性的主要类型，主要为位于重庆市南部地区，渝西、渝东北、渝东南三大片区均有分布，该区域敏感性较高的原因主要是平均耕地质量等别较高、≥25°耕地占比大，适应能力较低的原因主要是人均农林牧渔业总产值、单位面积蔬菜产量和农业机械化水平均较低；强综合脆弱型包括丰都县、忠县、石柱县、万州区、云阳县、奉节县和巫山县 7 个区县，其均位于渝东北片区，该区域暴露度较高的原因主要是地质灾害发生强度、水土流失率均较高，敏感性较高的原因主要是平均耕地质量等别、≥25°耕地占比、地形起伏度均较大，适应能力较低的原因主要是人均农林牧渔业总产值、单位面积粮食产量、农林水事务财政支持强度和灌排设施覆盖率均较低。

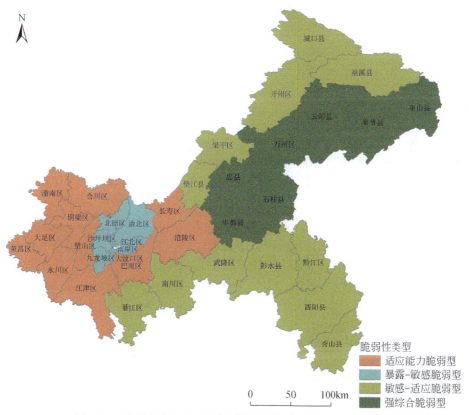

图 9-11　重庆市乡村生产空间系统脆弱性类型划分空间分布图

第六节　乡村生产空间系统脆弱性差异化调控

根据重庆市乡村生产空间系统脆弱性类型划分结果，按照"生态优先–分类调控–重点突出–因地施策"原则，分别针对适应能力脆弱型、暴露–敏感脆弱型、敏感–适应脆弱型和强综合脆弱型四种乡村生产空间系统脆弱性类型提出切实可行的差异化调控策略，引导乡村生产空间系统"降脆"，优化乡村生产空间，贯彻落实重庆市乡村振兴战略行动计划，打好精准脱贫攻坚战，建设山清水秀美丽之地。

（1）适应能力脆弱型。制定以"粮经协调发展、农田水利设施续建配套"为突破口的"降脆"策略，夯实渝西片区农业生产能力基础，推动农业发展质量变革、效率变革、动力变革，扛稳重庆市粮食安全重任，服务乡村产业振兴。一是在稳定经济作物生产、保证农业效益的同时，树立"无农不稳、无粮则乱"的粮食安全观和粮食作物与经济作物协调发展观，引导农民合理处理粮食作物和经济作物用地问题，划定粮食主产区，巩固大宗粮食生产和优势粮食生产，保障粮食安全底线，实现稳粮增收。二是坚持"基础设施建设跟着产业走"的原则，积极开展水源工程建设三年行动项目，加强农田水利建设，夯实乡村生产的水利基础；坚持"确有需要、生态优先、可以持续"的原则，以乡村生产需求为导向，持续推进大中型灌区续建配套节水改造，提高农业综合生产能力，夯实灌区可持续发展能力，实现灌区农业增产和农民增收；建立多元投入体制，拓宽农田灌溉设施建设和完善的资金渠道；植入技术指导与服务，提高灌溉设施的质量与技术等级，推动数字农业和智慧农业的建设；建立农田灌溉设施后期长效管护机制，确保农田灌溉设施功能的长期高效发挥，为促进现代农业发展、保障国家粮食安全提供基础设施保障。

（2）暴露–敏感脆弱型。制定以"城镇用地严扩张促集约、农药化肥减施增效、绿色生态发展"为突破口的"降脆"策略，优化重庆市主城片区三大功能空间布局，推动产业生态化、生态产业化，以绿色发展引领城郊融合类村庄产业振兴。一方面，制定暴露度降低策略。一是积极开展国土空间规划"双评价"，明确国土空间的承载力等级与适宜程度，明确城镇空间发展的潜力规模和分布范围；科学编制新一轮国土空间规划，优化土地利用结构和布局，严控城镇用地规模，划定城镇用地扩展边界，实行区域城镇用地整体性控制，以供给引导需求，用规划规范行为；延长城镇用地生命周期，实施新增城镇用地计划与减量化指标挂钩，逐年减少新增城镇用地规模；以挖掘潜力、盘活存量、功能融合、地上地下统筹为方向，盘活闲置土地，提高城镇用地利用效率，释放城镇空间。二是实施生态种植项目,推广以生态种植、健康养殖等"绿色行动"为抓手的高质量绿色农产品,引导山地特色绿色高质农业发展,推动农业政策从增产导向转向提质导向;引导肥料产品优化升级,调整化肥施用结构,研发和推广测土施肥、配方施肥和化肥深施等技术,完善有机肥施用的配套设施,提升有机肥的施用量;推广生态调控、物理防治、生物防治等防治病虫草害的新兴方式,建立病虫害预测点,精准农药发放、防止农药错误混施,减少农药施用量,推广植保无人机、自走式打药机等高效药械,实现减量用药、精准施药,持续推进农业绿色发展行动,建设生态宜居的美丽乡村。另一方面,制定敏感性降低策略。一是多渠道开发水资源,充分挖掘水资源潜力,在山区和丘陵区修建水池、小塘坝等拦蓄工程与引水工程,实现雨洪资源化;建设水库工程进行跨时空调蓄,补齐区域性缺水、季节性缺水短板;加强水资源管理和保护,树立节约用水观念,强化水污染源治理,实现水资源可持续利用。二是积极推行缙云山、中梁山、铜锣山、明月山"四山"地区开发建设管制,扎实推进"四山"综合整治,严格林地用途管制,强化项目占用征收林地管理,有计划有步骤地推进天然林保护工程,避免为发展经济而过度消耗林地资源,严格保护生态空间。三是强化永久基本农田和耕地保护,推进农村废弃宅基地和建设用地复垦工作,因地制宜设计农田占补平衡制度,遏制建设用地无序扩张,避免高生态服务价值的农田、林地、水域等生态用地非农业化、建设化;构建城郊绿色生态网络,提升绿心绿地的生态服务价值。

(3)敏感-适应脆弱型。制定以"耕地提质增效、农林牧渔业增收渠道拓宽、农业机械化发展"为突破口的"降脆"策略,稳步改善乡村生产生活环境,推动"产业+"带动重庆市贫困区县脱贫①,统筹衔接乡村振兴与脱贫攻坚。一方面,制定敏感性降低策略。一是该类型多位于喀斯特地貌广泛发育、石漠化严重的南部地区,耕地喀斯特、石漠化特征显著,需因地制宜实施耕地轮作休耕制度,建立季节性、年度性休耕模式,促进耕地资源永续利用;休养生息、休养结合,休耕地种植涵养水分、培肥效果好的绿肥、豆科等养地作物,引入专业公司统一规划经营,依托休耕地或邻近资源发展生态旅游,将轮作种植补贴与促进生态循环高效农业模式结合起来,保证甚至增加休耕地农民及周边农民收入,实现休而不荒、休而不废,做到减耕增收。二是该区域石漠化发育,耕地资源珍贵,不宜通过将≥25°耕地转为非耕地的方式减少≥25°耕地占比,需保规模、提地力并举,开展土地平整工程,人为降低耕地坡度,保证耕地总规模不减少;推广鼠洞作业,增强土壤的透水透气性,提升地表水分的渗入速度,减少地表径流量,

---

① 研究时段为2007~2017年,到2021年2月25日习近平总书记庄严宣告,我国脱贫攻坚战取得了全面胜利。后述涉及"脱贫"相关概念也在这一时段。

提高耕地的抗旱保墒能力，保持≥25°耕地地力。另一方面，制定适应能力提升策略。一是该类型多地处"老、少、边、穷"的国家级贫困区，乡村产业仍以传统农业为主，农林牧渔业总产值提升渠道单一，需在稳定粮食生产的基础上，依托大巴山区、武陵山区特色资源和少数民族民俗文化，将资源优势转变为产品优势、品牌优势、经济优势，突出少数民族地区扶贫开发和特色经济发展，构建草食牲畜、冷水鱼、茶叶、高山蔬菜、木本油料等高山特色农业产业链；依托山区旅游资源，农旅融合，创建大巴山、武陵山民俗特色农业休闲区，积极打造民俗文化生态旅游长廊、特色资源绿色加工长廊和现代特色效益农业长廊三大特色生态产业长廊，拓宽农林牧渔业总产值提升渠道。二是立足山区特色，挖掘立体气候优势，建设高山蔬菜基地，发展错季节蔬菜，培育大型蔬菜基地，推动蔬菜的现代化、规模化种植；培育专业大户、农民专业合作社、家庭农场、农业企业等新型农业经营主体，发挥其带动作用，提高蔬菜的产业化经营水平、生产组织化程度；构建蔬菜"订种销"一体化模式，推动其与基地、农户建立利益连接机制，提高种菜农民的生产积极性和经济收入，增强农民的获得感、幸福感。三是推广多功能型的、一机多用的新型农业机械，研发和推广适用于丘陵山区的小微农机具，因地制宜推动粮食作物、经济作物生产的机械化发展；打造烟草、茶叶、油料、中药材及高山蔬菜等生产加工机械化示范专业户，补充完善农机购置补贴；以新农机具的试验示范和推广运用为依托，开展农业机械职业技能培训，提高务农人员的农机具认知与实践操作能力；加快推动主要作物生产全程机械化，提升农机装备智能化水平，促进数字农业农村与智慧农业的发展。

（4）强综合脆弱型。制定以"自然灾害防治、乡村一二三产业融合发展、政府引导支助"为突破口的"降脆"策略，建构根植于农业农村、由农民主办、彰显地域特色和乡村价值的乡村产业体系，推动渝东北片区实现乡村产业的全面振兴。一方面，制定暴露度降低策略。一是高度重视以巫山县、奉节县为主的三叠系巴东组碎裂岩重点防范区，夯实地质灾害排查、调查等基础性工作，积极开展地质灾害搬迁避让"金土工程"，制定"一点一策"分类防治措施。二是精准划定水土流失重点预防区和重点治理区，分类实施工程措施与生物措施；建立和完善资源有偿使用制度和生态补偿制度，严格控制人为水土流失的形成和发生。另一方面，制定敏感性降低策略。一是三峡库区生态环境脆弱，人类活动是影响耕地质量的关键，需全面落实永久基本农田保护制度，发展节肥、节药、节膜农业；明确耕地监管主体，增强破坏耕地耕作层、田间基础设施等行为的惩罚力度。二是三峡库区耕地资源相对丰富，25°以上耕地可实施"退耕还林"工程，发展经济果木林和水土保持林，提高林业产值占比，积极完善生态补偿机制，改善农民过度依赖种植业增加收入的现实瓶颈；坚持山水林田湖草综合治理，强化中低产田改造、坡耕地治理,提升耕地地力,实现"退耕不减产"。三是地形起伏度是区域自然环境演化的结果,不能过度地人为削高填低,需从侧面弥补:充分依托库区区位条件和资源优势,以生态优先、绿色发展为引导,坚定"山地农业"发展路子,因地制宜推广"林木压顶,果树缠腰,粮田作底"的立体农业模式,变劣势为优势,实现生态美、产业兴、农民富的有机统一。另外,制定适应能力提升策略。一是深化农业供给侧结构性改革,变单一型农业产业结构为综合型农业产业结构,充分利用大库区、大田园、大生态、大山区的独特资源,打造柑橘、榨菜、生态渔业、茶叶、中药材、核桃等特色效益农业产业链;依托峡江山水、特色文化等资源,推动特色资源转化、生态旅游开发,发展特色生态经济,建设沿江特色农业经济带,促进乡村一二三产业深度融合。二是坚持"稳定面积、主攻单产、提高品质"的粮食持续发展路径,扶持种粮专业大户和粮食生产合作组织,合理调整粮食作物结构和区域布局,创建粮食绿色高质高效示范区。三是调整和优化农林水事务财政支出结构,完善政府对农林水事务财政支出的管理制度,强化项目的立项、选择、施工、后期管护等资金运行全过程的规范化监管,构建财政支农资金长效稳定增长机制。

第七节　小　　结

结合人地耦合系统脆弱性和乡村生产空间系统已有研究成果,将乡村生产空间系统脆弱性定义为乡村生产空间系统暴露于社会、经济、资源、环境等自然要素和人为要素扰动下,系统由于自身基底或内部结构的敏感性特征以及缺乏应对不利扰动的适应能力而结构和功能发生改变,进而容易受到负面影响或损害的程度。该系统包含暴露度、敏感性和适应能力三个要素,其中敏感性是基础要素,暴露度和适应能力是驱动要素,且暴露度、敏感性与脆弱性呈相关,适应能力与脆弱性负相关。乡村生产空间系统脆弱性呈现出整体性、区域性、尺度性、动态性、复杂性和可调控性六个特征。

基于乡村生产空间系统内涵解构,依据 VSD 评估框架,从暴露度、敏感性和适应能力三个要素入手,遵循科学性、系统性、针对性等原则,参考脆弱性已有研究成果,结合重庆市乡村生产空间系统人地关系复杂多样、与其他省市发展水平各异和所面临关键问题不尽相同的地域特征,构建适用于重庆市的乡村生产空间系统脆弱性评价指标体系;选取极差标准化法对指标进行归一化处理、采用熵值法确定指标权重,进而建立脆弱性分维度评价模型和脆弱性综合评价模型;基于此,测算 2007 年、2012 年、2017 年重庆市 37 个区县乡村生产空间系统的暴露度、敏感性、适应能力和脆弱性,为开展乡村生产空间系统脆弱性的时空演化、类型划分及差异化调控研究奠定坚实的数理基础。

基于重庆市乡村生产空间系统脆弱性数理评价结果，建立乡村生产空间系统脆弱性演变的时空差异诊断模型，测算出 2007 年、2012 年和 2017 年乡村生产空间系统暴露度、敏感性、适应能力、脆弱性的纵向比较系数，以更好地探析乡村生产空间系统脆弱性的时空差异及其影响因素。同时，应用 ArcGIS 10.2 对乡村生产空间系统暴露度、敏感性、适应能力、脆弱性及其纵向比较系数进行空间表达，得到如下结论：① 2007~2017 年，重庆市乡村生产空间系统暴露度总体呈上升趋势，系统遭受扰动的程度增大；多数区县暴露度处于增强态势，这是研究期间重庆市各区县暴露度的主要时序演变趋势，仅彭水县暴露度未发生增减变化；暴露度由主城片区和渝东北片区的万州区双核心向四周逐渐减弱，总体上呈"局部突出、北高南低"的空间格局特征，研究期间暴露度高值区县分别以主城片区和渝东北片区的万州区为中心向四周扩散，且高值区县个数增加，低值区县个数减少。② 2007~2017 年，重庆市乡村生产空间系统敏感性总体上呈波动下降趋势，系统遭受扰动而发生变化的容易程度减弱；敏感性增减区县各占一半，荣昌区敏感性未发生明显变化；敏感性以主城片区为核心向四周逐渐增强，总体上呈"东高西低"的空间格局特征，研究期间敏感性的空间格局特征未发生明显变化。③ 2007~2017 年，重庆市乡村生产空间系统适应能力呈快速增强趋势，系统调整、应对不利扰动并从不利扰动中恢复的能力增强；且多数区县适应能力呈增强趋势，这是研究期间重庆市各区县适应能力的主要时序演变趋势；适应能力以主城片区为核心向四周逐渐减弱，总体上呈"西高东低"的空间格局特征，且研究期间"西高东低"的空间格局特征更加突出。④2007~2017 年，重庆市乡村生产空间系统脆弱性总体呈下降趋势，系统面对各种胁迫的易损性减弱；多数区县脆弱性呈下降趋势，这是研究期间重庆市各区县脆弱性的主要时序演变趋势；脆弱性总体上呈"东高西低"的空间格局特征，且渝东北片区脆弱性高于渝东南片区，研究期间脆弱性的空间格局特征未发生明显变化。

第十章 乡村生产空间系统适应性评价及障碍因素分析

研究在解析乡村生产空间系统适应性内涵、构建其分析框架的基础上，从易损性、稳定性、响应三个维度构建乡村生产空间系统适应性评价指标体系，运用适应性评价模型评价重庆市江津区 2007~2017 年乡村生产空间系统运行状态，辅以障碍度模型诊断并测算其适应性障碍因子和适应性障碍度，进而提出针对性策略以破解其所面临的现实困境，结果表明：2007~2017 年江津区乡村生产空间系统适应性总体呈波动上升且不断增强趋势，系统可持续发展能力稳步提高；系统适应性障碍度由稳定性、响应障碍向易损性障碍转变，其关键障碍因子为化肥施用量、农膜使用量、乡村生产总耗能、城镇工矿用地面积、乡村环保投资额占比等；以发展生态农业、有机农业，强化环境保护为前提降低系统易损性，拓展富硒特色农业增值空间和有效增加乡村资金、人才与技术投入提升稳定性与响应能力是增强乡村生产空间系统适应能力的关键。

随着城乡融合发展、乡村振兴战略的落实与深入，我国城乡人口、技术、资金等要素双向流动加速（张英男等，2019）。我国乡村生产空间系统既面临乡村经营主体多元化、生产功能多样化、乡村产业融合化等外部环境刺激，又受到劳动力"断代"与人才缺失、土地非农化与非粮化、乡村生态环境污染等内部环境制约。乡村生产空间系统在这一内外环境作用下，与其外部环境之间的物质、能量、信息间的相互交换关系将被改变，系统原有稳定运行状态将瓦解，并从有序稳定转向无序混沌。如何促使乡村生产空间系统从无序到有序、从低级稳定向高级平衡态发展，维系乡村生产空间系统的可持续运行，已成为实现乡村振兴促进乡村可持续发展的关键。适应性作为全球环境变化和区域可持续发展的核心研究之一（方修琦和殷培红，2007），既是衡量系统与环境相互作用关系的重要工具，又可测度区域可持续发展能力并指导区域未来发展的方向。因此，科学评价乡村生产空间系统适应性可破解当前乡村生产空间系统运行面临的窘境，助力乡村振兴战略，实现乡村可持续发展。乡村生产空间系统研究仍处于起步阶段，虽围绕乡村生产空间系统概念认知（王成和李颢颖，2017），对系统运行状态与机制（王成等，2018，2019）、演化规律（何焱洲和王成，2019a）以及系统功能

（何焱洲和王成，2019b）等方面进行了有效探索并取得了丰硕成果，但就如何剖析和量化系统与其内外环境相互作用关系的研究仍显不足。遵循"对其他科学发现的思考以及与已认可理论的某种结合中得出"这一哲学思想，对当前适应性相关研究进行综述以获取其重要理论和研究范式。在国外，适应性研究主要针对全球气候变化下人类环境适应的概念认知、研究框架及研究尺度（Brooks，2003；Adger et al.，2005；Smit and Wandel，2006；Smit et al.，1999）等进行探讨，为区域乃至全球可持续发展研究提供丰富的理论借鉴和方法参考；在国内，适应性研究主要依附于人类社会经济系统对全球环境变化的探究（崔胜辉等，2011），集中于气候变化下农业生产政策调整（孙雪萍等，2014）、农户生计（吴吉林等，2018）以及城市形态（罗佩和阎小培，2006）等方面，同时，适应性在探索人地关系问题中得到学界普遍关注，已广泛运用到产业生态系统（郭付友等，2016）、人海经济系统（李博等，2018）和人地系统（陈佳等，2016a）等领域，并通过 VAR 模型（李俊枝等，2015）、PSR 模型（刘丽芳，2015）以及 SES 分析框架（徐琪等，2010）等数理建模方法对其进行适应性测度并做出相应适应性调整行为，上述研究成果均表明适应性既能反映系统面临内外环境扰动下自我调节和应对能力，又能很好辨识和测度各要素作用于系统所产生的效果以及系统可持续发展水平。因此，本研究在总结与借鉴现有系统适应性研究成果的基础上，解析乡村生产空间系统适应性内涵、构建其分析框架，并以重庆市江津区为研究区域，以 2007～2017 年为研究时段，从易损性、稳定性、响应三个维度构建评价指标体系，运用适应性评价模型评价重庆市江津区近 11 年乡村生产空间系统运行状态，辅以障碍度分析模型解析其适应性障碍因子和适应性障碍度，进而提出针对性策略以破解其面临的现实困境，为实现乡村可持续发展提供理论参考。

第一节　乡村生产空间系统适应性框架分析

适应性源自进化生物学，表示生物与其所在生态环境之间的相互作用关系。20 世纪 30 年代英国地理学家 P. M. Roxby 首次提出"adjustment"一词表示"调整"或"适应"，以此说明自然环境与人类活动之间的相互适应关系。40 年代，美国地理学家 Gilbert 和 White 则将"调整"和"适应"运用于洪水灾害研究中（Burton et al.，1993），这是对适应性研究最初始的探讨。70 年代后全球环境变化战略研究兴起，在探讨如何调整人类行为以响应全球变化所带来的影响过程中，适应性这一概念正式被提出并逐渐完善，得到了国内外学者的关注和认同，并将其与脆弱性、弹性一起视为全球环境变化人文要素计划（IHDP）可持续发展研究的三大核心概念（方修琦和殷培红，2007）。由于研究视角不同，适应性在各研究领域的基本内涵与认知不一：Adeger 等（2005）认为适应性是人类社会面对气候环境变化及其不利影响时，对生态、社会或经济系统进行的调整行为，而这一行为的成功与否通常取决于不同利益相关者态度的变化；Smit 和 Wandel（2006）强调适应是一个行为过程和结果，包含了在国家、区域、群体以及社区、家庭等不同尺度下系统面对环境变化、灾害风险或机遇时，所进行调整、应对和管理的能力；IPCC 在多次研究报告中将适应性看作人类为了应对自然环境和社会经济环境实际发生或未来发生的变化通过调整系统降低脆弱性或增强弹性所做出的响应行为等（方修琦和殷培红，2007；崔胜辉等，2011）。但总体而言，不论是强调响应行为还是系统持续运行的过程，适应性最终都是为了减少环境变化带来的损失，以实现人与自然的协调和可持续发展，而这一观点在人地关系研究中也越来越受到国内外学者的重视。

乡村生产空间系统作为人地关系地域系统的多种存在形式之一，是以"人"为核心的乡村多元主体作用于以"地"为核心的乡村生产空间所形成的关系集合体（王成和李颢颖，2017），其具有开放性、非线性等特征（王成等，2019），而这一特征决定乡村生产空间系统需要不断与外界环境进行物质、能量、信息的交换，以有效应对内外环境变化的干扰。因此，乡村生产空间系统适应性可以理解为在乡村地域范围内根据土地资源、资金、劳动力等内部各生产要素变化和系统所处自然、市场和政策等外部发展环境变化，对系统各类生产活动、方式或生产关系进行调整，以降低变化所导致系统的风险与不良影响，体现系统朝向新的平衡态继续发展的能力。为更好辨识和测度这一调整行为所产生效果与系统可持续发展能力，本书根据 Smit 等适应性分析框架（Smit et al.，1999）以及与之相关的脆弱性研究（Smit and Wandel，2006；Brooks，2003），围绕"适应什么""适应主体""如何适应"三个问题，借鉴 PRS（压力-状态-相应）理论（刘丽芳，2015），将乡村生产空间系统作为"黑箱"，直接测度内外环境变化时系统所面临的压力、呈现的状态与响应能力，并从易损性、稳定性和响应三方面构建了乡村生产空间系统适应性分析框架（图 10-1）。易损性也称脆弱性，是乡村生产空间系统在农业、乡村工业以及乡村服务业生产活动和城镇化、工业化等外部环境变化作用下所遭受损失的风险与程度；稳定性是乡村生产空间系统在面对内外环境变化时能够保持自身原有生产状态或促使系统更新、重组并提升原有生产状态的能力；响应是指乡村生产空间系统通过改善乡村生产环境、提高生产技术以及采取相关政策等措施促使系统提高应对不利因素的能力和效果。

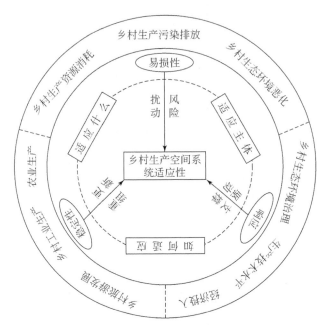

图 10-1　乡村生产空间系统适应性分析框架

第二节　乡村生产空间系统适应性评价

一、数据来源

数据源主要包括社会经济数据和生态环境数据，其中社会经济数据主要来源于重庆市统计局提供的《江津统计年鉴》（2008~2018 年）、《重庆市旅游业统计公报》（2008~2018 年）以及江津区人民政府提供的《江津国民经济和社会发展统计公报》（2008~2018 年）；生态环境数据主要来源于《重庆市生态环境状况公报》（2008~2018 年）、《江津环境质量报告书》（2008~2018 年）、《江津森林资源公报》（2008~2018 年）等江津区各类统计公报数据。其中，作物秸秆污染排放量=某作物产量×某作物秸秆产出系数×（1-秸秆利用率）×秸秆养分含量×入河系数，畜禽养殖污染排放量=养殖总量×畜禽粪便排放系数×粪便中污染物平均含量×污染物入河系数（何焱洲和王成，2019b）。

二、乡村生产空间系统适应性指标体系构建

（一）评价指标选取原则

（1）科学性与系统性原则。科学构建评价指标体系是开展乡村生产空间系统适应性评价的前提与基础，指标选取必须以客观现实为依据，保证指标数据具有真实性、可靠性。同时，乡村生产空间系统作为人地关系地域系统的表征之一，系统内部各类要素需要不断地与外界环境进行物质、能量、信息的交换，需要遵从整体性、系统性原则，尽可能选择乡村生产空间系统适应性关键指标因子。

（2）针对性与综合性原则。在不同的乡村地域中，自然资源禀赋、社会经济发展条件各异，乡村生产空间系统运行状态不尽相同，需要针对不同乡村地域乡村生产发展的特点，构建具有针对性的系统适应性指标体系。同时，还需要充分把握乡村生产空间系统适应性内涵与特性，全面综合选取评价指标，有助于全面找出影响乡村生产空间系统适应性的主要因素。

（3）主导性与典型性原则。在构建乡村生产空间系统适应性评价指标时，需要深入剖析乡村生产空间系统内外环境的变化以及乡村多元主体行为，以精准识别影响乡村生产空间系统适应性的主导因素。同时，指标的选取并不是越多越好，需紧紧围绕乡村生产空间系统适应性内涵与研究框架，有所侧重、尽量选取能够反映江津区乡村生产空间系统适应性特点的典型性指标。

（4）可操作性与层次性原则。乡村生产空间系统适应性涵盖内容丰富，指标选取与数据的获取性会受到一定的限制。因此，构建乡村生产空间系统适应性评价指标体系，需在保证指标数据的可获得性、可靠性、可行性的前提下，遵循层次性原则，将指标逐层深入、细化，将复杂问题精简化，便于乡村生产空间系统适应性指标数据的处理与表达。

（二）评价指标选取

实施乡村振兴战略以来，乡村进入快速发展的关键时期，农业农村优先发展、供给侧结构性改革和农业农村现代化综合发展的三大趋势促使乡村生产空间系统面临的环境越来越复杂（孔祥智，2019）。基于乡村生产空间系统适应性分析框架，乡村生产空间系统适应过程可以理解为适应客体（易损性）与系统状态（稳定性）、系统适应主体（响应）共同作用的过程，而乡村生产空间系统适应效果则可通过系统的易损性、稳定性和响应相互作用的结果进行反映，根据江

津区乡村特色农业、加工业与休闲旅游业互为融合发展的特点，遵循指标体系构建的科学性、完整性及可获得性原则，参考系统适应性研究（郭付友等，2016；李博等，2018；陈佳等，2016a；李俊枝等，2015；刘丽芳，2015；徐琪等，2010）与乡村生产空间系统评价成果（王成等，2018，2019；何焱洲和王成，2019a），从易损性、稳定性与响应三方面选取 32 个指标构建乡村生产空间系统适应性评价指标体系，见表 10-1。

表 10-1   江津区乡村生产空间系统适应性评价指标体系

目标层	准则层	指标层	指标含义及性质	权重
乡村生产空间系统适应性	易损性	N_1 农膜使用量（t）	表征农业生产农膜施用强度（−）	0.0309
		N_2 化肥施用量（t）	表征农业生产化肥施用强度（−）	0.0515
		N_3 农药施用量（t）	表征农业生产农药施用强度（−）	0.0326
		N_4 乡镇企业三废排放量（$\times 10^4$t）	表征乡村工业生产环境污染程度（−）	0.0254
		N_5 作物秸秆污染排放量（t）	表征乡村农业生产环境污染程度（−）	0.0293
		N_6 养殖污染排放密度（t/hm²）	畜禽养殖污染排放量/耕地面积（−）	0.0184
		N_7 农业用水量（m³）	表征农业生产水资源的消耗量（−）	0.0257
		N_8 乡村生产总耗能（$\times 10^4$kW·h）	表征乡村生产能源消耗量（−）	0.0285
		N_9 城镇工矿用地面积（hm²）	间接表征乡村生产空间扩张或压缩程度（−）	0.0279
		N_{10} 人均耕地面积（hm²）	耕地面积/总人口（+）	0.0417
	稳定性	N_{11} 森林覆盖率（%）	森林面积/土地总面积（+）	0.0331
		N_{12} 粮食总产量（t）	表征乡村粮食生产能力（+）	0.0160
		N_{13} 蔬菜总产量（t）	表征乡村蔬菜生产能力（+）	0.0292
		N_{14} 水果总产量（t）	表征乡村水果生产能力（+）	0.0293
		N_{15} 水产品总产量（t）	表征乡村水产品生产能力（+）	0.0325

续表

目标层	准则层	指标层	指标含义及性质	权重
乡村生产空间系统适应性	稳定性	N_{16}肉类总产量（t）	表征乡村肉类生产能力（+）	0.0173
		N_{17}农林牧副渔总产值（$\times 10^8$元）	表征乡村农业产出规模（+）	0.0358
		N_{18}乡镇企业总产值（$\times 10^8$元）	表征乡村工业生产能力（+）	0.0264
		N_{19}乡村旅游综合收入（$\times 10^8$元）	表征乡村旅游业发展水平（+）	0.0607
		N_{20}农村居民人均纯收入（元）	表征农村居民收入的平均水平（+）	0.0327
		N_{21}城乡居民收入差距指数（—）	城镇居民人均支配收入/农村居民人均纯收入（-）	0.0194
	响应	N_{22}退耕还林面积（hm^2）	表征乡村生态保护措施的响应能力（+）	0.0403
		N_{23}水土治理率（%）	治理后的水土流失量/治理前的水土流失量（+）	0.0162
		N_{24}乡村生产废水无害化处理量（$\times 10^4 m^3$）	表征乡村环境治理的实施力度（+）	0.0473
		N_{25}乡村环保投资额比例（%）	乡村环保投资额/总投资额（+）	0.0494
		N_{26}农村固定资产投资比（%）	表征固定资产投资额/固定资产总投资额（+）	0.0242
		N_{27}农业商品率（%）	农产品商品量/农产品总产量（+）	0.0375
		N_{28}农业机械总动力（$\times 10^4 kW$）	表征乡村农业生产机械化水平（+）	0.0246
		N_{29}农林水事务财政支出（$\times 10^8$元）	表征乡村农业生产财政支持能力（+）	0.0283
		N_{30}第一产业贷款总额（$\times 10^8$元）	表征乡村农业生产金融应对能力（+）	0.0229
		N_{31}农村实用技术培训人数（人）	表征乡村农业生产技术支撑能力（+）	0.0270
		N_{32}乡村地域从业人员（$\times 10^4$人）	表征乡村地域内劳动就业保障能力（+）	0.0380

注：指标性质相对于目标层而确定，其中"+"表示正向指标，"-"表示负向指标。

易损性是指乡村生产空间系统内外环境变化所导致的系统运行产生风险的可能性，易损性越高，系统适应环境变化的能力就越弱。指标选取农膜使用量、化肥施用量、农药施用量、乡镇企业三废排放量和作物秸秆污染排放量、养殖污染排放密度表征系统生态本底所面对的生产活动的干扰；农业用水量、乡村生产总耗能、城镇工矿用地面积和人均耕地面积则表征系统生产的资源消耗。

稳定性是指乡村生产空间系统面对内外环境变化依旧能够保持或促使提升系统固有状态、功能的能力，与适应性成正相关关系。指标选取森林覆盖率表征系统生态资源涵养能力；粮食、蔬菜、水果、水产品及肉类总产量、农林牧渔总产值表征系统农业产出规模，乡镇企业总产值表征系统乡村工业生产能力，乡村旅游综合收入表征乡村旅游业发展水平；农村居民人均纯收入以及城乡居民收入差距指数共同反映农民生活水平和质量。

响应是指乡村生产空间系统在面对外界干扰、内部变化时应对不利因素所采取措施和调整行为的能力，与适应性成正相关关系。指标选取退耕还林面积、水土治理率、乡村生产废水无害化处理量以及乡村环保投资额比例表征系统的生态环境治理力；农村固定资产投资比、农业商品率、农业机械总动力、农林水事务财政支出以及第一产业贷款总额表征乡村生产活动开展的经济支撑力；农业实用技术培训人数和乡村地域从业人员则表征乡村生产技术、劳动力的保障力。

三、乡村生产空间系统适应性评估模型

（一）数据标准化处理

由于各项指标具有不同的量纲，本研究采用极差标准化法对各项指标值的原始数据进行标准化处理。

当 X_{ij} 是正向指标时：

$$Z_{ij} = \frac{X_{ij} - \min X_{ij}}{\max X_{ij} - \min X_{ij}} \tag{10-1}$$

当 X_{ij} 是负向指标时：

$$Z_{ij} = \frac{\max X_{ij} - X_{ij}}{\max X_{ij} - \min X_{ij}} \tag{10-2}$$

式中，Z_{ij} 为标准化之后的指标值；X_{ij} 为某分项具体评价指标原始值；i 为适应性评价的第 i 个年份；j 为某分项条件的第 j 个评价指标。

（二）熵值法赋权重

熵值法是一种客观赋权方法，其通过计算指标的信息熵，根据指标的相对变

化程度对系统整体的影响来决定指标的权重，相比主观确权方法具有较高的可信度（迟国泰和李战江，2014）。因此，本研究采用熵值法计算具体权重，计算步骤如下。

（1）计算第 j 项指标下第 i 年份指标值比例：

$$P_{ij} = Z_{ij} / \sum_{i=1}^{n} Z_{ij} \quad (0 \leqslant P_{ij} \leqslant 1) \tag{10-3}$$

（2）计算第 j 项指标的信息熵值：

$$e_j = (-1/\ln n) \times \sum_{i=1}^{n} P_{ij} \ln P_{ij} \tag{10-4}$$

（3）计算信息熵冗余度（差异性系数）：

$$d_j = 1 - e_j \tag{10-5}$$

（4）计算各项指标的权重：

$$W_j = d_j / \sum_{i=1}^{m} d_j \tag{10-6}$$

（三）构建适应性评估模型

依据乡村生产空间系统适应性内涵及分析框架，借鉴适应性指数模型及相应的量化方法（郭付友等，2016；陈佳等，2016a；徐琪等，2010），采用加权求和方法分别计算准则层中易损性（VN）、稳定性（ST）和响应（RE）指数，并用以下函数求得江津区乡村生产空间系统适应性指数（AD），计算公式如下：

$$VN = \sum_{j=1}^{i} W_{vj} VN_{vj}, \quad ST = \sum_{j=1}^{i} W_{sj} ST_{sj}, \quad RE = \sum_{j=1}^{i} W_{rj} RE_{rj} \tag{10-7}$$

$$AD = \sqrt[2]{ST \times RE} / VN \tag{10-8}$$

式中，W_{vj}、W_{sj}、W_{rj} 分别为准则层中各指数权重；VN_{vj}、ST_{sj}、RE_{rj} 分别为准则层中各指数标准化值。

（四）适应性评估模型结果分析

根据式（10-1）~式（10-2）对选取的指标进行标准化处理，利用式（10-3）~式（10-4）计算各指标权重（表10-1），通过式（10-7）计算江津区 2007~2017 年乡村生产空间系统的易损性、稳定性、响应指数，通过式（10-8）计算江津区 2007~2017 年乡村生产空间系统适应性指数，见表 10-2，并绘制易损性、稳定性、响应及适应性指数变化趋势，见图 10-2。

表 10-2　江津区乡村生产空间系统适应性评价结果（2007～2017 年）

年份	易损性指数	稳定性指数	响应指数	适应性指数
	VN	ST	RE	AD
2007	0.109	0.000	0.041	0.003
2008	0.095	0.040	0.080	0.597
2009	0.107	0.059	0.106	0.742
2010	0.107	0.089	0.133	1.014
2011	0.109	0.115	0.152	1.208
2012	0.145	0.145	0.160	1.048
2013	0.162	0.176	0.187	1.116
2014	0.190	0.200	0.194	1.038
2015	0.219	0.260	0.236	1.133
2016	0.226	0.296	0.245	1.189
2017	0.236	0.330	0.286	1.305

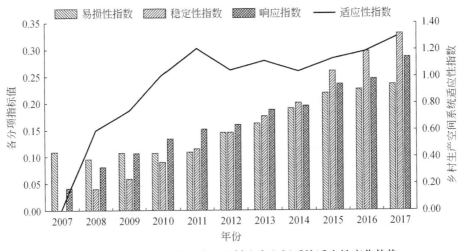

图 10-2　2007～2017 年江津区乡村生产空间系统适应性变化趋势

第三节　乡村生产空间系统适应性时序演化特征分析

一、易损性分析

2007～2017 年江津区乡村生产空间系统的易损性指数总体呈现上升趋势，

表现出阶段性特征，且不同作用方式差异明显。易损性指数由 2007 年的 0.109 上升至 2017 年的 0.236，系统所遭受损失的风险和程度逐年增加。2007~2011 年，系统易损性指数基本持平，其原因是乡村生产空间系统运行的本底条件得以改善。结合江津区农业农村发展情况，"十一五"期间江津区大力提倡绿色农业发展，注重乡村环保，积极开展清洁种植和清洁养殖"两清"工程，加强乡镇企业环保监管力度，严控乡村排污量、排污种类及排污方式，乡镇企业三废排放量、作物秸秆污染排放量和养殖污染排放密度大幅度降低，系统生态环境得到一定的改善。2012~2014 年，系统易损性指数按约 2% 的水平持续上升，这是系统本地压力与能源消耗双重增加的结果。江津区城市化、工业化进入加速发展阶段，城市用地规模无序扩张、挤占耕地的现象更加明显，农地与非农地矛盾更加尖锐，城镇工矿用地面积以年均 534hm² 的速率持续增长，增长率高达 129.72%，乡村生产空间不断被压缩，与此同时，随着城镇人口的快速增长，城市人口对农产品需求量逐渐增加，而农业产量的提升主要是因为在单位面积耕地上增加化肥投入，江津区化肥施用量增长了近 1.06 倍，耕地质量受到一定损害，乡村生产空间系统的易损性逐渐升高，此外，这一阶段为提高乡村生产水平，多以高耗能、高投入来提高产出量，乡村生产耗能成倍增长，农业用水量、乡村生产总耗能平均年增长量分别高达 0.25 亿 m³、2343 万 kW·h，导致系统易损性趋势增强。2015~2017 年，系统易损性上升速度趋缓，其原因是乡村生产空间系统运行的能源消耗增大。该阶段江津区把生态文明建设放在突出地位，着力推进农业循环发展和低碳发展，乡村生产发展主要以生态经济为特色，积极开展化肥农药施用零增长行动，采用低能耗、无污染等清洁能源，农药、化肥施用量则呈现负增长的态势，系统易损性得到一定的缓解，但整体而言，随着未来经济社会的发展，系统运行风险与易损度仍将继续增大。

二、稳定性分析

2007~2017 年江津区乡村生产空间系统的稳定性指数总体呈现逐年递增趋势，并表现出阶段性增长特征，这表明系统面对内外界干扰、变化时保持或提升自身状态的能力得到提升。在研究期内，江津区根据城乡统筹发展的需要，着力建设重庆市江津区现代农业园区，以促进农业结构调整和产业升级为目标，依托富硒资源优势，积极引进企业与先进种养殖技术，构建优势产业群体，重点打造特色优质粮食、无公害果蔬、花椒生产以及生猪养殖基地，农业产业化稳步发展，并在保证粮食基本生产量的前提下，满足城市"消费需求"，蔬菜、水果总产量年平均增长分为 4.49 万 t、1.57 万 t；水产、肉类总产量年平均增长分别为 1012.5t、2306.7t；为落实党的十八大"生态文明理念"，江津区强化乡村生态环境保护，通过培植花椒、柑橘、茶叶等经济作物发展绿色生态经济，森林覆盖率逐年提高，水土涵养能力增强，且成为林农的"绿色银行"。江津区人民政府致力于推进乡村一二三产业融合发展，积极培育乡村新产业新业态，农林牧副渔总产值、乡镇企业总产值年平均增长分别为 7.25 亿元、15.56 亿元；同时，充分发挥了生态农业和区位优势，将农业景观、文化及特色产业资源融合打造成一大批集生态、观光、休闲娱乐为一体的特色乡村旅游点，乡村旅游收入平均年增长 8.42 亿元，2017 年全区乡村旅游收入突破 37 亿元，成为乡村经济发展的新的增长点，有效带动农村居民收入的增长，城乡居民收入差距随之逐年缩小，系统稳定性迅猛提升，系统抵抗内外环境变化的不利因素与重组能力得到强化。

三、响应分析

2007～2017 年江津区乡村生产空间系统响应指数总体呈逐年上升趋势，系统抵御内外界不利因素所采取措施和调整行为的能力得到强化。研究期间，一方面为落实"把修复长江生态环境摆在压倒性位置，共抓大保护，不搞大开发"的要求，江津区狠抓退耕还林、天然林保护以及荒山荒坡等绿化工程，制定完善的水土保持总体规划"锁住"水土，生态环境建设和治理综合效益取得新成效，退耕还林面积平均年增长 1641.64hm²，水土治理率增长至 58.09%。同时，积极贯彻《关于加快推进生态文明建设的意见》精神，实施"蓝天、碧水、宁静、绿地、田园环保"五大行动，全区全面推进农村环保设施建设和运行管理机制，乡村生产废水无害化处理量年平均增长 110 万 m³、乡村环保投资额比例由 1.93% 增至 13.86%，增长率达 618.13%，乡村生产环境得到进一步改善。另一方面，在重庆市城乡统筹背景下，江津区积极落实"以工促农、以城带乡"，将转变农业发展方式、实现农村经济发展摆在重要位置，农业农村经济发展的财政、金融支持力度逐渐加大，农林水事务财政支出年平均增长 0.89 亿元，农村固定资产投资比由 10.03% 增长至 16.27%。同时，为满足农业企业、家庭农场等农业经营主体资金需求，江津区出台农村土地承包经营权流转租金履约保险、农业小额贷款保证保险等农业金融信贷担保政策，第一产业贷款总额增长了 307.75%。此外，受城镇化影响，农村人口逐渐向城市转移，乡村地域从业人员逐年下降，由 74.51 万人下降至 66.31 万人，但江津区积极促进现代农业发展，提出"用工业化理念发展农业"新思路，转变传统农业生产方式、模式，推广粮油作物机械化，将农民从"高投入低产出"的困境中解脱出来，引进果蔬、养殖新技术，开展农村实用技术培训，农业机械化水平增势迅猛，由 24.48 万 kW 增长至41.90万kW，在节约生产投入成本的同时极大地提高了作物、养殖产量。坚持"质量兴农、品牌强农"，发展农业适度规模经营，积极打造并推广江津区富硒特色农业品牌，农业商品率稳步提升，达77.34%，系统整体响应能力不断加强。

四、适应性分析

2007~2017年江津区乡村生产空间系统适应性指数总体呈现波动式上升趋势，适应性指数由2007的最低值0.003上升至2017年1.305，这说明江津区乡村生产空间系统整体发展态势稳定，可持续发展能力不断增强。乡村生产空间系统适应性是易损性、稳定性和响应三者相互作用的结果。其中2007~2011年，江津区处于乡村产业转型发展的初期，系统稳定性和响应指数上升趋势显著，江津区乡村生产能力得到释放，一二三产业融合发展劲头十足，且系统易损性保持在较稳定的状态，系统适应性指数呈现一跃式增长，从2007年的0.003增至2011年的1.208；2012~2014年，系统适应性指数呈现逐渐下降趋势，这一阶段乡村生产面临的生态、资源环境问题突出，系统易损性逐渐上升，而系统稳定性和响应指数增幅开始趋缓、系统运行疲软，导致系统适应性指数呈现下降趋势，2014年系统适应性指数下降至1.038。2015~2017年，系统适应性指数开始呈现稳步上升趋势，该阶段江津区将生态文明建设摆在乡村经济发展主要位置，大力整改农业面源污染，推行农村人居环境整治工作，积极推广清洁能源，系统易损性得到缓解，易损性指数增幅下降，对系统适应性阻碍变小，与此同时，系统稳定性和响应能力得以稳定提升并促使系统适应性强势回归，2017年系统适应性指数达1.305。

第四节　江津区乡村生产空间系统适应性障碍因素分析

一、乡村生产空间系统适应性障碍度模型

为了更有效理解和分析江津区乡村生产空间系统适应性，加强当前系统适应性能力，构建了障碍度模型（赵会顺等，2018），探求影响乡村生产空间系统适应性的障碍因素。计算公式见式（10-9）和式（10-10）：

$$O_j = \left[(1 - Z_{ij}) \times w_j / \sum_{j=1}^{n} (1 - Z_{ij}) \times w_j \right] \times 100\% \qquad (10\text{-}9)$$

$$O_i = \sum_{j=1}^{n} O_{ij} \qquad (10\text{-}10)$$

式中，O_{ij} 为单项指标对乡村生产空间系统适应性准则层的障碍度；Z_{ij} 为各单项指标的标准化值；w_{ij} 为其各单项指标相应权重；n 为指标个数；O_i 为准则层对乡村生产空间系统适应性的障碍度。

二、障碍度分析

通过对江津区乡村生产空间系统适应性评价可知，目前，乡村生产空间系统适应性呈现逐年上升趋势，系统易损性也在逐年增强，虽然未能主导系统适应性走势，但在一定程度上影响着系统适应性的继续提升。因此，为了更好地揭示影响系统适应性提升的主要因素，本研究主要从系统易损性、稳定性、响应层面入手，根据式（10-9）分别计算易损性、稳定性、响应的指标层因子的障碍度，并依据指标层因子障碍度的高低，将排名前 4 位因子列出，结果见表 10-3；根据式（10-10）计算三个准则层对乡村生产空间系统适应性的障碍度，结果见图 10-3。

表 10-3　江津区乡村生产空间系统适应性主要障碍因子（2007～2017 年）

准则层	障碍因子	2007 年	2008 年	2009 年	2010 年	2011 年	2012 年	2013 年	2014 年	2015 年	2016 年	2017 年
易损性	障碍 1	N_5	N_4	N_{10}	N_{10}	N_{10}	N_2	N_2	N_2	N_2	N_2	N_2
	障碍 2	N_4	N_5	N_4	N_2	N_2	N_{10}	N_{10}	N_3	N_3	N_1	N_1
	障碍 3	N_6	N_8	N_5	N_5	N_5	N_3	N_3	N_{10}	N_7	N_8	N_8
	障碍 4	N_3	N_9	N_3	N_8	N_3	N_8	N_9	N_1	N_1	N_9	N_9
稳定性	障碍 1	N_{19}	N_{19}	N_{19}	N_{19}	N_{19}	N_{19}	N_{19}	N_{19}	N_{19}	N_{19}	N_{19}
	障碍 2	N_{17}	N_{17}	N_{17}	N_{17}	N_{15}	N_{15}	N_{15}	N_{15}	N_{20}	N_{18}	N_{18}
	障碍 3	N_{20}	N_{20}	N_{20}	N_{20}	N_{17}	N_{17}	N_{20}	N_{20}	N_{17}	N_{20}	N_{20}
	障碍 4	N_{15}	N_{15}	N_{15}	N_{15}	N_{20}	N_{20}	N_{17}	N_{17}	N_{18}	N_{14}	N_{14}
响应	障碍 1	N_{25}	N_{25}	N_{25}	N_{24}	N_{25}	N_{25}	N_{24}	N_{24}	N_{32}	N_{32}	N_{32}
	障碍 2	N_{24}	N_{24}	N_{24}	N_{25}	N_{24}	N_{24}	N_{25}	N_{25}	N_{24}	N_{31}	N_{31}
	障碍 3	N_{22}	N_{22}	N_{22}	N_{22}	N_{22}	N_{32}	N_{32}	N_{32}	N_{25}	N_{24}	N_{26}
	障碍 4	N_{27}	N_{27}	N_{27}	N_{27}	N_{27}	N_{22}	N_{22}	N_{30}	N_{30}	N_{24}	N_{29}

（一）指标因子障碍度分析

从易损性指标因子障碍度来看，2007～2008 年，由于乡村环保意识不强，

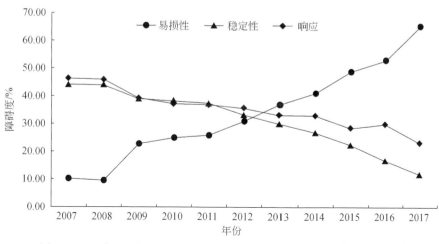

图 10-3　江津区乡村生产空间系统适应性障碍度变化（2007~2017 年）

农业生产、乡村工业生产污染排放量激增，且未得到很好的治理，致使 N_4、N_5、N_8 等成为系统适应性的主要障碍因素；2009~2011 年，随着城镇化发展，乡村生产空间非自然性压缩加剧，耕地面积锐减，N_{10} 逐渐上升为主要的障碍因素，同时，由于国家对乡村污染生产治理的重视，农业、工业等污染排放得到一定的控制；2012~2017 年，国家和地方政府对耕地保护、农村人居环境治理日益重视，通过土地整治、开发等工程手段，这一阶段江津区人均耕地呈现波动变化趋势，耕地面积变化相对稳定，农业面源污染得到有效治理，但随着乡村经济的进一步发展，农业种养、农产品加工业规模的扩大促使农药化肥投入与乡村耗能逐渐增大，而城市的继续扩张也在进一步消耗农村土地资源，N_2、N_1、N_8、N_9 成为当前制约江津区乡村生产空间系统适应性的主要障碍因素。

从稳定性指标因子障碍度来看，2007~2017 年，江津区乡村生产空间系统适应性障碍因素主要为 N_{19}、N_{18}、N_{20}、N_{14}，虽然江津区一直致力于农业农村工作，特色农产品逐渐向规模化、精细化、集约化发展，农产品产量不断攀升，乡村旅游迅猛发展，乡村一二三产业融合发展态势良好；但相对而言，江津区乡村旅游经济在乡村经济占比偏低，当前江津区乡村经济仍然主要依靠农业生产、乡镇企业的发展，也使得农村居民人均纯收入增长空间有限。此外，农产品产量受市场供需影响较大，价格风险较高，也在一定程度上影响着系统的稳定运行。

从响应指标因子障碍度来看，2007~2012 年，在重庆市城乡统筹发展与现代农业园区建设的势头下，江津区乡村生产活动处于发展的起步期与活跃期，江津区养殖、种植业、乡镇企业生产活动规模不断扩大，乡村生产技术、资金等生产要素投入稳步增长，但农业商品率维持在比较稳定的水平，提升速度缓慢，与此同时，乡村生产空间的生态环境压力逐步显现，由于农业生产化肥农药投入、生产耗能的增加和乡村环保投入不足，N_{25}、N_{24}、N_{32}、N_{22}成为该阶段系统的主要障碍因素；2012～2017年，随着城市化进程的加快，乡村青壮年农村劳动力逐步向城市转移，乡村地域就业人数逐年下降，且根据指标，江津区农业实用技术培训人数波动较大，不利于农民群体接受和学习先进的农业技术，在现代化农业加快升级转型时期，N_{31}、N_{32}成为系统适应性的主要障碍因素，与此同时，由于江津区产业结构调整的影响，农林水事务财政支出下降，N_{26}、N_{29}障碍度逐渐显现。

（二）准则层障碍度分析

2007～2017年江津区乡村生产空间系统准则层障碍度变化情况各有不同，但整体表现为易损性障碍度＞响应障碍度＞稳定性障碍度。其中易损性障碍度呈现逐年上升趋势，由2007年的9.96%上升至65.15%，而稳定性障碍度与响应障碍度则均表现为逐渐下降趋势，分别以年均3.22%、2.31%的速率持续下降。由此可见，当前江津区乡村生产空间系统适应性障碍因素主要来源于系统的易损性，在现代农业发展过程中，乡村生产空间本底遭受的非自然压力逐渐增大，生态环境易损风险增加，因此，江津区在未来乡村生产发展过程中应该坚持绿色生态与可持续发展观念，在积极发展乡村经济的同时，把"生态建设"放在第一位，同时遵循《重庆市农业农村发展"十三五"规划》，加强江津区现代休闲农业发展规划，全面促进江津区乡村生产的持续健康发展。

第五节　小　　结

（1）2007～2017年江津区乡村生产空间系统适应性呈现波动上升趋势，系统应对环境变化以及可持续发展能力不断提高。其中系统易损性、稳定性与响应均呈现总体上升趋势。虽然江津区乡村生产活动造成乡村生产空间系统易损性风险逐渐增大，但是乡村生产空间系统自身抵抗不利因素与自我调整的能力增强，稳定性与响应逐渐上升。

（2）2007～2017年江津区乡村生产空间系统适应性障碍由稳定性、响应障碍逐渐演变为易损性障碍。其中化肥施用量、农膜使用量、乡村生产总耗能、城镇工矿用地面积、乡村环保投资额比例等是目前阻碍江津区乡村生产空间系统适应性的主要障碍因子。

我国乡村发展正处于转型的关键时期，乡村生产空间作为承载乡村生产活动的物质载体，关系着乡村的健康持续发展。目前，针对乡村生产空间的研究已颇为丰富，众多学者围绕乡村生产空间从粮食、蔬菜、茶叶等具体农业生产空间的格局演化（邓宗兵等，2013；吴建寨等，2015；肖智等，2017）、乡村"三生空间"优化布局（王成和唐宁，2018）以及土地规模经营（万群等，2016）等诸多方面展开了探讨，并指出土地整治是实现乡村生产空间重构、推动乡村振兴的重要手段（龙花楼，2013），这些研究成果不仅为重塑乡村生产空间形态、优化空间布局等提供了重要的理论基础，更为乡村生产空间系统的研究奠定了坚实的理论基础和实践借鉴。值得一提的是，乡村振兴产业兴旺不仅表现在单一类型乡村生产空间的布局与优化，更重要的是在新时代发展背景下，全面认识并协调乡村经济社会发展过程中的人地相互作用关系。从一定意义上来说，单一类型的乡村生产空间进行优化并不能完全解决乡村振兴产业兴旺的难题，更难以全面揭示乡村生产空间整体运行状态及其人地关系的演化特征。而乡村生产空间系统正是将系统理论引入乡村生产空间研究而提出来的全新理念，是人地关系在乡村地域的特殊表现，具有一定的结构和功能机制（王成和李颢颖，2017），对其研究不仅探析了乡村生产空间系统运行状态与运行机制（王成等，2018，2019），还进一步解释了人地关系在乡村生产空间上的演变过程及其功能特征（何焱洲和王成，2019b），并为乡村发展提供了系统、全面的理论和实践指导。可见，如何系统认知乡村生产空间、剖析空间中复杂的人地关系已成为实现乡村振兴产业兴旺的关键。

|第十一章| 乡村生产空间系统演化及其可持续发展能力研究

乡村生产空间系统演化是乡村生产空间系统内部及其与外部系统间进行物质、能量和信息交换的表征或结果，这一结果的优劣是实现乡村可持续发展的内生物质基础与保障。本研究以重庆市为研究对象，以2001~2015年为研究时段，从支持熵、压力熵、氧化熵、还原熵四个方面构建指标体系，揭示乡村生产空间系统的演变规律和可持续发展能力，探析乡村生产空间系统熵变与可持续发展能力之间协同演化过程中的相关关系，提出乡村生产空间系统优化策略。结果表明：①2001~2015年重庆市乡村生产空间系统熵流和熵产生均呈下降趋势，乡村生产空间系统的协调性和活力得以增强；系统总熵变呈相同趋势，乡村生产空间系统有序度不断提高，总体上向健康水平发展。②2001~2015年重庆市乡村生产空间系统可持续发展能力得分呈上升趋势，系统可持续发展态势良好，并不断向可持续方向演化。③可持续发展总得分与支持熵、还原熵正相关，与压力熵、氧化熵负相关，与熵流、熵产生负相关。④从调整布局结构、提升自增能力、发展新型生态绿色农业、资源化利用农业废弃物四个方面提出了重庆市乡村生产空间系统的优化策略。

乡村生产空间系统演化是乡村生产空间系统内部及其与外部系统间进行物质、能量和信息交换的表征或结果，这一结果的优劣是实现乡村可持续发展的内生物质基础与保障。目前，我国乡村地域"要素-结构-功能"、空间格局、经济形态和社会关系等正发生着深刻的变革（龙花楼，2012b），乡村生产空间系统逐渐呈现出主体的多元（王国刚等，2017）、客体（生产用地）的压缩（Long et al.，2009）、环境的衰退（李玉恒和刘彦随，2013）等新时代特征。如何探析乡村生产空间系统的演化规律和可持续发展能力，揭示其协同演化进程中的相关关系，优化乡村生产空间系统，对建立可持续的内生机制以践行乡村振兴战略具有重要价值。

信息熵作为系统有序程度的一种度量，可以用来揭示系统发展演化方向（John et al.，2007）。在国外，信息熵已尝试应用在模拟土壤粒径的分布（Martin and Taguas，1998）、城市水资源的时空分异与管理（Larsen and Gujer，1997）、景观格局变化分析（Antrop, 1998）、城市经济系统质量增长（Herrmann-Pillath et al., 2002）以及数据集成和模型演化（Wellmann and Regenauer-Lieb, 2012）等领域；在国内，信息熵主要应用在探索土地利用结构的时空演化规律与预测（林珍铭等，2011；王晓娇等，2012）、影响因素及驱动机制（肖思思等，2012；覃琳等，2012），区域土地利用系统的有序程度（谭永忠和吴次芳，2003）、能源消费结构的演变规律（耿海青等，2004）和城市人口密度的演化分析（Zhang et al., 2006；冯健，2002）等领域。目前，信息熵的应用领域已拓展到城市生态系统演化及其可持续发展（林珍铭和夏斌，2013；王龙等，2016），其研究结果表明信息熵既能反映系统的演化情况，还能很好地辨识系统的可持续发展状况和健康水平（张妍等，2005），这一结果为乡村生产空间系统的演化规律和可持续发展能力研究提供了重要的理论源。

因此，本研究以重庆市为研究对象，以 2001 ~ 2015 年为研究时段，基于信息熵从支持熵、压力熵、氧化熵、还原熵四个方面构建乡村生产空间系统演变量化模型，揭示乡村生产空间系统的演变规律和可持续发展能力，探析其协同演化过程中的相关关系，设计乡村生产空间系统的优化路径，为乡村生产空间系统的优化调控和可持续发展提供理论指导。

第一节　乡村生产空间系统"信息熵"理论

"熵"源于物理学，表示大量分子的无序运动，1948 年，香农（Shannon, 1948）将其引入信息论并提出"信息熵"理论标志着信息熵研究的开始。经过多年的研究发现，"信息熵"可用于反映系统的无序程度，定量判断系统的演化方向（John et al., 2007）。地理学家通过大量研究表明，地理系统与热力学系统相似（徐建华和高玉景，2001），而乡村生产空间系统既是人地关系系统又是具有地域性的复杂地理系统，因而运用信息熵可揭示乡村生产空间系统的演化规律（张妍等，2005；林珍铭和夏斌，2013；王龙等，2016）。此外，乡村生产空间系统作为复杂开放动态的人地关系地域系统，其内部各要素间相互影响、相互作用，传递物质、能量和信息，通过乡村多元主体的生产活动不断地从周围环境攫取物质、能源和信息，依靠经济发展、技术应用、制度安排等来调节发展速度与规模；并在外部扰动和内部涨落的影响下发生演替与变化。这一运行过程符合耗散结构系统的预定假设，具有耗散结构特征，是典型的耗散结构系统，其演化过程可理解为旧的耗散结构不断解体，新的耗散结构不断形成，可用耗散结构系统熵变（包括熵流和熵产生）予以表征。因此，本研究借鉴城市生态系统研究成果（杨朔等，2022；谭德明等，2022；苏宁等，2022），将乡村生产空间系统

"信息熵"细化为支持熵（$\Delta_e S_1$）、压力熵（$\Delta_e S_2$）、氧化熵（$\Delta_i S_2$）、还原熵（$\Delta_i S_1$）4种类别熵表征。其含义见表11-1。

表11-1 乡村生产空间系统熵流、熵产生和总熵变的符号、公式及含义

项目	符号与公式	含义
支持熵	$\Delta_e S_1$	揭示乡村生产空间系统的支持作用和承载能力
压力熵	$\Delta_e S_2$	揭示乡村生产发展给乡村生产空间系统造成的压力
氧化熵	$\Delta_i S_2$	揭示乡村生产空间系统中各类生产行为对自然环境的负面影响
还原熵	$\Delta_i S_1$	揭示人类对乡村生产空间系统的环境保护和污染物治理能力
熵流	$\Delta_e S_2 - \Delta_e S_1$	揭示乡村多元主体的生产活动与环境保护之间的互动作用，主要反映乡村生产空间系统对乡村生产发展的承载力，表征系统的协调性
熵产生	$\Delta_i S_2 - \Delta_i S_1$	揭示乡村生产空间系统内部环境污染产生与环境净化的互动作用，反映了乡村生产空间系统在代谢过程中的还原再生能力，表征系统的活力
总熵变	$(\Delta_e S_2 - \Delta_e S_1) + (\Delta_i S_2 - \Delta_i S_1)$	揭示乡村生产空间系统总体的演化方向，表征系统的有序度和健康水平。系统总熵变为"正熵"，表明系统无序度增加，系统总熵变为"负熵"，表明系统有序度增强

第二节　乡村生产空间系统演化指标体系构建

一、指标体系构建原则

（1）主导因素原则。在综合确定乡村生产空间系统演化时，应该选取乡村生产空间系统影响因子中的主要指标，这样既可以降低评价指标的获取难度，又可以提高评价工作效率。

（2）区域性原则。根据所研究区域的乡村生产空间系统，有针对性地选取指标，确定指标的权重。由于区域社会经济水平和自然条件等各不相同，影响乡村生产空间系统演化的因素亦有所差异，因此在选取指标时应因地制宜。

（3）可操作性原则。乡村生产空间系统演化所选指标的含义应简单明确，统计口径、核算方法一致，同时要尽可能利用现有的统计数据和便于收集的数据，提高数据的可获取性。

（4）独立性原则。理论上指标体系中各指标必须具有独立性，应该尽可能排除具有相关性的指标，否则评价结果无法达到最优。

（5）引导性原则。指标体系设置的目的在于引导被评价对象走向可持续利用的目标，因而指标及其权重应体现与该区域土地利用的战略目标一致的政策引导性，以规范和引导该地区乡村未来的发展方向。

（6）科学性原则。评价指标的选择、指标权重的确定、数据的选取、计算与合成必须以公认的科学理论（统计理论、管理理论与决策科学的理论等）为依据。综合考虑诸方面及其协调性，使指标体系既满足乡村生产空间系统演化的要求，又避免指标之间的重叠。

二、指标体系设计

合理构建评价指标体系是乡村生产空间系统演化研究的关键，所选指标应彰显评价单元间经济、社会、生态等方面的差异。近年来，我国乡村主体多元化、业态多样化、土地利用多功能态势趋强，特别是党的十九大关于乡村振兴战略的顶层设计以及 2018 年关于《乡村振兴战略规划（2018—2022 年）》的发布，将加速乡村生产空间系统内部要素的流动及相互作用，进一步推动系统结构、形态与功能的不断演化。针对这一特殊现实特征，本研究借鉴城市生态系统演化、可持续发展能力等已有研究成果，结合重庆市乡村生产空间系统人地相互作用复杂多样、与其他省市发展水平各异和所面临关键问题不尽相同的总体特征，借助 PSR（压力–状态–响应）模型（Kelly，1998），基于层次分析原理，遵循系统性、代表性和可操作性原则，从支持熵、压力熵、氧化熵和还原熵 4 个方面构建乡村生产空间系统演化指标体系，共包括 38 个指标（表 11-2）。

表 11-2　乡村生产空间系统演化指标体系

目标层	准则层	次准则层	要素层	单位	权重
乡村生产空间系统演化分析	熵流	支持熵指标（A）	粮食总产量 A_1	$\times 10^4 t$	0.019
			蔬菜总产量 A_2	$\times 10^4 t$	0.104
			水果总产量 A_3	$\times 10^4 t$	0.063
			水产品总产量 A_4	t	0.124
			肉类总产量 A_5	$\times 10^4 t$	0.073

目标层	准则层	次准则层	要素层	单位	权重
乡村生产空间系统演化分析	熵流	支持熵指标（A）	农林牧副渔总值 A_6	$\times 10^4$ 元	0.096
			乡镇企业总产值 A_7	$\times 10^4$ 元	0.101
			乡村旅游综合收入 A_8	$\times 10^8$ 元	0.173
			农村居民人均纯收入 A_9	元	0.115
			农产品进出口总值 A_{10}	$\times 10^4$ US $	0.132
		压力熵指标（B）	乡村地域内从业人口数量 B_1	$\times 10^4$ 人	0.058
			乡村旅游接待游客人次 B_2	$\times 10^8$ 人次	0.064
			农村居民家庭经营费用支出 B_3	元/人	0.052
			农林水事务财政支出 B_4	$\times 10^4$ 元	0.095
			第一产业能源终端消耗量 B_5	$\times 10^4$ t 标准煤	0.097
			农业用水量 B_6	$\times 10^8$ m^3	0.097
			农用化肥施用量 B_7	$\times 10^4$ t	0.189
			农膜使用量 B_8	$\times 10^4$ t	0.121
			农药施用量 B_9	$\times 10^4$ t	0.064
			乡村生产用电量 B_{10}	$\times 10^4$ kW·h	0.163
	熵产生	氧化熵指标（C）	化肥污染排放量 C_1	t	0.149
			作物秸秆污染排放量 C_2	t	0.135
			畜禽养殖污染排放量 C_3	t	0.136
			农业源化学需氧量排放量 C_4	t	0.112
			农业源化学氨氮排放量 C_5	t	0.132
			乡镇企业废水排放量 C_6	$\times 10^4$ t	0.127
			乡镇企业废气排放量 C_7	$\times 10^4$ t	0.088
			乡镇企业固体废弃物排放量 C_8	$\times 10^4$ t	0.121
		还原熵指标（D）	森林覆盖率 D_1	%	0.112
			自然保护区占比 D_2	%	0.085
			退耕还林率 D_3	%	0.058
			沼气池产气总量 D_4	$\times 10^4$ m^3	0.139
			农业废弃物综合利用率 D_5	%	0.083
			乡村卫生厕所普及率 D_6	%	0.092
			水土流失治理率 D_7	%	0.109
			乡村生产废水无害化处理率 D_8	%	0.063
			乡村环保投资占 GDP 比例 D_9	%	0.115
			乡村累计粪便无害化处理率 D_{10}	%	0.144

支持熵指标（$A_1 \sim A_{10}$）主要体现乡村生产空间系统内自然环境的生产力和乡村多元主体的生产力，可反映乡村生产空间系统的支持作用；压力熵指标（$B_1 \sim B_{10}$）主要体现乡村生产空间系统中乡村多元主体使用、释放能量物质的能力，可反映乡村生产空间系统承担的压力；氧化熵指标（$C_1 \sim C_8$）主要体现乡村生产空间系统的氧化代谢能力，表现为乡村生产过程中排放的废弃物、污染物等对环境造成的负面影响；还原熵指标（$D_1 \sim D_{10}$）主要体现乡村生产空间系统的还原代谢能力，表现为人类对乡村生产空间系统环境的保护及对各类污染物的治理。

三、数据收集与标准化处理

（一）数据收集与整理

为保证数据的完整性、可获取性和时效性，本研究以第十个五年规划至第十二个五年规划（2001～2015 年）为研究时段。研究数据主要包括社会经济数据和生态环境数据，社会经济数据主要来源于《重庆统计年鉴》（2002～2016 年）、《重庆调查年鉴》（2002～2016 年）、《中国农业统计资料》（2001～2015 年）和《重庆市旅游业统计公报》（2001～2015 年）等；生态环境数据主要来源于《中国环境统计年鉴》（2002～2016 年）、《重庆市森林资源公报》（2001～2015 年）和《重庆市生态环境状况公报》（2001～2015 年）等。此外，部分数据为计算数据：化肥污染排放量＝化肥施用量（折纯量）×入河系数，作物秸秆污染排放量＝某作物产量×某作物秸秆产出系数×（1-秸秆利用率）×秸秆养分含量×入河系数，畜禽养殖污染排放量＝养殖总量×畜禽粪便排放系数×粪便中污染物平均含量×污染物入河系数，具体算法参见相关文献（张广纳等，2015）。

（二）标准化处理过程

本研究数据标准化处理主要涉及乡村生产空间系统演化分析和乡村生产空间系统可持续发展能力评价两个方面。一方面，构建"信息熵"熵变模型时已经将各类型熵指标进行了矢量化，故在数据标准化时采用 Z-score 标准化法，无须区分正向指标和负向指标。另一方面，乡村生产空间系统可持续发展能力评价模型并未对各类型熵指标进行矢量化，故在数据标准化时采用极差标准化法，需区分正向指标和负向指标。支持型输入熵指标和还原型代谢熵指标属负熵指标，即这些指标的增大将使乡村生产空间系统朝健康有序方向演化，为正向指标；压力型输出熵指标和氧化型代谢熵指标属正熵指标，即这些指标的增大将使乡村生产空间系统朝混乱无序方向演化，为负向指标。

（1）Z-score 标准化法：

$$z = \frac{x-u}{\sigma} \tag{11-1}$$

式中，z 为指标标准值；x 为指标原始值；u 为指标数据均值；σ 为指标数据标准差。

（2）极差标准化法：

当 X_{ij} 是正向指标时：

$$Z_{ij} = \frac{X_{ij} - \min X_{ij}}{\max X_{ij} - \min X_{ij}}$$

当 X_{ij} 是负向指标时： $\tag{11-2}$

$$Z_{ij} = \frac{\max X_{ij} - X_{ij}}{\max X_{ij} - \min X_{ij}}$$

式中，Z_{ij} 为标准化之后的指标值；X_{ij} 为第 i 项指标的第 j 年的原始数值。

第三节　乡村生产空间系统可持续发展分析模型

一、乡村生产空间系统"信息熵"熵变模型

根据香农（Shannon）的信息熵理论，对于一个不确定性系统，采用随机变量 X 表示其状态特征。对于离散随机变量，若 x 取值为 $X = \{x_1, x_2, \cdots, x_n\}$（$n \geq 2$），每个取值对应概率 $P = \{p_1, p_2, \cdots, p_n\}$（$0 \leq p_i \leq 1$，$i = 1, 2, \cdots, n$），且有 $\sum_{i=1}^{n} P_i = 1$，则该系统的信息熵：

$$S = -\sum_{i=1}^{n} p_i \cdot \ln p_i \tag{11-3}$$

式中，S 为不确定系统的信息熵；p_i 为离散随机变量 X 的概率。

对乡村生产空间系统中 m 个年份 n 个评价指标进行评价，则系统年份信息熵 ΔS 可表示为

$$\Delta S = -\frac{1}{\ln m} \sum_{i=1}^{n} \frac{q_{ij}}{q_j} \cdot \ln \frac{q_{ij}}{q_j} \tag{11-4}$$

式中，ΔS 为支持熵、压力熵、氧化熵和还原熵；q_{ij} 为指标原始数据的标准化值；q_j 为第 j 年指标标准化值的求和，即 $q_j = \sum_{i=1}^{n} q_{ij}(i = 1, 2, \cdots, n; j = 1, 2, \cdots, m)$。

二、乡村生产空间系统可持续发展能力评价模型

熵权法是根据指标的变异程度，客观地计算各指标的权重值，既可以克服主观赋权法无法避免的随机性、臆断性问题，又可以有效解决多指标变量间信息的重叠问题，能够深刻反映指标信息熵值的效用价值。故运用熵权法确定指标权重 W_i（表 11-2）。

通过信息熵的衍生，可以把系统中的多维信息进行量化与综合，结合各指标标准化值、权重，采用加权求和法计算乡村生产空间系统可持续发展能力得分：

$$G = \sum_{i=1}^{n} W_i \cdot X_i \tag{11-5}$$

式中，G 为可持续发展能力得分；W_i 为第 i 项指标的权重；X_i 为第 i 项指标的标准化值。可持续发展能力得分越高，表明乡村生产空间系统可持续发展状况越好。

三、模型结果

（一）熵变测算

根据式（11-1）对选取的指标数据进行标准化处理，并通过式（11-4）计算 2001～2015 年重庆市乡村生产空间系统演化的熵变结果（表 11-3）。

表 11-3　2001～2015 年重庆市乡村生产空间系统熵变

项目	2001 年	2002 年	2003 年	2004 年	2005 年	2006 年	2007 年	2008 年	2009 年	2010 年	2011 年	2012 年	2013 年	2014 年	2015 年
支持熵	0.343	0.341	0.346	0.345	0.344	0.315	0.335	0.338	0.337	0.344	0.359	0.367	0.377	0.387	0.393
压力熵	0.360	0.358	0.357	0.348	0.345	0.346	0.344	0.346	0.350	0.350	0.367	0.364	0.359	0.346	0.344
氧化熵	0.422	0.417	0.408	0.406	0.405	0.407	0.403	0.398	0.395	0.377	0.362	0.346	0.339	0.336	0.332
还原熵	0.218	0.231	0.238	0.251	0.257	0.279	0.270	0.270	0.269	0.281	0.261	0.273	0.272	0.276	0.273
熵流	0.017	0.017	0.011	0.003	0.001	0.031	0.009	0.008	0.013	0.006	0.008	-0.003	-0.018	-0.041	-0.049
熵产生	0.204	0.186	0.170	0.155	0.148	0.128	0.133	0.128	0.126	0.096	0.101	0.073	0.067	0.060	0.059
总熵变	0.221	0.203	0.181	0.158	0.149	0.159	0.142	0.136	0.139	0.102	0.109	0.070	0.049	0.019	0.010

（二）可持续发展综合值

根据式（11-2）对选取的指标数据进行标准化处理，并通过式（11-5）计算

2001～2015 年重庆市乡村生产空间系统可持续发展能力得分（图 11-1）。

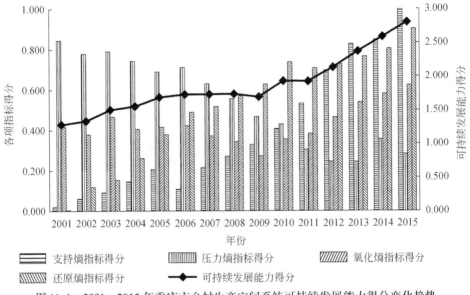

图 11-1　2001～2015 年重庆市乡村生产空间系统可持续发展能力得分变化趋势

第四节　结　果　分　析

一、重庆市乡村生产空间系统熵变时序分析

乡村生产空间系统总熵变呈下降趋势，系统有序度不断提高，结构和功能不断优化，总体上朝健康水平演变（表 11-3）。这一特征是熵流和熵产生共同作用的结果，体现了不同阶段熵流和熵产生间的优势度。

（1）乡村生产空间系统熵流呈下降趋势，下降幅度由弱增强，系统的承载力、协调性逐渐增强。2001～2011 年熵流下降幅度较缓，乡村生产空间系统的承载力、协调性增强趋势较弱。究其原因：2001～2011 年，一方面，重庆市正处于城市化快速发展时期，播种面积非自然减少、粮食单产提升难，粮食总产量常年为 10^7 t 左右，种植结构仍以粮食作物为主，蔬菜、水果等经济作物平均年增长量分别仅为 5.709×10^5 t、1.623×10^5 t，水产养殖规模化程度低、主要为散户养殖，平均年增长量仅为 7148.85 t；乡镇企业同构化严重、缺乏科学的管理体系，乡镇企业总产值平均年增长量仅为 $4.792\,378\,27\times10^{10}$ 元，且乡村旅游处于发展初期、综合收入年平均增长量仅为 1.038×10^9 元；乡村产业发展水平较低，农林牧副渔总值、农村居民人均纯收入平均年增长量分别仅为 $7.583\ 321×10^9$ 元、409.93 元。这些致使乡村生产空间系统的支持作用提升幅度较小。另一方面，这一时期乡村生产发展多以增加投入来提高产出，第一产业能源终端消耗量、乡村生产用电量和农业用水量平均年增长量分别高达 $8.88×10^4$ t、$3.659\ 691×10^8$ kW·h 和 $5.1×10^7$ m³；粮食、蔬菜、水果等农作物产量的增长主要依靠农资产品的使用，化肥施用量、农膜使用量、农药施用量平均年增长量分别高达 $2.09×10^4$ t、$1.8×10^3$ t、10^2 t；同时，2007 年重庆市被批成立统筹城乡综合配套改革试验区，各级政府对乡村生产的财政支持力度加大、逐年上调农林水事务财政支出，农民抓住时机增加农村居民家庭经营费用支出，各级政府、农民的经济压力加重。乡村生产活动给乡村生产空间系统带来压力的减小趋势较弱。两方面共同作用促使熵流下降速度放缓。

2011～2015 年熵流下降幅度增大，且 2012～2015 年熵流由正值变为负值，乡村生产空间系统的承载力、协调性增强趋势显著。究其原因：2011～2015 年，一方面，重庆市着力推进乡村一二三产业跨界融合，深化农业供给侧结构性改革，在保障粮食产量不少于 $1.1×10^7$ t 的基础上，农业发展逐步由"生产导向"转向"消费导向"，发展特色效益农业，蔬菜、水果总产量平均年增长量分别提升至 $7.45×10^5$ t、$2.294×10^5$ t；水产养殖逐步转向规模、集中养殖，年平均增长量升至 41 052.60t；成立专项资金支持乡镇企业发展，乡镇企业提质增效、总产值平均年增长量升为 $1.801\ 705\ 02×10^{11}$ 元；在《重庆市乡村旅游发展规划（2013～2020 年）》顶层设计下，打造城乡交融资源组团、环城郊野资源组团、渝东北资源组团、渝东南资源组团四大板块，全域乡村旅游迈上新高度，乡村旅游收入年平均增长量提高至 $1.346×10^9$ 元；乡村一二三产业齐头并进，农林牧副渔总值、农村居民人均纯收入年平均增长量分别提升至 $9.456\ 334×10^9$ 元、804.86 元；乡村生产空间系统支持作用增强且幅度较大。另一方面，2012 年党的十八大提出"生态文明建设"理念，注重乡村经济增长与生态保护协调发展，再次强调了良好的生态环境是乡村生产空间系统协调持续发展的基础与保障；重庆市积极响应国家战略，构建农业产业结构、农民生产生活方式与农业资源环境协调发展的新格局，严控化肥施用量、农膜使用量、农药使用量，年平均增长量分别降低至 $4.3×10^3$ t、$1.2×10^3$ t、$-4×10^2$ t，同时逐步建立以沼气为主的农村清洁能源，乡村生产能耗降低，第一产业能源终端消耗量、乡村生产用电量、农业用水量年平均增长量分别降为 $-3.907×10^5$ t、$1.55382×10^8$ kW·h、$4.6×10^7$ m³。乡村生产空间系统面临的压力减缓且幅度较大。两方面共同作用促使熵流下降速度增大。

（2）乡村生产空间系统熵产生呈波动下降趋势，系统的还原再生能力趋强，活力逐渐提升。2001～2015 年，熵产生总体呈波动下降趋势，乡村生产空间系统的污染治理和净化能力提升，还原再生能力、活力趋强。究其原因：研究期间，一方面，重庆市强化管理与治理农业面源污染。在江津区、万州区、石柱县、黔江区等区县设立农业面源污染定位监测国控点，贯彻执行"一控两减三基本"，建设三峡库区重点流域和区域的农业面源污染综合防治示范区；开展养殖"四清四治"专项行动，加强规模化畜禽养殖场的环境执法，采取"先建后补"或"以奖代补"的方式，实施重点减排项目，农业化学需氧量排放量、农业化学氨氮排放量分别下降了 27.84%、27.67%；出台作物秸秆露天焚烧综合治理方案，改善和研发农作物秸秆综合利用技术，作物秸秆污染排放量下降了 20.14%；强化对乡镇企业排污现状的监察力度与惩治力度，坚持"一手抓关闭、一手抓治理"，乡镇企业废水排放量、乡镇企业固体废弃物排放量分别下降了 30.43%、93.37%。乡村生产空间系统本底污染被遏制，生产活动对环境污染的负面影响得到有效控制。另一方面，重庆市着力改善农村人居环境，打造美丽宜居乡村，开展农村环境连片整治与"蓝天、碧水、绿地、宁静、田园"五大环保行动，加大乡村环保投资，乡村卫生厕所普及率上升了 148.59%，粪便、生产废水无害化处理率亦分别上升了 88.50%、90.18%；严格划定涉及巴南区等 30 个区县 7466.85km² 的水土流失重点预防区和涉及万州区等 21 个区县 18 723.71km² 的水土流失重点治理区，分别占重庆市土地总面积的 9.06% 和 22.73%，水土保持成效显著，水土流失治理率上升了 100.32%；有计划有步骤地推进退耕还林工程、天然林保护工程，森林覆盖率、退耕还林率分别上升了 94.81%、762.63%，同时开展农业废弃物资源化利用工作与农村沼气工程，农业废弃物综合利用率、沼气池产气总量分别上升了 29.33%、251.57%。乡村生产空间系统的环境保护和污染物治理能力不断提高。

二、重庆市乡村生产空间系统可持续发展能力

2001～2015 年重庆市乡村生产空间系统可持续发展得分呈波动上升趋势（图 11-1），系统可持续发展水平不断提高。且 2001～2011 年可持续发展能力增长较为平缓，2011～2015 年增长幅度较大，主要受支持熵指标得分增速变化的影响。其中，2001～2015 年支持熵指标得分呈逐年上升趋势，重庆市乡村生产逐渐由单一的农业生产转向一二三产业融合生产，各项指标均呈逐年增加趋势，农林牧副渔总值、农村居民人均纯收入增长较为显著，增长率分别为 303.13%、432.91%，乡村生产空间系统的支持作用不断增大；压力熵指标得分呈逐年下降趋势，乡村生产发展仍需要消耗大量的人力、物力、财力，除乡村地域内从业人

口数量、第一产业能源终端消耗量、农药施用量分别下降了33.06%、53.87%、4.71%外，其余各项指标均呈增长趋势，乡村生产活动给自然环境带来的压力逐渐增大；氧化熵指标得分总体呈上升趋势，乡村生产空间系统排放的污染物减少、氧化代谢能力增强，并以2009年为转折点，2001~2009年呈逐年下降趋势，乡村生产活动造成的资源损耗、环境污染较为严重，2010~2015年呈上升趋势，乡村生产活动排放的污染物得到有效控制；还原熵指标得分呈逐年上升趋势，乡村生产空间系统生态环境保护和污染防治工作成效显著，各项指标均呈逐年增长趋势，退耕还林率、沼气池产气总量、乡村卫生厕所普及率和水土流失治理率增长较为显著，增长率分别为762.63%、251.57%、148.59%和100.32%，系统的还原能力不断增强。

三、熵变与可持续发展能力协同演化分析

运用相关性分析中的Person相关系数，定量揭示2001~2015年重庆市乡村生产空间系统熵变与可持续发展能力之间协同演化过程中的相关关系（表11-4）：①可持续发展能力得分与支持熵、还原熵呈正相关关系，表明为乡村生产空间系统提供充足的资金、农产品、工商旅服务等物质、能量、信息输入需求保障，提高乡村生产空间系统的环境治理和净化能力，可以有效增强乡村生产空间系统可持续发展能力；②可持续发展能力得分与压力熵、氧化熵之间成负相关关系，表明资金、劳动力、农资产品等乡村生产要素的过度投入、粗放化使用，农业面源污染以及乡镇企业"三废"等污染物的大量排放，将会弱化乡村生产空间系统可持续发展能力；③可持续发展能力得分与熵流、熵产生和总熵变呈显著的负相关关系，表明乡村生产空间系统的协调性和活力不断提升、朝有序方向演化，将会提升乡村生产空间系统可持续发展能力。

表11-4　2001~2015年重庆市乡村生产空间系统熵变与可持续发展能力相关性分析

相关性（Pearson系数）	支持熵	压力熵	氧化熵	还原熵	熵流	熵产生	总熵变	可持续发展能力得分
支持熵	1.000	0.142	-0.878**	0.216	-0.934**	-0.699**	-0.826**	0.878**
压力熵	0.142	1.000	-0.112	-0.402	0.222	0.087	0.139	-0.041
氧化熵	-0.878**	-0.112	1.000	-0.607*	0.824**	0.945**	0.967**	-0.981**
还原熵	0.216	-0.402	-0.607*	1.000	-0.358	-0.833**	-0.727**	0.625*
熵流	-0.934**	0.222	0.824**	-0.358	1.000	0.720**	0.864**	-0.879**
熵产生	-0.699**	0.087	0.945**	-0.833**	0.720**	1.000	0.972**	-0.939**

续表

相关性 （Pearson 系数）	支持熵	压力熵	氧化熵	还原熵	熵流	熵产生	总熵变	可持续发展 能力得分
总熵变	-0.826**	0.139	0.967**	-0.727**	0.864**	0.972**	1.000	-0.982**
可持续发展能力得分	0.878**	-0.041	-0.981**	0.625*	-0.879**	-0.939**	-0.982**	1.000

注：相关性分析采用 Person 相关系数。

**在0.01水平（双侧）上显著相关。

*在0.05水平（双侧）上显著相关。

第五节 基于熵权与指标时间序列变化的乡村生产空间系统优化策略

一、基于支持熵指标的乡村生产空间系统优化

农产品进出口总值、水产品总产量和农村居民人均纯收入3项指标的熵权较大，研究期间增长幅度较大，对重庆市生产空间系统承载力的贡献率较高。通过建立专门的农产品生产、出口基地，健全与完善农产品的质检机制、确保出口质量，提升农产品的流通量以提高农产品进出口总值；优化农产品结构，大力发展水产养殖业；通过调整农村就业结构，大力实施支农、惠农政策，增加农民收入来源，提升农村居民人均纯收入。

粮食总产量、水果总产量和肉类总产量的熵权较小，研究期间增长幅度较小，是重庆市未来生产空间系统承载力提升的主攻方向。严格实施耕地占补平衡制度、加大高标准基本农田建设力度，从质与量两方面保证耕地平衡，确保粮食产量稳产增收；结合市场需求调整区域布局和品种结构，优化农产品结构，扩大瓜果类种植面积，提升其质量和产量；优化养殖结构、培育优良品种、加快新技术开发，建立"小农户–大户–企业–科技"一体化养殖模式，提高肉类总产量和质量。

二、基于压力熵指标的乡村生产空间系统优化

农用化肥施用量、农膜使用量、农业用水总量、第一产业能源终端消耗量和农林水事务财政支出5项指标的熵权较大。研究期间除第一产业能源终端消耗量

外其余 4 项指标均呈增长趋势，是缓解重庆市乡村生产空间系统压力的重要突破口。推广测土施肥、配方施肥和化肥深施等技术，增施有机肥料、栽种绿肥，减少盲目、低效施肥，减少农用化肥施用量；做好废弃农膜的清除、回收、处理，逐步开展易降解塑料的示范推广和塑料薄膜代替品的应用，同时根据农民的不同需求，进行农膜的"私人定制"，开发生产功能性农膜，减轻"白色污染"；发展节水农业，推广滴灌和喷灌技术，探索智慧灌溉，根据农作物需水的要求，适时适量地灌水，做到计划用水、优化配水，以达到既节水又增产的目的；调整农林水事务财政支出结构，完善政府对农林水事务财政支出的管理制度，提升支农资金的使用效益，减少农林水事务财政支出。

三、基于氧化熵指标的乡村生产空间系统优化

化肥污染排放量、作物秸秆污染排放量和畜禽养殖污染排放量三项指标的熵权较大。研究期间除畜禽养殖污染排放量外其余两项指标均呈增长趋势，是重庆市乡村生产空间系统氧化代谢功能提升的重点治理方向。一方面合理利用和增殖农业自然资源，发展新型生态绿色农业，开展土壤污染防治行动，加强农业面源污染治理，减少化肥污染排放量。另一方面加强露天焚烧秸秆管理，大力推广秸秆还田还土等综合利用技术和秸秆易腐化农作物品种，提高秸秆还田换土效率；鼓励农户进行秸秆回收资源化利用，推广新型秸秆气化炉，提高农户使用秸秆燃料燃烧效率，减少秸秆燃烧对大气的污染，降低作物秸秆污染排放量。

四、基于还原熵指标的乡村生产空间系统优化

乡村累计粪便无害化处理率、乡村环保投资占乡村地域 GDP 比例、森林覆盖率和水土流失治理率四项指标的熵权较大，研究期间均有较大幅度的增长，对重庆市乡村生产空间系统还原代谢功能的提高贡献突出。借助生物技术，培育新良种，减少饲料量与排便量，同时推动畜禽粪便减量化、资源化、无害化处理（如微生物发酵处理、高温堆肥与干清粪工艺），变废为宝，提高乡村累计粪便无害化处理率；扩宽资金渠道、加大环保投资力度，采取多种举措落实农村环保资金投入；把超坡、水土流失严重的混农地块退耕还林，加大造林面积，进行科学经营管理，提高树木存活率，严格控制乱砍滥伐，提升森林覆盖率；实施保持土体稳定和截排水的工程措施（建立挡墙、拦砂坝、护坡、截水沟、沉砂池、水窖）与减少地表土壤侵蚀的生物措施（林草植被进行绿化）并举，改善水土流失情况，提高水土流失治理率。

退耕还林率、乡村生产废水无害化处理率和农业废弃物综合利用率 3 项指标的熵权较小，研究期间增长幅度较小，是重庆市乡村生产空间系统还原代谢功能提升的关键。提高退耕还林政策补助标准，科学制定退耕还林规划，因地制宜选择树种，科学高效推进退耕还林工作，提高退耕还林率；投资修建污水处理站，研发污水处理、污水再利用新技术，实现乡村生产废水无害化处理，提升乡村生产废水无害化处理率；基于就地消纳、能量循环、综合利用，着力探索构建农业废弃物资源化利用的有效治理模式，提高农业废弃物综合利用率。

第六节 小 结

本研究在认知乡村生产空间系统信息熵理论的基础上，从熵变的视角构建指标体系刻画乡村生产空间系统的演化进程，并将熵变与可持续发展能力相链接，揭示 2001~2015 年重庆市乡村生产空间系统熵变与可持续发展能力的相关关系，其研究结果与实际情况相契合，既拓展了信息熵的应用领域，又为优化乡村生产空间系统策略提供理论借鉴，其主要结论如下。

（1）2001~2015 年重庆市乡村生产空间系统总熵变呈下降趋势，乡村生产空间系统的有序度不断提高，结构和功能不断优化，总体朝健康态势演化。熵流总体呈下降趋势，系统的协调性逐渐增强，且 2001~2005 年下降速度较大，2005~2015 年下降速度减缓；熵产生呈波动下降趋势，系统内环境污染问题得到有效控制、环境净化能力提高，还原再生能力得以提升、活力不断增强。

（2）2001~2015 年重庆市乡村生产空间系统可持续发展能力得分呈上升趋势，系统的可持续发展能力不断提高。其中，支持熵指标得分、氧化熵指标得分和还原熵指标得分总体均呈上升趋势，压力熵指标得分呈逐年下降趋势。虽然重庆市乡村生产发展给乡村生产空间系统自然环境造成的压力逐渐增大，但是乡村生产空间系统对乡村生产发展的支持能力和承载能力逐渐增大，乡村生产空间系统环境污染预防和治理工作效果显著，生态环境得到改善，系统的氧化代谢和还原代谢功能有所增强，系统总体朝着可持续方向发展。可持续发展总得分与支持熵、还原熵正相关，与压力熵、氧化熵负相关，与熵流、熵产生负相关。在乡村生产发展过程中，为乡村生产空间系统提供充足的资金、农产品、工商服务、通信等物质、能量和信息保障，提高乡村生产空间系统的环境保护、治理和净化能力，可以有效增强乡村生产空间系统可持续发展能力；而资金、劳动、农资产品等乡村生产要素的过度投入、粗放化使用，乡村生产带来污染物的大量产生与排放，将会阻碍乡村生产空间系统可持续发展能力的提升；乡村生产空间系统协调性和活力的增强、有序度的提升，将会推动乡村生产空间系统可持续发展能力的提高。

第十二章 研究结论、策略与展望

第一节 研究结论

一、创新性提出乡村生产空间系统理念并明晰其内涵，从要素维、时间维和空间维三维视角构建诠释乡村生产空间系统演化的逻辑框架

研究立足于新时代的呼唤和西南丘陵山区践行乡村振兴战略的现实需求，在充分借鉴国内外相关研究成果及多学科理论与方法的基础上，将系统论的思想引入乡村生产空间，创新性地提出乡村生产空间系统这一全新理念，并从空间的生产理论和人地关系地域系统、乡村地域系统、乡村空间系统等学术思想出发厘清乡村生产空间系统的思想缘起，从学理层面解析乡村生产空间系统的内涵，即乡村生产空间系统是乡村主体在乡村生产空间中，通过开展各种生产活动，形成复杂的社会经济关系，具有一定结构形态和功能组合机制的空间集合体，包括乡村主体、乡村生产空间客体和地域环境等要素。乡村生产空间系统作为一个动态开放的系统，处于无序与有序、平衡与非平衡相互转化的运动变化之中，其演化是各个要素相互联系、相互推动的结果，是系统内部及其与外部系统之间物质、能量和信息的流动与迁移转化过程的综合反映，亦是一个时序过程，是不同时空状态下系统表征累积的结果。基于此，研究构建乡村生产空间系统演化的"要素–时间–空间"三维逻辑框架，并通过回顾我国乡村生产关系变革过程系统梳理乡村生产空间系统的演化历程，将乡村生产空间系统的构成要素划分为基础要素、核心要素、驱动要素和环境要素四种类型，各构成要素之间相互联系、相互制约，形成支撑与约束机制、竞争与合作机制、调控与反馈机制，从而推动系统运行。

二、乡村生产空间系统是典型的耗散结构系统，基于耗散结构熵变（熵流和熵产生）构建乡村生产空间系统演化动力机制理论架构，解析乡村生产空间系统演化的动力机制

乡村生产空间系统作为一个开放系统，其演化是在一定时空条件下，呈现出从平衡态到近平衡态再到远离平衡态的演化，具有综合性与开放性、非线性与不确定性、远离平衡态特性与涨落性等耗散结构特征，是个典型的耗散结构系统。因而，可运用耗散结构系统熵变（熵产生和熵流）诠释乡村生产空间系统演化的动力机制，即乡村生产空间系统内部的利益相关者行为、自然物质基底与社会经济基础之间相互作用、相互联系，在自觉或不自觉的竞争与合作中进行物质、能量、信息的流动与交换，引起系统的熵产生。同时，系统内部与外部亦存在着资源、政策、市场和技术等各式各样的物质、能量、信息的流动与交换，引起系统的熵流（如资源熵流、政策熵流、市场熵流、技术熵流）。总体而言，乡村生产空间系统的演化方向体现不同阶段熵产生和熵流的优势度，是熵产生和熵流竞合的结果。当乡村生产空间系统通过熵流吸收的负熵足以抵消系统内部所产生的正熵（熵产生）和熵流带来的正熵时，系统总熵变减少，乡村生产空间系统朝有序方向演化；反之，当乡村生产空间系统通过熵流吸收的负熵不足以抵消系统内部所产生的正熵（熵产生）和熵流带来的正熵时，系统总熵变增加，乡村生产空间系统朝无序方向演化。研究既拓展了耗散结构理论的应用范畴，又为乡村生产空间系统演化的动力机制研究奠定了理论基础。

三、运用数理方法，从时序上揭示乡村生产空间系统演化规律，从时点上量化重庆乡村生产空间系统状态（风险和适应），实现对乡村生产空间系统演化理论的时间反馈

基于"信息熵"理论，建立乡村生产空间系统熵变与可持续发展能力量化模型，从支持熵、压力熵、氧化熵、还原熵四个方面构建乡村生产空间系统演化的指标体系，进而从时序上（2001～2015年）揭示重庆市乡村生产空间系统的演化规律和可持续发展能力，探讨乡村生产空间系统熵变与可持续发展能力之间协同演化过程中的相关关系。乡村生产空间系统的风险测度与适应性评价是乡村生产空间系统演化后系统状态的重要表征，基于多角度、多视角、多层次的原则构建层次全息模型，识别乡村生产空间系统的风险源，即主体风险、环境风险、

经济风险、技术风险、政策制度风险及其他风险等，构建乡村生产空间系统风险评价指标体系，运用"PSR"（压力–状态–响应）模型分析重庆市乡村生产空间系统风险的空间分异特征。基于系统的生态承载力、生产应对力及社会保障力三个维度构建乡村生产空间系统适应性评价指标体系，剖析不同维度下重庆市乡村生产空间系统适应性的空间分异特征，并探究其影响因素。由此从时点上（2016年）量化重庆市乡村生产空间系统的状态。本研究既实现对乡村生产空间系统演化相关理论的实践反馈，为系统演化规律和状态量化提供方法借鉴，又为制定差异化的乡村生产空间系统风险管控、适应性强化及可持续发展策略奠定基础。

第二节 调控策略

一、加快转变农业发展方式以缓解乡村发展压力，激发乡村资产资源活力以改善系统发展状态，健全政策保障机制以提高系统风险响应水平，增强乡村生产空间系统风险管控能力

（1）明确空间管制规则，合理配置乡村资源，加快推进农业转型升级，缓解乡村发展压力。一方面，以国土空间规划为战略指导，严守生态保护红线、永久基本农田保护红线和城镇开发边界等管控红线，防止因城镇建设用地无序扩张而导致的乡村生产空间非自然性压缩。同时通过土地整治、乡村人居环境整治等方式改善乡村发展环境，通过土地流转、农村土地入市等手段，促进乡村土地资源的合理配置。另一方面，推进土地适度规模经营，加强农业资源集约利用，完善社会化服务体系，推动农业政策从依靠化学农业支撑产量增长的增长导向型政策向以绿色农业为支撑、追求质量和效率的质效导向型政策转变，加强农业科技创新，发挥"互联网+农业"的技术支撑作用，促进传统农业向高产、绿色、优质的现代化农业转型升级，以期降低乡村生产空间系统的经济压力和生态压力。

（2）建立城乡要素自由流动机制，引导资产资源下乡留乡，建立"三位一体"乡村人才培育机制，改善系统发展状态。一方面，充分发挥乡村资源优势、改善乡村生产发展环境，吸引城市劳动力、资金、技术等要素下乡，加强城乡之间要素的流动；建立农民工返乡就业、创业的多元激励机制，探索多种形式的乡村引才引智方式，建立健全多元投融资体制机制，引导城市工商资本进入农村农业领域，吸引城市富余资金投资乡村农业生产基础设施建设。另一方面，充分利用高校和各科研院所资源，创新"业务主管部门+高校（科研院所）+农业技术

部门"三位一体的乡村人才培育体制机制，建立"专家+基层管理者+专业技术员+社会工作者"的多元化配比的专业人才队伍，培育新型农业经营主体并发挥其对小农户的示范作用，探索并建立乡贤、乡村精英带动农户致富的激励政策，激发乡村人才资源活力。同时，盘活乡村各项资源，发展土地流转、资金托管、技术入股等多种形式的适度规模经营，实现乡村资源变资产、资金变股金、农民变股民，提高乡村生产空间系统状态水平。

（3）健全乡村产业保险制度，探索风险成灾预警防范机制，提高乡村生产空间系统抗风险能力。一方面，因地施策制定政策性农业保险，大力培育再保险市场主体，设立政策性农村产业再保险公司或专业性商业型保险公司，通过政府进行宣传、费率补贴等手段，鼓励农村多元主体进行产业参保，并健全乡村产业补贴制度，进一步拓宽补贴来源渠道，如良种、机械化耕作、生态培育等补贴，间接降低自然灾害及突发事件对乡村生产造成的损失。另一方面，加强风险预警技术的开发与应用，依靠高科技手段，结合人工管理平台，提高风险监测的准确性和及时性，通过各种信息点汇报、现场采集、媒体获取、专家采访等渠道，采集乡村生产空间系统产业产前、产中、产后的相关信息，或者对天气、市场等突发性事件做出迅速反应所采集的数据资料，经过科学归纳、分析、总结而对未来走势形成一个比较准确的预测和判断，用以指导乡村各项农村产业活动，提高乡村生产空间系统抗风险能力。

二、培育新型农业生产管理模式和新业态以增强经济应对能力，加大生态治理和环保投入力度以增强生态承载力，完善基础设施建设和社会保障制度以增强社会保障能力，提高乡村生产空间系统适应性

（1）健全现代农业生产管理体制，向绿色、低碳、环保、循环发展的农业生产管理模式进军，培育农业产业新业态，增强系统经济应对力。一方面，发挥地方政府的统筹、引导职能，合理划定发展高效生态农业的主要领域、核心产业及重点区域，制定合理的生产标准、经营制度，提供配套的政策服务，健全现代化农业生产管理模式；将绿色、低碳、环保、循环始终贯穿于农业生产的各个环节，提倡以生态种植、健康养殖等"绿色行动"为抓手发展绿色生态农业，充分利用清洁、可再生能源发展低碳、环保农业，鼓励种养加复合模式、立体复合循环模式、以畜禽粪便为纽带的循环模式等多种循环农业的发展。另一方面，以市场需求为导向，以乡村资源禀赋为基础，打造地方特色农业，培育地方特色农产品，形成品牌优势；打造田园综合体，形成集农产品生产、加工、销售、服务

为一体的农业产业链，丰富和拓展乡村生产空间的农业生产、加工业发展、乡村电商、全域乡村旅游等功能，实现农业强、农民富，从而增强乡村生产空间系统的经济应对能力。

（2）建立健全乡村生态治理与生态倒逼产业绿色转型机制，加强环保投入力度与环保宣传，增强乡村生产空间系统的生态承载能力。一方面，强化山水林田湖草综合整治，布设污水处理池、流动管网等污染物拦截系统，修复河流、道路两侧的绿化带，恢复生态廊道体系，提升乡村生态服务功能；遵循"投入品减量化–生产过程清洁化–废弃物资源化–产业模式生态化"的农业生产模式，强化生态倒逼产业绿色转型机制，杜绝高耗能、高耗水、高污染项目进驻，严控农药、化肥、不可降解地膜用量，鼓励以埋填、沤肥等方式实现秸秆的资源化利用。另一方面，大力引导和鼓励社会资金参与农村环境整治与保护，实行财政补贴与农户缴费共担的"清、拆、整"村容村貌整治，引导乡村配套建设无害化卫生厕所、垃圾转运站等公服设施；利用多元化的传播媒介，采用技术培训、知识讲座等形式强化农村环保宣传和舆论引导，调动农民参与环保的积极性，建立"区县–乡镇–村委会–农民"多层级的乡村环境管护机制。

（3）完善基础设施建设，加强对乡村生产主体的扶持和培育，增强乡村生产空间系统的社会保障能力。一方面，完善乡村生产空间的基础设施建设，尤其是农业生产设施如农村生产道路、山坪塘、沟渠、水库、配电设备等的配套和完善；鼓励并引导先进技术如测土配方施肥、水肥一体化技术及生物防治病虫害技术等在农业生产中的推广和应用。另一方面，合理引导乡村生产主体的生产经营行为，建立教育平台，定期针对农民开展技能培训，实行"政治+思想+法律"素质培养与先进农业生产技术双向武装，增强农民的就业水平和竞争能力；充分发挥龙头企业等新型生产经营主体的组织、带动、服务小农户的重要作用，通过发展生产性服务业、组建农民合作社、发展农业产业化联合体等多种形式，引导小农户分工分业发展，提升劳动技能和致富能力，进而充分发挥乡村生产空间系统的社会保障力。

三、加快推进农业现代化发展进程以助推产业兴旺，强化污染防治、发展绿色生态农业以打造生态宜居美丽乡村，建立产业带动农民增收长效机制以实现生活富裕，提升乡村生产空间系统可持续发展能力

（1）推行并强化农业发展导向转变，加快一二三产业深度融合，助推产业兴旺。一方面，加快推行农业发展由"生产导向"转向"消费导向"，在坚守粮

食安全"三条底线"的基础上，适度调减低效粮食种植面积，以粮食生产功能区和重要农产品生产保护区为重点、以涪陵榨菜、荣昌猪、奉节脐橙等品牌为基础，建立"农户-企业-科技"一体化立体农业开发模式；发展农产品综合加工、"特（乡土特色）优（绿色生态环保）名（传统文化内涵）"加工等生产企业，培育农村微商、电商，形成"产加销"衔接的产业链条，延长特色农产品产业链。另一方面，充分利用重庆市大乡村、大田园、大生态的资源优势，以现有采摘、赏花、品果、垂钓、农事体验、农耕文化为本底，大力发展全域乡村旅游，实现"乡村旅游+"，推进"一村一品、多村一品、一乡一品、一县一业"新业态，构建"吃、住、行、游、购、娱"综合化的乡村旅游产业体系，促进一二三产业进一步深度融合。

（2）控制污染源，拓宽清洁能源覆盖面，提升资源循环利用能力，营造绿色生产、消费氛围，打造生态、宜业美丽乡村。一方面，科学编制重庆市农业面源污染防治规划，打造重点流域农业面源污染示范区，强化农业面源污染综合防治示范区建设，开展化肥农药零增长行动和农膜回收行动，高效划定畜禽养殖禁养区、限养区、适养区"三区"，采取关闭搬迁、限量饲养、停养治理等方式分类治理畜禽养殖污染，严控污染企业的"上山下乡"，加强对"小散乱污"的监管，多管齐下防治乡村生产面源污染。另一方面，开展生态种植、健康养殖等绿色行动，发展生态循环型农业和节能环保产业，重点支持生态经济、循环和低碳型工业，推广种养结合循环型、空间多维开发型、多功能融合型、互联网+科技型、庭院经济型等生态农业模式，落实秸秆补贴政策，推广秸秆还田、秸秆有机肥、秸秆养畜等综合利用技术，加大太阳能、沼气等可再生清洁能源应用技术的宣传力度，推动"农户沼气"逐步转向"产业沼气"，采用"猪-沼-果""猪-沼-菜""猪-沼-鱼"等生态种养模式，打造生态、宜业美丽乡村。

（3）因地施策，建立健全以产业带动农民增收、农村增效的长效机制，发挥乡村资源内动力，确保农民生活富裕。一方面，立足本地产业实际，以市场为导向、效益为中心、增收为目标，充分尊重农民意愿，优化调整产业结构，充分挖掘产业增收潜力，强化柑橘、生态渔业、草食牲畜、茶叶、榨菜、中药材、调味品七大特色产业链建设，把资源优势转化成产业优势、经济优势，充分发挥乡村资源内动力，以龙头企业带动产业发展和农民增收。另一方面，探索资本和农民的利益联结机制，积极培育"以农业企业为龙头、农民合作社为纽带、家庭农场为基础"的一体化现代农业经营组织，创新采用"公司+基地+农户""公司+村集体+基地+农户""公司+基地+合作社+农户"等经营模式；积极引导农民、种养大户等立足地区特色资源建设特色效益农业基地，开办粮食加工、果蔬加工和食用畜产品加工等农产品加工企业，推动产业增值，拓宽农民增收渠道，实现农民生活富裕。

第三节 研究展望

乡村生产空间系统研究仍处于探索阶段，本研究只是复杂研究问题的开端，其研究方法、研究尺度及与实际问题的解决等后续研究任务均有待进一步探讨。

一、基于多元主体的利益诉求与行为决策解析乡村生产空间系统的"人""地"相互作用机理

人地关系并不是简单的人与地理环境的关系，而是一种动态关系，具有区域性和系统性。乡村生产空间系统的人地关系的矛盾，实质上是利益相关者价值和利益分配的矛盾，表现为环境的益损，根源为利益得失。因此，选取典型区域，特别是社会经济欠发达、生态环境脆弱的区域，通过微观尺度多样本比较，评估利益相关者对乡村生产空间系统演化的影响程度，模拟乡村生产主体对于生产空间系统演化的行为决策过程，从"人"解析人地关系的内部机理，揭示其内在规律，有利于剖析乡村生产空间系统的动态演化与形成机制，既是乡村生产空间可持续发展的理论基础，又是顺应乡村转型、编制"以人为本"的乡村振兴战略规划，使乡村生产空间可持续发展从基础研究走向实践应用的客观需要。

二、多视角多尺度视域下不同区域的乡村生产空间系统比较研究

乡村地理研究在政治经济结构和社会建设的轨道上不断推进，激发了方法论的创新，为新的跨学科联系提供了机会。乡村生产空间系统具有典型的耗散结构特征，其作为一个开放的巨系统，受乡村自然、社会、经济等多方面重大改革的影响，在空间上存在着地域差异，在时间上不断发展演化。任何忽视空间尺度和区域特征、忽视发展阶段、简单地放大某种要素（要素群）的作用、片面强调某种方法的科学性，都不利于对乡村生产空间系统的认知，而地理学以不同尺度区域的人地关系为研究核心，以综合法和因素法为其主要研究方法。因此，基于地理学独特的视角、理论和方法，辅以哲学中对空间和人类行为研究的相关理念、生态学中的生态学理论、环境学中的环境承载力理论、经济学中的增长极理论等构建多学科综合视角下的方法论体系，展开不同地域类型、经济发展阶段、产业发展方向下的多区域、多尺度实证研究，通过比较分析和归纳演绎检验乡村

生产空间系统理论框架的有效性和可靠性，以推进乡村地理学综合发展。

三、剖析和量化乡村生产空间系统功能及功能转换机制，创新和挖掘村落内生增长模式

村落"三生"空间本质上是人地关系地域系统演化和分异的结果，受到区域自然、经济、技术与政策因素的综合影响（刘继来等，2017），不同时期、特殊地域环境内，乡村主体对乡村生产空间客体的能动作用及其行为响应的变化，必然会产生不同的人地关系结构，进而促使乡村生产空间系统功能发生改变。乡村生产空间系统功能的提升是保障其要素结构供给、激励乡村生产需求、科学引导乡村生产活动的基础。有必要从内涵、类型、特征出发剖析乡村生产空间系统功能，解读系统功能转化过程中的多元主体响应、功能用地格局和区域环境效应，量化系统功能转化机制，继而从产业结构优化、土地价值释放、劳动力转移等多方面揭示乡村生产空间系统功能提升机理，以挖掘村落发展内动力，建立可持续的内生增长机制，探索破解农业农村现代化瓶颈的新途径。

四、借助韧性视角进一步解构乡村生产系统的运行逻辑，加速推进乡村产业振兴

韧性作为乡村生产空间系统的重要属性，是乡村生产空间系统应对内外环境扰动时主动抵御（系统维持）、适应（系统演化）或者更新（系统突变）的一种可持续发展能力，是实现乡村振兴与可持续发展的必由之路（王成等，2012）。基于乡村生产空间系统内涵与本质，科学认知乡村生产空间系统韧性的内涵；基于认识论与本体论，从扰动、利益相关者、系统状态、系统目的与韧性能力五方面对乡村生产空间系统韧性进行质性研究，解构出扰动与脆弱性、脆弱性与韧性回馈、韧性评估与阈值效应、适应性治理等乡村生产空间系统韧性研究的基本研究域以初步形成其研究框架；并从多学科理论融合与多方法集成、时空尺度关联和多维因素传导和利益相关者一体化适应性治理体系构建等方面厘定其未来研究重点。

参 考 文 献

彼得·什托姆普卡. 2011. 社会变迁的社会学 [M]. 林聚任, 等, 译. 北京：北京大学出版社.

毕安平. 2014. 乡村地域系统退化研究进展 [J]. 中国农学通报, 30 (34)：112-116.

毕思文, 许强. 2002. 地球系统科学 [M]. 北京：科学出版社.

蔡海龙. 2013. 农业产业化经营组织形式及其创新路径 [J]. 中国农村经济, (11)：4-11.

曹卫华, 杨敏丽. 2015. 江苏稻麦两熟区机械化生产模式的效率分析 [J]. 农业工程学报, 31 (S1)：89-101.

柴彦威. 2014. 空间行为与行为空间 [M]. 南京：东南大学出版社.

柴彦威, 沈洁. 2006. 基于居民移动—活动行为的城市空间研究 [J]. 人文地理. 21 (5)：108-112.

畅建霞, 黄强, 王义民, 等. 2002. 基于耗散结构理论和灰色关联熵的水资源系统演化方向判别模型研究 [J]. 水利学报, (11)：107-112.

陈傅康. 1985. 行为地理学的研究对象、内容和意义 [J]. 西南师范学院学报 (自然科学版), (1)：15-25.

陈佳, 吴孔森, 尹莎, 等. 2016a. 水土流失风险扰动下区域人地系统适应性研究：以榆林市为例 [J]. 自然资源学报, 31 (10)：1688-1701.

陈佳, 杨新军, 尹莎, 等. 2016b. 基于 VSD 框架的半干旱地区社会–生态系统脆弱性演化与模拟 [J]. 地理学报, 71 (1)：1172-1188.

陈俭. 2016. 新中国城乡关系演变的特点及启示 [J]. 河北经贸大学学报, 37 (6)：48-52, 58.

陈萍, 陈晓玲. 2010. 全球化变化下人—环境耦合系统的脆弱性研究综述 [J]. 地理科学进展, 29 (4)：454-462.

陈晓华. 2014. 大力培育新型农业经营主体——在中国农业经济学会年会上的致辞 [J]. 农业经济问题, (1)：4-7.

陈振, 郭杰, 欧名豪, 等. 2018. 资本下乡过程中农地流转风险识别、形成机理与管控策略 [J]. 长江流域资源与环境, 27 (5)：988-995.

程钰. 2014. 人地关系地域系统演变与优化研究 [D]. 济南：山东师范大学.

迟国泰, 李战江. 2014. 基于主成分–熵的评价指标体系信息贡献模型 [J]. 科研管理, 35 (12)：137-144.

褚保金, 莫媛. 2011. 金融市场分割下的县域农村资本流动——基于江苏省 39 个县 (市) 的实证分析 [J]. 中国农村经济, (1)：88-97.

崔胜辉，李旋旗，李扬，等. 2011. 全球变化背景下的适应性研究综述 [J]. 地理科学进展，30（9）：1088-1098.

大卫·哈维. 1994. 地理学中的解释 [M]. 高泳源，刘立华，蔡运龙，译. 北京：商务印书馆.

丹皮尔 W C. 1975. 科学史 [M]. 北京：商务印书馆.

邓春，王成，王钟书，等. 2017. 共生视角下村域生产空间重构路径设计——以重庆市合川区大柱村为例 [J]. 中国土地科学，31（2）：48-57.

邓宗兵，封永刚，张俊亮，等. 2013. 中国粮食生产空间布局变迁的特征分析 [J]. 经济地理，33（5）：117-123.

丁成际. 2014. 当代乡村文化生活现状及建设 [J]. 毛泽东邓小平理论研究，(8)：39-42，91.

杜敬. 1982. 土地改革中没收和分配土地问题 [J]. 中国社会科学，(1)：139-162.

杜静，张礼敬，陶刚. 2017. 基于孕灾环境的沿海城市安全生产风险评价指标体系研究 [J]. 中国安全生产科学技术，13（5）：116-121.

樊杰. 2008. "人地关系地域系统"学术思想与经济地理学 [J]. 经济地理，28（2）：177-183.

樊杰. 2015. 中国主体功能区划方案 [J]. 地理学报，70（2）：186-201.

樊杰. 2018. "人地关系地域系统"是综合研究地理格局形成与演变规律的理论基石 [J]. 地理学报，73（4）：597-607.

方斌，陈健，蒋伯良. 2012. 农村土地股份合作制发展模式及路径分析 [J]. 上海国土资源，(4)：7-11.

方斌，王波. 2011. 基于区域经济发展水平的耕地社会责任价值补偿 [J]. 地理研究，30（12）：2247-2258.

方创琳. 2003. 区域人地系统的优化调控与可持续发展 [J]. 地学前缘，10（4）：629-635.

方创琳. 2004. 中国人地关系研究的新进展与展望 [J]. 地理学报，(S1)：21-32.

方创琳，贾克敬，李广东，等. 2017. 市县土地生态-生产-生活承载力测度指标体系及核算模型解析 [J]. 生态学报，37（15）：5198-5209.

方创琳，周尚意，柴彦威，等. 2011. 中国人文地理学研究进展与展望 [J]. 地理科学进展，30（12）：1470-1478.

方修琦，殷培红. 2007. 弹性、脆弱性和适应：IHDP 三个核心概念综述 [J]. 地理科学进展，26（5）：11-22.

房艳刚，刘继生. 2009. 集聚型农业村落文化景观的演化过程与机理——以山东曲阜峪口村为例 [J]. 地理研究，28（4）：968-978.

房艳刚，刘继生，程叶青. 2009. 农村区域经济发展理论和模式的回顾与反思 [J]. 经济地理，29（9）：1530-1534.

冯健. 2002. 杭州市人口密度空间分布及其演化的模型研究 [J]. 地理研究，21（5）：635-646.

冯雷. 2017. 理解空间：20 世纪空间观念的激变 [M]. 北京：中央编译出版社.

冯卫红. 2006. 基于人地关系的生态旅游地域系统演变定量分析 [J]. 人文地理，(4)：74-78.

盖程程, 翁文国, 袁宏永. 2011. 基于 GIS 的多灾种耦合综合风险评估 [J]. 清华大学学报（自然科学版）, 51 (5): 627-631.

高珊, 黄贤金, 钟太洋, 等. 2014. 农产品商品化对农户种植结构的影响——基于沪苏皖农户的调查研究 [J]. 资源科学, 36 (11): 2370-2378.

戈大专, 龙花楼, 屠爽爽, 等. 2016. 新型城镇化与扶贫开发研究进展与展望 [J]. 经济地理, 36 (4): 5, 22-28.

耿海青, 谷树忠, 国冬梅. 2004. 基于信息熵的城市居民家庭能源消费结构演变分析——以无锡市为例 [J]. 自然资源学报, 19 (2): 257-262.

龚小庆. 2005. 制度演化的一种可能机制——外部性的转化和平衡 [J]. 商业经济与管理, (8): 14-18.

郭贝贝, 金晓斌, 杨绪红, 等. 2014. 基于农业自然风险综合评价的高标准基本农田建设区划定方法研究 [J]. 自然资源学报, 29 (3): 377-386.

郭付友, 佟连军, 魏强, 等. 2016. 吉林省松花江流域产业系统环境适应性时空分异与影响因素 [J]. 地理学报, 71 (3): 459-470.

郭焕成. 1988. 乡村地理学的性质与任务 [J]. 经济地理, 8 (2): 125-129.

郭焕成. 1989. 国外农业区划研究现状、特点及发展趋势 [J]. 农业区划, (2): 51-55.

郭焕成, 冯万德. 1993. 我国乡村地理学研究的回顾与展望 [J]. 人文地理, 6 (1): 44-50.

郭焕成, 韩非. 2010. 中国乡村旅游发展综述 [J]. 地理科学进展, 29 (12): 1597-1605.

郭焕成, 徐勇. 1990. 关于我国农村劳动力剩余与转移问题 [J]. 经济地理, 10 (3): 15-19.

郭庆海. 2013. 新型农业经营主体功能定位及成长的制度供给 [J]. 中国农村经济, (4): 4-11.

郭治安, 沈小峰. 1991. 协同论 [M]. 太原: 山西经济出版社.

韩鹏云. 2015. 中国乡村文化的衰变与应对 [J]. 湖南农业大学学报（社会科学版）, 16 (1): 49-54.

何艳冰, 黄晓军, 翟令鑫, 等. 2016. 西安快速城市化边缘区社会脆弱性评价与影响因素 [J]. 地理学报, 71 (8): 1315-1328.

何焱洲, 王成. 2019a. 基于信息熵的乡村生产空间系统演化及其可持续发展能力 [J]. 自然资源学报, 34 (4): 815-828.

何焱洲, 王成. 2019b. 乡村生产空间系统功能评价与格局优化——以重庆市巴南区为例 [J]. 经济地理, (3): 162-171.

侯俊东, 吕军, 尹伟峰. 2012. 农户经营行为对农村生态环境影响研究 [J]. 中国人口·资源与环境, 22 (3): 26-31.

侯利敏. 2000. 对中国粮食统购统销制度的评价 [J]. 河北师范大学学报（哲学社会科学版）, (2): 32-36.

胡美娟, 李在军, 侯国林, 等. 2015. 江苏省乡村旅游景点空间格局及其多尺度特征 [J]. 经济地理, 35 (6): 202-208.

黄贤金. 1992. 持续农业与我国农业持续发展 [J]. 经济问题, (9): 32-34.

黄贤金, 彭补拙, 张建新, 等. 2002. 区域产业结构调整与土地可持续利用关系研究 [J]. 经济地理，22（4）：425-429.

黄贤金，濮励杰，尚贵华. 2001. 耕地总量动态平衡政策存在问题及改革建议 [J]. 中国土地科学，15（4）：2-6.

黄晓军，黄馨，崔彩兰，等. 2014. 社会脆弱性概念、分析框架与评价方法 [J]. 地理科学进展，33（11）：1512-1525.

姜纪沂，张宇东，谷洪彪，等. 2009. 基于灰色关联熵的地下水环境演化模式判别模型研究 [J]. 吉林大学学报（地球科学版），39（6）：1111-1116.

孔凡青，郭书英，张浩，等. 2018. 基于 P-S-R 理论的突发水污染风险评价指标体系的构建 [J]//《环境工程》编委会、工业建筑杂志社有限公司.《环境工程》2018 年全国学术年会论文集（下册）.《环境工程》编委会、工业建筑杂志社有限公司:《环境工程》编辑部.

孔祥斌，李翠珍，梁颖，等. 2010. 基于农户用地行为的耕地生产力及隐性损失研究 [J]. 地理科学进展，29（7）：869-877.

孔祥智. 2016. 农业供给侧结构性改革的基本内涵与政策建议 [J]. 改革，（2）：104-115.

孔祥智. 2019. 实施乡村振兴战略的进展、问题与趋势 [J]. 中国特色社会主义研究，（1）：5-11.

雷勋平，邱广华. 2016. 基于熵权 TOPSIS 模型的区域资源环境承载力评价实证研究 [J]. 环境科学学报，36（1）：314-323.

李阿龙. 2016. 河南省农业旱灾风险分析 [M]. 郑州：华北水利水电大学.

李伯华，刘沛林，窦银娣. 2014a. 乡村人居环境系统的自组织演化机理研究 [J]. 经济地理，34（9）：130-136.

李伯华，骆丹云，刘红利，等. 2014b. 大南岳旅游圈旅游景区空间结构特征分析 [J]. 资源开发与市场，30（6）：735-739.

李伯华，王云霞，窦银娣，等. 2013. 转型期农户生产方式对乡村人居环境的影响研究 [J]. 西北师范大学学报（自然科学版），49（1）：103-114.

李伯华，曾菊新，胡娟. 2008. 乡村人居环境研究进展与展望 [J]. 地理与地理信息科学，24（5）：70-74.

李博，史钊源，韩增林，等. 2018. 环渤海地区人海经济系统环境适应性时空差异及影响因素 [J]. 地理学报，73（6）：1121-1132.

李鹤，张平宇，程叶青. 2009. 脆弱性的概念及其评价方法 [J]. 地理科学进展，27（2）：18-25.

李红波，张小林. 2012. 城乡统筹背景的空间发展：村落衰退与重构 [J]. 改革，（1）：148-153.

李后强，艾南山. 1996. 人地协同论——兼论人地系统的若干非线性动力学问题 [J]. 地球科学进展，11（2）：178-184.

李佳. 2012. 乡土社会变局与乡村文化再生产 [J]. 中国农村观察，（4）：70-75，91，95.

李俊枝，张滨，吕洁华. 2015. 基于 VAR 模型的森林生态系统适应性管理与经济发展动态关联分析：以黑龙江省大小兴安岭森林生态功能区为例 [J]. 世界林业研究，28（5）：73-80.

李孟刚, 周长生, 连连. 2017. 基于熵信息扩散理论的中国农业水旱灾害风险评估 [J]. 自然资源学报, 32 (4): 620-631.

李小建, 周雄飞, 乔家君, 等. 2009. 不同环境下农户自主发展能力对收入增长的影响 [J]. 地理学报, 64 (6): 643-653.

李小云, 杨宇, 刘毅. 2018. 中国人地关系的历史演变过程及影响机制 [J]. 地理研究, 37 (8): 1495-1514.

李小云, 杨宇, 刘毅. 2016. 中国人地关系演进及其资源环境基础研究进展 [J]. 地理学报, 71 (12): 2067-2088.

李秀彬. 1999. 中国近 20 年来耕地面积的变化及其政策启示 [J]. 自然资源学报, 14 (4): 329-333.

李秀彬. 2009. 对加速城镇化时期土地利用变化核心学术问题的认识 [J]. 中国人口·资源与环境, 19 (5): 1-5.

李旭旦. 1983. 大力开展人地关系与人文地理的研究 [J]. 地理学报, 37 (4): 421-423.

李扬, 汤青. 2018. 中国人地关系及人地关系地域系统研究方法述评 [J]. 地理研究, 37 (8): 1655-1670.

李一. 1990. 乡村生态经济系统演替机理的耗散结构分析 [J]. 生态经济, (3): 13-16.

李玉恒, 刘彦随. 2013. 中国城乡发展转型中资源与环境问题解析 [J]. 经济地理, 33 (1): 61-65.

李裕瑞, 刘彦随, 龙花楼, 等. 2013. 大城市郊区村域转型发展的资源环境效应与优化调控研究: 以北京市顺义区北村为例 [J]. 地理学报, 68 (6): 825-838.

李裕瑞, 王婧, 刘彦随, 等. 2014. 中国 "四化" 协调发展的区域格局及其影响因素 [J]. 地理学报, 69 (2): 199-212.

李振泉. 1999. 中国经济地理 [M]. 上海: 华东师范大学出版社.

李志强, 刘春梅. 2009. 基于耗散结构的企业家创新行为系统熵变模型 [J]. 中国软科学, (8): 162-166.

林珍铭, 夏斌, 董武娟. 2011. 基于信息熵的广东省土地利用结构时空变化分析 [J]. 热带地理, 31 (3): 266-271.

林珍铭, 夏斌. 2013. 熵视角下的广州城市生态系统可持续发展能力分析 [J]. 地理学报, 68 (1): 45-57.

刘春芳, 张志英. 2018. 从城乡一体化到城乡融合: 新型城乡关系的思考 [J]. 地理科学, 38 (10): 1624-1633.

刘洪彬, 王秋兵, 董秀茹, 等. 2013. 大城市郊区典型区域农户作物种植选择行为及其影响因素对比研究——基于沈阳市苏家屯区 238 户农户的调查研究 [J]. 自然资源学报, 28 (3): 372-380.

刘继来, 刘彦随, 李裕瑞. 2017. 中国 "三生空间" 分类评价与时空格局分析 [J]. 地理学报, 72 (7): 1290-1304.

刘继生, 陈涛. 1997. 人地非线性相关作用的探讨 [J]. 地理科学, 17 (3): 224-230.

刘丽芳. 2015. 基于 PSR 模型的湿地生态系统适应性管理评价 [D]. 北京: 北京林业大学.

刘思峰. 2004. 灰色系统理论的产生与发展 [J]. 南京航空航天大学学报, (2)：267-272.

刘小茜, 王仰麟, 彭建. 2009. 人地耦合系统脆弱性研究进展 [J]. 地球科学进展, 24 (8)：
　　61-68.

刘彦随. 2007. 中国东部沿海地区乡村转型发展与新农村建设 [J]. 地理学报, (6)：563-570.

刘彦随. 2013-09-10. 新型城镇化应治"乡村病" [N]. 人民日报.

刘彦随. 2018. 中国新时代城乡融合与乡村振兴 [J]. 地理学报, 73 (4)：637-650.

刘彦随, 龙花楼, 张小林, 等. 2011. 中国农业与乡村地理研究进展与展望 [J]. 地理科学进
　　展, 30 (12)：1498-1505.

刘彦随, 吴传钧, 鲁奇. 2002. 21 世纪中国农业与农村可持续发展方向和策略 [J]. 地理科
　　学, (4)：385-389.

刘彦随, 吴传钧. 2001. 国内外可持续农业发展的典型模式与途径 [J]. 南京师大学报 (自然
　　科学版), 45 (2)：119-124.

刘彦随, 周扬, 李玉恒. 2019. 中国乡村地域系统与乡村振兴战略 [J]. 地理学报, 74 (12)：
　　2511-2528.

刘毅. 2018. 论中国人地关系演化的新时代特征："中国人地关系研究"专辑序言 [J]. 地理
　　研究, 37 (8)：1477-1484.

刘玉, 刘彦随. 2012. 乡村地域多功能的研究进展与展望 [J]. 中国人口·资源与环境,
　　22 (10)：164-169.

刘玉春, 修长柏. 2013. 农村金融发展、农业科技进步与农民收入增长 [J]. 农业技术经济,
　　(9)：92-100.

龙花楼. 2012a. 论土地利用转型与乡村转型发展 [J]. 地理科学进展, 31 (2)：131-138.

龙花楼. 2012b. 中国乡村转型发展与土地利用 [M]. 北京：科学出版社.

龙花楼. 2013. 论土地整治与乡村空间重构 [J]. 地理学报, 69 (8)：1019-1028.

龙花楼, 刘永强, 李婷婷, 等. 2014. 生态文明建设视角下土地利用规划与环境保护规划的空
　　间衔接研究 [J]. 经济地理, 34 (5)：1-8.

龙花楼, 屠爽爽. 2018. 乡村重构的理论认知 [J]. 地理科学进展, 37 (5)：581-590.

鲁大铭, 石育中, 李文龙, 等. 2017. 西北地区县域脆弱性时空格局演变 [J]. 地理科学进展,
　　36 (4)：404-415.

陆大道. 2002. 关于地理学的"人-地系统"理论研究 [J]. 地理研究, 21 (2)：135-145.

陆大道, 樊杰. 2012. 区域可持续发展研究的兴起与作用 [J]. 中国科学院院刊, 27 (3)：
　　290-300, 319.

陆大道, 郭来喜. 1998. 地理学的研究核心—人地关系地域系统—论吴传钧院士的地理学思想
　　与学术贡献 [J]. 地理学报, 53 (2)：3-11.

路程. 2014. 列斐伏尔的空间理论研究 [D]. 上海：复旦大学.

栾大鹏, 欧阳日辉. 2012. 生产要素内部投入结构与中国经济增长 [J]. 世界经济, 35 (6)：
　　78-92.

栾敬东, 程杰. 2007. 基于产业链的农业风险管理体系建设 [J]. 农业经济问题, (3)：
　　86-91, 112.

罗佩, 阎小培. 2006. 高速增长下的适应性城市形态研究 [J]. 城市问题, (4): 27-31.

苗长虹, 李小建. 1994. 河南农村工业化进程中的人地关系研究 [J]. 河南大学学报 (自然科学版), 24 (2): 73-80.

牛星. 2008. 区域土地利用系统演化分析与状态评价研究 [D]. 南京: 南京农业大学.

牛星, 李玲. 2018. 不同主体视角下农地流转的风险识别及评价研究——基于上海涉农郊区的调研 [J]. 中国农业资源与区划, 39 (5): 20-27.

潘可礼. 2015. 亨利·列斐伏尔的社会空间理论 [J]. 南京师大学报 (社会科学版), (1): 13-20.

潘玉君. 1997. 人地关系地域系统协调共生应用理论初步研究 [J]. 人文地理, 12 (3): 79-83.

戚焦耳, 郭贯成, 陈永生. 2015. 农地流转对农业生产效率的影响研究——基于 DEA-Tobit 模型的分析 [J]. 资源科学, 37 (9): 1816-1824.

钱学森. 2001. 论宏观建筑与微观建筑 [M]. 杭州: 杭州出版社.

钱学森, 于景元, 戴汝为. 1990. 一个科学新领域: 开放复杂巨系统及其方法论 [J]. 自然杂志, 13 (1): 3-10.

乔家君. 2004. 中国中部农区村域人地关系系统定量研究——河南省巩义市吴沟村、溻沱村、孝南村的实证分析 [D]. 开封: 河南大学.

乔家君. 2005. 典型农区村域人地系统定量研究: 河南省三个不同类型村的实证分析 [M]. 北京: 科学出版社.

乔家君. 2008. 中国乡村地域经济论 [M]. 北京: 科学出版社.

乔家君, 李小建. 2006. 村域人地系统状态及其变化的定量研究——以河南省三个不同类型村为例 [J]. 经济地理, (2): 192-198.

乔家君, 张羽佳. 2014. 农业型专业村发展的时空演化——以河南省南阳市专业村为例 [J]. 经济地理, 34 (4): 131-138.

覃琳, 邱凌, 朱玉碧, 等. 2012. 基于主成分分析法的重庆市九龙坡区土地利用变化驱动机理研究 [J]. 中国农学通报, 28 (5): 240-246.

任崇强, 孙东琪, 翟国方, 等. 2019. 中国省域经济脆弱性的综合评价及其空间差异分析 [J]. 经济地理, 39 (1): 37-46.

申维. 2008. 耗散结构、自组织、突变理论与地球科学 [M]. 北京: 地质出版社.

沈小峰, 胡岗, 姜璐. 1987. 耗散结构论 [M]. 上海: 上海人民出版社.

史培军, 宋长青, 程昌秀. 2019. 地理协同论: 从理解"人-地关系"到设计"人-地协同" [J]. 地理学报, 74 (1): 3-15.

舒国滢. 2013. 亚里士多德论题学之考辨 [J]. 中国政法大学学报, (2): 5-40, 158.

宋洪远, 赵海. 2015. 中国新型农业经营主体发展研究 [M]. 北京: 中国金融出版社.

苏宁, 丁国栋, 杜林芳, 等. 2022. 人类活动对资源型城市生态系统服务价值的影响——以鄂尔多斯为例 [J/OL]. 生态学报, (16): 1-11 [2022-08-20].

孙峰华, 方创琳, 王振波. 2014. 中国风水地理哲学基础与人地关系 [J]. 热带地理, 34 (5): 581-590.

孙雪萍, 杨帅, 苏筠. 2014. 基于种植结构调整的农业生产适应性分析：以内蒙古乌兰察布市为例 [J]. 自然灾害学报, 23 (3)：33-40.

孙中伟, 王杨, 田建文. 2014. 地理学空间研究的转向：从自然到社会、现实到虚拟 [J]. 地理与地理信息科学, 30 (6)：112-116.

谈明洪, 李秀彬, 吕昌河. 2004. 20 世纪 90 年代中国大中城市建设用地扩张及其对耕地的占用 [J]. 中国科学 (D 辑：地球科学), 34 (12)：1157-1165.

谭德明, 丁仕宇, 韩宝龙, 等. 2022. 不同发展模式对城市生态系统调节服务价值的影响研究 [J/OL]. 生态学报, (16)：1-11 [2022-08-20].

谭永忠, 吴次芳. 2003. 区域土地利用结构的信息熵分异规律研究 [J]. 自然资源学报, 18 (1)：112-116.

唐恢一. 2013. 系统学：社会系统科学发展的基础理论 [M]. 上海：上海交通大学出版社.

陶艳梅. 2011. 建国初期土地改革述论 [J]. 中国农史, 30 (1)：105-111.

万群, 王成, 杜相佐. 2016. 基于土地规模经营条件评价的村域生产空间格局厘定：以重庆市合川区大柱村为例 [J]. 资源科学, 38 (3)：387-394.

汪宗田, 张存国, 龚静源. 2011. 论马克思社会发展的动力思想及其当代意义 [J]. 理论月刊, (5)：19-22.

王爱民, 缪磊磊. 2000. 冲突与反省——嬗变中的当代人地关系思考 [J]. 科学·经济·社会, 18 (2)：66-69.

王成, 费智慧, 叶琴丽, 等. 2014. 基于共生理论的村域尺度下农村居民点空间重构策略与实现 [J]. 农业工程学报, 30 (3)：205-214, 294.

王成, 蒋福霞, 王利平. 2012. 统筹城乡视域下农户土地利用意识多尺度认知研究 [J]. 云南师范大学学报 (哲学社会科学版), 44 (2)：60-66.

王成, 李颢颖. 2017. 乡村生产空间系统的概念性认知及其研究框架 [J]. 地理科学进展, 36 (8)：913-923.

王成, 马小苏, 唐宁, 等. 2018. 农户行为视角下的乡村生产空间系统运行机制及重构启示 [J]. 地理科学进展, 37 (5)：636-646.

王成, 唐宁. 2018. 重庆市乡村三生空间功能耦合协调的时空特征与格局演化 [J]. 地理研究, 37 (6)：1100-1114.

王成, 王利平, 李晓庆, 等. 2011. 农户后顾生计来源及其居民点整合研究——基于重庆市西部郊区白林村 471 户农户调查 [J]. 地理学报, 66 (8)：1141-1152.

王成, 周明茗, 李颢颖, 等. 2019. 基于耗散结构系统熵模型的乡村生产空间系统有序性研究 [J]. 地理研究, 38 (3)：619-631.

王崇锋. 1991. 辩证唯物主义原理 [M]. 北京：人民出版社.

王富喜, 毛爱华, 李赫龙, 等. 2013. 基于熵值法的山东省城镇化质量测度及空间差异分析 [J]. 地理科学, 33 (11)：1323-1329.

王国刚, 刘合光, 钱静斐, 等. 2017. 中国农业生产经营主体变迁及其影响效应 [J]. 地理研究, 36 (6)：1081-1090.

王劲屹. 2018. 农村金融发展、资本存量提升与农村经济增长 [J]. 数量经济技术经济研究,

35 (2): 64-81.

王敬尧, 魏来. 2016. 当代中国农地制度的存续与变迁 [J]. 中国社会科学, (2): 73-92, 206.

王静. 2012. 县域经济发展中农户行为的变迁规律研究 [D]. 扬州: 扬州大学.

王静, 胡爱君. 2015. 基于模糊神经网络的农业观光旅游竞争力评价研究 [J]. 农村经济, (6): 72-75.

王龙, 徐刚, 刘敏. 2016. 基于信息熵和 GM (1, 1) 的上海市城市生态系统演化分析与灰色预测 [J]. 环境科学学报, 36 (6): 2262-2271.

王敏, 周梦洁, 宋岩, 等. 2018. 乡村旅游发展的生态风险空间管控研究——以池州杏花村为例 [J]. 南方建筑, (6): 66-72.

王声跃, 王龚. 2015. 乡村地理学 [M]. 昆明: 云南大学出版社.

王晓娇, 陈英, 齐鹏, 等. 2012. 土地利用结构动态演变及预测研究——以张掖市为例 [J]. 干旱区资源与环境, 26 (4): 86-91.

王兴中, 王立, 谢利娟, 等. 2008. 国外对空间剥夺及其城市社区资源剥夺水平研究的现状与趋势 [J]. 人文地理, 23 (6): 7-12.

王雅鹏, 吕明, 范俊楠, 等. 2015. 我国现代农业科技创新体系构建: 特征、现实困境与优化路径 [J]. 农业现代化研究, 36 (2): 161-167.

王艳妮, 陈海, 宋世雄, 等. 2016. 基于 CR-BDI 模型的农户作物种植行为模拟——以陕西省米脂县姜兴庄为例 [J/OL]. 地理科学进展, 35 (10): 1258-1268.

王勇, 李广斌. 2012. 基于 "时空分离" 的苏南乡村空间转型及其风险 [J]. 国际城市规划, 27 (1): 53-57.

王玉明. 2011. 地理环境演化趋势的熵变化分析 [J]. 地理学报, 66 (11): 1508-1517.

王钊, 杨山, 龚富华, 等. 2017. 基于城市流空间的城市群变形结构识别: 以长江三角洲城市群为例 [J]. 地理科学, 37 (9): 1337-1344.

王正明, 温桂梅, 路正南. 2012. 基于耗散结构系统熵模型的产业有序发展研究 [J]. 中国人口·资源与环境, 22 (12): 54-59.

韦素琼. 2019. 现代地理学思维和方法的精辟解读和应用示范:《地理学思维与实践》评介 [J]. 地理学报, 74 (2): 394-399.

卫郭敏. 2019. 系统科学对内外因作用机制的诠释 [J]. 系统科学学报, 27 (1): 41-44.

魏宏森, 曾国屏. 1994. 试论系统的整体性原理 [J]. 清华大学学报 (哲学社会科学版), (3): 57-62.

魏宏森. 2013. 钱学森构建系统论的基本设想 [J]. 系统科学学报, 21 (1): 1-8.

魏宏森, 曾国屏. 1995. 系统论: 系统科学哲学 [M]. 北京: 清华大学出版社.

温铁军. 1995. 粮食是问题, 但不是粮食的问题 [J]. 农村合作经济经营管理, (4): 9-11.

文长存, 崔琦, 吴敬学. 2017. 农户分化、农地流转与规模化经营 [J]. 农村经济, (2): 32-37.

吴承明. 1989. 中国近代农业生产力的考察 [J]. 中国经济史研究, (2): 63-77.

吴传钧. 1991. 论地理学的研究核心: 人地关系地域系统 [J]. 经济地理, 11 (3): 1-6.

吴吉林，周春山，谢文海. 2018. 传统村落农户乡村旅游适应性评价与影响因素研究：基于湘西州 6 个村落的调查 [J]. 地理科学，38（5）：755-763.

吴建寨，沈辰，王盛威，等. 2015. 中国蔬菜生产空间集聚演变、机制、效应及政策应对 [J]. 中国农业科学，48（8）：1641-1649.

吴琳娜，杨胜天，刘晓燕，等. 2014. 1976 年以来北洛河流域土地利用变化对人类活动程度的响应 [J]. 地理学报，69（1）：54-63.

肖思思，吴春笃，储金宇. 2012. 1980—2005 年太湖地区土地利用变化及驱动因素分析 [J]. 农业工程学报，28（23）：1-10.

肖智，黄贤金，孟浩，等. 2017. 2009—2014 年中国茶叶生产空间演变格局及变化特征 [J]. 地理研究，36（1）：109-120.

邢权兴，孙虎，管滨，等. 2014. 基于模糊综合评价法的西安市免费公园游客满意度评价 [J]. 资源科学，36（8）：1645-1651.

徐建华. 2010. 地理建模方法 [M]. 北京：科学出版社.

徐建华，高玉景. 2001. 地理系统演化的自组织途径、影响因素及熵标志 [J]. 系统辩证学学报，9（3）：53-57.

徐瑱，祁元，齐红超，等. 2010. 社会-生态系统框架（SES）下区域生态系统适应能力建模研究 [J]. 中国沙漠，30（5）：1174-1181.

许明月，李瑞雪. 2015. 市场决定前提下我国农产品价格法律制度的完善 [J]. 法学评论，33（4）：136-143.

许庆. 2008. 家庭联产承包责任制的变迁、特点及改革方向 [J]. 世界经济文汇，（1）：93-100.

闫磊，刘震，朱文. 2016. 农业产业化对农民收入的影响分析 [J]. 农村经济，（2）：72-76.

颜泽贤. 1987. 耗散结构与系统演化 [M]. 福州：福建人民出版社.

杨钢桥，靳艳艳，杨俊. 2010. 农地流转对不同类型农户农地投入行为的影响——基于江汉平原和太湖平原的实证分析 [J]. 中国土地科学，24（9）：18-23，46.

杨洁，毕军，李其亮，等. 2006. 区域环境风险区划理论与方法研究 [J]. 环境科学研究，（4）：132-137.

杨锦秀，赵小鸽. 2010. 农民工对流出地农村人居环境改善的影响 [J]. 中国人口·资源与环境，20（8）：22-26.

杨军. 2006. 中国乡村旅游驱动力因子及其系统优化研究 [J]. 旅游科学，20（4）：7-11.

杨青山，梅林. 2001. 人地关系、人地关系系统与人地关系地域系统 [J]. 经济地理，21（5）：532-537.

杨山，潘婧，季增民. 2011. 耗散结构视角下连云港港城系统演化机理及规律研究 [J]. 地理科学，31（7）：781-787.

杨朔，苏昊，赵国平. 2022. 基于 PLUS 模型的城市生态系统服务价值多情景模拟——以汉中市为例 [J]. 干旱区资源与环境，36（10）：86-95.

杨雅厦. 2013. 农民应对农村社会风险的问题治理——基于可行能力的分析视角 [J]. 四川理工学院学报（社会科学版），28（6）：17-21.

姚成胜，滕毅，黄琳. 2015. 中国粮食安全评价指标体系构建及实证分析 [J]. 农业工程学报，31（4）：1-10.

姚增福，唐华俊. 2016. 西北干旱区交易成本对农户农业节水行为意愿的影响研究 [J]. 中国农业资源与区划，37（5）：112-119.

叶超，柴彦威，张小林. 2011. "空间的生产"理论、研究进展及其对中国城市研究的启示 [J]. 经济地理，31（3）：409-413.

叶扬兵. 2008. 农业合作化运动研究述评 [J]. 当代中国史研究，（1）：61-73.

喻忠磊，杨新军，杨涛. 2013. 乡村农户适应旅游发展的模式及影响机制——以秦岭金丝峡景区为例 [J]. 地理学报，68（8）：1143-1156.

袁源，张小林，李红波，等. 2019. 西方国家乡村空间转型研究及其启示 [J]. 地理科学，39（8）：1219-1227.

约翰·冯·杜能. 1986. 孤立国同农业和国民经济的关系 [M]. 吴衡康，译. 北京：商务印书馆.

约翰斯顿 R J. 1999. 哲学与人文地理学 [M]. 蔡运龙，等，译. 北京：商务印书馆.

曾菊新. 1990. 湖北主要粮食作物生态适宜种植区限研究 [J]. 华中师范大学学报（自然科学版），24（1）：99-108.

曾菊新，杨晴青，刘亚晶，等. 2016. 国家重点生态功能区乡村人居环境演变及影响机制——以湖北省利川市为例 [J]. 人文地理，31（1）：81-88.

张富刚，刘彦随. 2008. 中国区域农村发展动力机制及其发展模式 [J]. 地理学报，63（2）：115-122.

张广纳，邵景安，王金亮，等. 2015. 三峡库区重庆段农村面源污染时空格局演变特征 [J]. 自然资源学报，30（7）：1197-1209.

张家其，吴宜进，葛咏，等. 2014. 基于灰色关联模型的贫困地区生态安全综合评价——以恩施贫困地区为例 [J]. 地理研究，33（8）：1457-1466.

张树民，钟林生，王灵恩. 2012. 基于旅游系统理论的中国乡村旅游发展模式探讨 [J]. 地理研究，31（11）：2094-2103.

张文奎. 1990. 行为地理学研究的基本问题 [J]. 地理科学，10（2）：159-166.

张小林. 1997. 乡村空间系统及其演变研究——以苏南为例 [D]. 南京：南京大学.

张小林. 1998. 乡村概念辨析 [J]. 地理学报，53（4）：365-371.

张小林. 1999. 乡村空间系统及其演变研究：以苏南为例 [M]. 南京：南京师范大学出版社.

张晓祥. 2014. 大数据时代的空间分析 [J]. 武汉大学学报·信息科学版，39（6）：655-659.

张欣莹，解建仓，刘建林，等. 2017. 基于熵权法的节水型社会建设区域类型分析 [J]. 自然资源学报，32（2）：301-309.

张妍，杨志峰，何孟常，等. 2005. 基于信息熵的城市生态系统演化分析 [J]. 环境科学学报，（8）：1127-1134.

张英男，龙花楼，马历，等. 2019. 城乡关系研究进展及其对乡村振兴的启示 [J]. 地理研究，38（3）：578-594.

赵会顺，陈超，胡振琪，等. 2018. 天山北坡经济带城市土地集约利用评价及障碍因素分

析 [J]. 农业工程学报, 34 (20)：258-266.

赵荣, 王恩涌, 张小林, 等. 2006. 人文地理学 (第二版) [M]. 北京：高等教育出版社.

赵晓强. 2008. 我国农村家庭常见风险及应对策略研究 [J]. 经济问题, (8)：85-87.

赵旭东, 孙笑非. 2017. 中国乡村文化的再生产——基于一种文化转型观念的再思考 [J]. 南京农业大学学报 (社会科学版), 17 (1)：119-127, 148.

郑度, 陈述彭. 2001. 地理学研究进展与前沿领域 [J]. 地球科学进展, 16 (5)：599-606.

钟晓兰, 李江涛, 冯艳芬, 等. 2013. 农户认知视角下广东省农村土地流转意愿与流转行为研究 [J]. 资源科学, 35 (10)：2082-2093.

周军. 2011. 当代中国乡村文化变迁的因素分析及路径选择 [J]. 中央民族大学学报 (哲学社会科学版), 38 (2)：60-64.

周理乾. 2014. 空间的时间化：从系统科学到生成论 [J]. 系统科学学报, 22 (2)：7-10, 36.

周小斌, 李秉龙. 2003. 中国农业信贷对农业产出绩效的实证分析 [J]. 中国农村经济, (6)：32-36.

朱鹤健. 2018. 地理学思维与实践 [M]. 北京：科学出版社.

朱竑, 尹铎. 2017. 自然的社会建构：西方人文地理学对自然的再认识 [J]. 地理科学, 37 (11)：1609-1616.

朱晶, 晋乐. 2016. 农业基础设施与粮食生产成本的关联度 [J]. 改革, (11)：74-84.

朱丽娟. 2016. 重点生态功能区县域功能区划分方法探讨——以福建省光泽县为例 [D]. 福州：福建师范大学.

朱晓雨, 石淑芹, 石英. 2014. 农户行为对耕地质量与粮食生产影响的研究进展 [J]. 中国人口·资源与环境, 24 (S3)：304-309.

朱媛媛, 余斌, 曾菊新, 等. 2015. 国家限制开发区 "生产—生活—生态" 空间的优化—以湖北省五峰县为例 [J]. 经济地理, 35 (4)：26-32.

邹一南. 2018. 户籍改革的路径误区与政策选择 [J]. 经济学家, (9)：88-97.

Adger W N. 2006. Vulnerability [J]. Global Environmental Change, 16 (3)：268-281.

Adger W, Arnell N, Tompkins E. 2005. Successful adaptation to climate change across scales [J]. Global Environmental Change, 15 (2)：77-86.

Ahlers R. 2020. Where walls of power meet the wall of money：hydropower in the age of financialization [J]. Sustainable Development, 28：405-412.

Antrop M. 1998. Landscape change：plan or chaos [J]. Landscape and Urban Planning, 41 (3-4)：155-161.

Ash J, Kitchin R, Leszczynski A. 2016. Digital turn, digital geographies? [J]. Progress in Human Geography, 42 (1)：25-43.

Bawaka C, Wright S, Suchet-Pearson S, et al. 2015. Co-becoming Bawaka：towards a relational understanding of place/space [J]. Progress in Human Geography, 40 (4)：455-475.

Bohle H G. 2001. Vulnerability and criticality：Perspectives from social geography [J]. IHDP Update.

Brooks N. 2003. Vulnerability, risk and adaption：a conceptual framework [J]. Norwich：Tyndall

Center for Climate Change Research, Working Paper.

Bunge M. 1963. A general black box theory [J]. Philosophy of Science, 30 (4): 346-358.

Burton I, Kates R, White G. 1993. The Environment as Hazard [J]. New York: The Guilford Press.

Cloke P. Rurality//Cloke P, Goodwin M, Crang P. 2014. Introducing Human Geographies: a Guide, Third Edition [J]. London and New York: Routledge, 718-737.

Corbridge S, Thrift N, Martin R. 1994. Money, Power, and Space [M]. Oxford: Oxford University Press.

Daly S. 2015. Producing healthy outcomes in a rural productive space [J]. Journal of Rural Studies, (40): 21-29.

Feyerabend P. 1999. Conquest of Abundance: A Tale of Abstraction Versus the Richness of Being [M]. Chicago and London: The University of Chicago Press.

Finke H B, Bosworth G. 2016. Exploring the character of rural businesses: performing change and continuity [J]. Local Economy, 31 (5): 619-636.

Galani-Moutafi V. 2013. Rural space (re) produced-Practices, performances and visions: a case study from an Aegean island [J]. Journal of Rural Studies, (32): 103-113.

Glansdorff P I. 1972. Ilya Prigogine. Strongly nonequilibrium states. (book reviews: thermodynamic theory of structure, stability and fluctuations) [J]. Science, 176 (176): 147-148.

Gunderson L H, Holling C S. 2002. Panarchy: Understanding Transformations in Human and Natural Systems [M]. Washington, DC: Island Press.

Gupta N. 2016. Decline of Cultivators and Growth of Agricultural Labourers in India from 2001 to 2011 [J]. International Journal of Rural Management, 12 (2): 179-198.

Halfacree K. 2006. Rural space: Constructing a three-fold architecture [C] //The Handbook of Rural Studies. London: Sage.

Halfacree K. 2007. Trial by space for a 'radical rural': introducing alternative localities, representations and lives [J]. Journal of Rural Studies, (23): 125-141.

Halfacree K. 2012. Heterolocal identities? Counter-urbanization, second homes and rural consumption in the era of mobilities [J]. Population Space and Place, (18): 209-224.

Halfacree K. 2014. A critical response to the (non-) place of rural leisure users within the counterurban imagination [J]. PASOS Journal of Tourism and Cultural Heritage, 12 (3): 515-523.

Harvey D. 1996. Justice, Nature and the Geography of Difference [M]. Oxford: Blackwell.

Herrmann-Pillath C, Kircher D, Pan J. 2002. Disparities in Chinese economic development: approaches on different levels of aggregation [J]. Economic Systems, 26 (1): 31-54.

Holmes J. 2006. Impulses towards a multifunctional transition in rural Australia: gaps in the research agenda [J]. Journal of Rural Studies, (22): 142-160.

IPCC. 2001. Climate Change: Impacts, Adaptation and Vulnerability [M]. Cambridge: Cambridge University Press.

Jaynes E T. 1957. Information theory and statistical mechanics I [J]. Physical Review, 106 (4): 620-630.

John E C, Shi L, Samantha J. 2007. Environment as the stage for economic actors [J]. Chinese Journal of Population, Resources and Environment, 5 (1): 3-8.

Jutting J. 2000. Social security in low- income countries: concepts, constraints and the need for cooperation [J]. International Social Security Review, 53 (4): 3-25.

Karplus Y, Meir A. 2013. The production of space: a neglected perspective in pastoral research [J]. Environment and Planning D: Society and Space, (31): 23-42.

Kasperson J X, Kasperson R E. 2001. International Workshop on Vulnerability and Global Environmental Change [M]. Stockholm: Stockholm Environment Institute .

Kates R W, Clark W C, Corell R, et al. 2001. Environment and development: Sustainability science [J]. Science, 292 (5517): 641-642.

Kelly K L. 1998. A systems approach to identifying decisive information for sustainable development [J]. European Journal of Operational Research, 109: 452-464.

Kuentz-Simonet V, Labenne A, Rambonilaza T. 2017. Using *ClustOfVar* to construct quality of life indicators for vulnerability assessment municipality trajectories in Southwest France from 1999 to 2009 [J]. Social Indicators Research, 131 (3): 973-997.

Larsen T A, Gujer W. 1997. The concept of sustainable urban water management [J]. Water Science and Technology, 35 (9): 3-10.

Lefebvre H. 1991. The Production of Space [M]. Donald Nicholson-Smith, Trans. MA: Blackwell Publishing.

Liverman D M. 1990. Drought impacts in Mexico: climate, agriculture, technology and land tenure in Sonora and Puebla [J]. Annals of the Association of American Geographers, 80 (1): 49 -72.

Long H L, Liu Y S, Wu X Q, et al. 2009. Spatio-temporal dynamic patterns of farmland and rural settlements in Su-Xi-Chang region: implications for building a new countryside in coastal China [J]. Land Use Policy, 26 (2): 322-333.

Long H L, Tu S S, Ge D Z, et al. 2016. The allocation and management of critical resources in rural China under restructuring: problems and prospects [J]. Journal of Rural Studies, (47): 392-412.

Marsden T. 2013. From post-productionism to reflexive governance: contested transitions in securing more sustainable food futures [J]. Journal of Rural Studies, (29): 123-134.

Marsden T. 2016. Exploring the rural eco-economy: beyond Neoliberalism [J]. Sociologia Ruralis, 56 (4): 597-615.

Martin M A, Taguas F J. 1998. Fractal modeling, characterization and simulation of particle size distribution in soil [J]. Proceedings of the Royal Society of London. Series A, 454 (1973): 1457-1468.

Metzger M J, Rounsevell M D A, Acosta L, et al. 2006. The vulnerability of ecosystem services to land use change [J]. Agriculture Ecosystems & Environment, 114 (1): 69-85.

Mitchell C J A. 2013. Creative destruction or creative enhancement? Understanding the transformation of rural spaces [J]. Journal of Rural Studies, (32): 375-387.

Moser C. 1998. The asset vulnerability framework: reassessing urban poverty reduction strategies [J]. World Development, 38 (1): 1-19.

Nakamura D. 2016. Alternative spatial structure for sustainable rural economy: a note on socially optimal firm location [J]. International Regional Science Review, (6): 1-17.

Polsky C, Neff R, Yamal B. 2007. Building comparable global change vulnerability assessments: the vulnerability scoping diagram [J]. Global Environmental Change, 17 (3): 472-485.

Priqogine I. 1978. Time, structure, and fluctuations [J]. Science, 201 (4358): 777-785.

Rogaly B. 2009. Spaces of work and everyday life: labour geographies and the agency of unorganised temporary migrant workers [J]. Geography Compass, 3 (6): 1975-1987.

Shannon C E. 1948. A mathematical theory of communication [J]. Bell System Technical Journal, 27 (3): 379-423.

Shannon C E, Warren W. 1998. The Mathematical Theory of Communication [M]. Illinois: University of Illinois Press.

Smit B, Burton I, Klein R, et al. 1999. The science of adaptation: a framework for assessment [J]. Mitigation and Adaptation Strategies for Global Change, (4): 199-213.

Smit B, Wandel J. 2006. Adaptation, adaptive capacity and vulnerability [J]. Global Environmental Change, 16 (3): 282-292.

Timmerman P. 1981. Vulnerability, resilience and the collapse of society [J]. Environmental Monograph, 21 (3): 164-173.

Turner Ⅱ B L, Kasperson R E, Matson P A, et al. 2003. A framework for vulnerability analysis in sustainability science [J]. PNAS, 100 (14): 8074-8079.

UNISDR. 2004. Living with Risk: A Global Review of Disaster Reduction Initiatives [M]. Geneva: UN Publications.

von Bertalanffy L. 1976. General system theory [M]. New York: George Braziller.

Wang C, Huang B, Deng C, et al. 2016. Rural settlement restructuring based on analysis of the peasant household symbiotic system at village level: a case study of Fengsi village in Chongqing, China [J]. Journal of Rural Studies, (47): 485-495.

Wang C, Ren M J, Li H Y, et al. 2019. Understanding the rural production space system: a case study in Jiangjin, China [J]. Sustainability, 11 (10), 2811.

Weinberge K, Jutting J. 2000. Risk management in local organizations: some evidences from rural Chad [J]. Quarterly Journal of International Agriculture, 39 (3): 281-299.

Wellmann J F, Regenauer-Lieb K. 2012. Uncertainties have a meaning: information entropy as a quality measure for 3D geological models [J]. Tectonophysics, 526-529 (2): 207-216.

White G F. 1974. Natural Hazards [M]. Oxford: Oxford University Press.

Wilson G A. 2001. From productivism to post-productivism and back again? Exploring the (un) changed natural and mental landscapes of European [J]. Transactions of the Institute of British Geographers, 26 (1): 77-102.

Woods M. 2005. Rural Geography: Process, Response and Experiences in Rural Restructuring [M]. London: Sage.

Woods M. 2010. Performing rurality and practicing rural geography [J]. Progress in Human Geography, 34 (6): 835-846.

Zhang Y, Yang Z, Li W. 2006. Analyses of urban ecosystem based on information entropy [J]. Ecological Modelling, 197 (1/2): 1-12.